人工智能在电子商务推荐系统中的优化与创新研究

崔琳琳 著

中国建材工业出版社
北 京

图书在版编目(CIP)数据

人工智能在电子商务推荐系统中的优化与创新研究 / 崔琳琳著. -- 北京：中国建材工业出版社，2024. 12.
ISBN 978-7-5160-4236-6

Ⅰ. F713. 36

中国国家版本馆 CIP 数据核字第 2024KZ4863 号

人工智能在电子商务推荐系统中的优化与创新研究
RENGONG ZHINENG ZAI DIANZI SHANGWU TUIJIAN JITONG ZHONG DE YOUHUA YU CHUANGXIN YANJIU
崔琳琳　著

出版发行：中国建材工业出版社
地　　址：北京市西城区白纸坊东街 2 号院 6 号楼
邮政编码：100054
经　　销：全国各地新华书店
印　　刷：唐山唐文印刷有限公司
开　　本：787mm×1092mm　1/16
印　　张：13. 5
字　　数：260 千字
版　　次：2025 年 1 月第 1 版
印　　次：2025 年 1 月第 1 次
定　　价：72. 00 元

本社网址：www. jccbs. com，微信公众号：zgjcgycbs

PREFACE 前　言

人工智能在电子商务推荐系统中的优化与创新研究是当前信息技术领域的热点之一。随着电子商务的蓬勃发展，推荐系统已成为吸引用户、提高销售额的关键工具。人工智能技术的广泛应用为推荐系统带来了新的发展机遇。人工智能技术如深度学习和自然语言处理等在推荐系统中得到了广泛应用。通过对用户行为和偏好的深入分析，可以更准确地向用户推荐商品或服务，提升推荐系统的精准度和用户满意度。个性化推荐成为人工智能优化的重点。利用机器学习算法，推荐系统能够根据用户的历史行为和兴趣，为每个用户量身定制推荐内容，实现个性化服务。这种个性化推荐不仅提高了用户体验，也促进了销售额的增长。将人工智能技术与图像识别、语音识别等技术相结合，可以实现更多样化、更智能化的推荐体验。例如，利用图像识别技术，用户可以通过拍照或上传图片来获取相关商品推荐，增强了推荐系统的交互性和用户参与度。随着人工智能技术的迅速发展，特别是生成式人工智能（AIGC）和大语言模型的崛起，我们看到了电子商务推荐系统迎来了新的发展机遇。

本书旨在深入研究人工智能在电子商务推荐系统中的优化与创新应用。本书从多个维度全面探讨了电子商务推荐系统的基础原理、技术挑战以及未来发展趋势。其中，第一章介绍了电子商务推荐系统的基本概念和发展历程。通过回顾推荐系统的演变，从最早的协同过滤到如今的深度学习模型，突显了人工智能技术在该领域的重要作用。第二章详细介绍了人工智能在电子商务领域的广泛应用。该章节阐述了人工智能技术如何改善电子商务体验，包括智能搜索、个性化推荐、智能客服等方面的应用。探讨了人工智能技术在供应链管理和库存优化方面的应用，提高了物流效率和降低了成本。第三章深入探讨了生成式人工智能在电子商务推荐系统中的基础原理。使读者对生成式人工智能在电子商务推荐系统中的基础原理有了深入了解，为后续章节的进一步学习和探讨提供了基础。第四章着重探讨了生成式人工智能在商品推荐中的应用与优化。通过这一章的总结，读者对 AIGC 在商品推荐中的应用与优化有了全面的了解，为进一步研究和实践提供了指导和启示。第五章着眼于探讨生成式人工智能在用户行为分析与预测中的应用。读者对 AIGC 在用户行为分析与预测中的应用有了全面的了解，为实践中的应用提供了指导和启示。第六章深入探讨了大语言模型在电子商务推荐系统中的应用。读者对大语言模型在电子商务推荐系统中的应用有了全面的了解，为未来的研究和实践提供了指导和启示。第七章聚焦于大语言模型在商品推荐中的算法优化与实现。读者对大语言模型在商品推荐中的算法优化与实现有了全面的了解，为未来的研究和实践提供了指导和启示。第八章深入研究了大语言模型在用户行为分析与预测中的应用。读者对大语言模型在用户行为分析与预测中的应用有了全面的了解，为未来的研究和实践提供了指导和启示。第九章着眼于大语言模型与遗传算法的融合应用，读者对大语言模型的融合应用有了全面的了解，为未来的研究和实践提供了指导和启示。第十章聚焦于未来电子商务推荐系统的发展趋势与展望。读者对未来电子商务推荐系统的发展趋势与展望有了全面的了解，为未来的研究和实践提供了指导和启示。本书不仅着眼于理论探索，还结合实际案例对不同算法及模型的应用进行了详细分析，旨在为电子商务从业者、研究者以及相关领域的学者提供一份全面系统的参考资料。我们希望本书能够成为该领域研究者和从业者的重要工具书，为推动电子商务推荐系统的智能化发展、促进电子商务产业的健康发展做出贡献。

作者在写作本书的过程中，借鉴了许多前辈的研究成果，在此表示衷心的感谢。由于本书需要探究的层面比较深，作者对一些相关问题的研究不透彻，加之写作时间仓促，书中难免存在一定的不妥和疏漏之处，恳请前辈、同行以及广大读者斧正。

CONTENTS 目录

第一章　电子商务推荐系统概述

第一节　电子商务推荐系统发展历程

一、早期阶段

在电子商务初兴之时，即20世纪90年代早期，推荐系统初现端倪，其主导地位被简单而基于内容的推荐所占据。这一时期的推荐系统主要依赖商品的属性和描述信息，以及用户的历史行为数据，从而向用户推荐相似的商品。基于内容的推荐系统主要通过关键词匹配和相似性计算来实现其功能，这一技术手段成为了当时推荐系统的核心。当用户访问电子商务平台时，系统会收集用户的个人信息、浏览历史、购买记录等数据。同时，商品信息也被系统收录，其中包括商品的名称、描述、类别、标签等。推荐系统会利用这些数据，通过简单的算法进行匹配和计算，以找到与用户过去喜好相似的商品，并向用户进行推荐。关键词匹配是这一时期推荐系统的一大特征。系统会分析用户的搜索关键词、商品名称、描述等信息，然后将其与商品库中的内容进行比对，找到与之相关度较高的商品。例如，如果用户搜索“红色连衣裙”，系统会基于这些关键词找到包含类似描述的商品并向用户推荐。这种基于关键词的匹配虽然简单，但在早期的电子商务环境下却是相对有效的。

推荐系统会根据商品的属性信息，如尺寸、颜色、材质等，计算不同商品之间的相似度。这种相似性计算可以基于各种算法，如余弦相似度、欧氏距离等，来确定商品之间的相关性。通过这种方式，系统可以向用户推荐与其之前购买或浏览过的商品相似的其他商品，从而满足用户的个性化需求。然而，尽管基于内容的推荐系统在当时具有一定的效果，但也存在一些显著的局限性。这种推荐方式往往只能考虑商品本身的特征，而忽视了用户的个人偏好和行为习惯。基于关键词的匹配和简单的相似性计算无法完全捕捉到商品之间的复杂关系，导致推荐的准确性和多样性不足。随着时间的推移和技术的进步，推荐系统逐渐从简单的基于内容的模式向更复杂、更智能的模式发展。协同过滤、深度学习等技术的应用使得推荐系统能够更好地理解用户的行为和偏好，从而提供更加精准、个性化的推荐服务。然而，正是这一时期简单而基于内容的推荐系统为推荐技术的发展奠定了基础，成为了推荐系统发展历程中的重要一步。

二、协同过滤算法的兴起

（一）协同过滤算法的核心思想

在 21 世纪初期，随着互联网的蓬勃发展和用户行为数据的不断积累，协同过滤算法迅速崭露头角，成为推荐系统领域的主流方法之一。协同过滤算法的兴起标志着推荐系统从基于内容的推荐模式向更加依赖用户行为数据和用户之间的相互关系转变的重要里程碑。协同过滤算法的核心思想是基于用户的历史行为数据，如购买记录、评价等，来发现用户之间的相似性，并根据这种相似性向目标用户进行个性化的推荐。这一算法的背后假设是，如果两个用户在过去的行为上有相似之处，那么他们在未来的行为上也可能会有相似之处。因此，通过分析用户之间的行为模式和偏好，推荐系统可以更准确地预测用户可能感兴趣的商品或内容。

（二）亚马逊的商品推荐系统

在这一阶段，亚马逊的商品推荐系统是协同过滤算法的典型代表。亚马逊是电子商务领域的巨头之一，其推荐系统以协同过滤算法为基础，为用户提供了高度个性化的商品推荐服务。该系统通过分析用户的购买历史、浏览记录、评价等数据，构建用户-商品的关联矩阵，然后利用这一关联矩阵来计算用户之间的相似度。基于相似用户的行为，系统可以向目标用户推荐他们可能感兴趣的商品，从而提升用户的购物体验并促进销售额的增长。协同过滤算法的兴起带来了推荐系统领域的重大进展，但也面临着一些挑战和限制。其中最主要的问题之一是数据稀疏性和冷启动问题。由于用户行为数据的稀疏性以及新用户或新商品的出现，协同过滤算法往往难以准确地捕捉到用户的兴趣和偏好，从而影响了推荐的准确性和效果。为了解决这些问题，研究者们提出了许多改进和优化的方法，如基于模型的协同过滤、混合推荐等，以提升推荐系统的性能和稳健性。

三、混合推荐算法的发展

（一）混合推荐算法的核心思想

在21世纪中期，随着对推荐系统的需求不断增长以及用户对个性化推荐的期望日益提高，研究者开始积极探索将不同的推荐算法进行组合，以提高推荐的准确性、覆盖率和多样性。这一趋势推动了混合推荐算法的发展，混合推荐算法结合了基于内容的推荐、协同过滤、基于知识的推荐等多种技术手段，旨在克服单一算法的局限性，提升推荐系统的整体性能。混合推荐算法的核心思想是利用不同推荐算法的优势互补，从而达到更好的推荐效果。将不同推荐算法生成的推荐结果进行融合，以产生最终的推荐列表。这种融合可以基于加权平均、投票等策略进行，从而平衡各种算法的影响，并提高整体推荐的准确性。

（二）多种推荐算法串联

将多种推荐算法串联起来，形成一个推荐流水线。例如，可以先利用基于内容的推荐算法对候选物品进行初步过滤，然后再使用协同过滤算法对候选物品进行进一步排序和过滤，最终得到最优的推荐结果。根据用户的具体场景和需求，选择最适合的推荐算法或算法组合。例如，对于新用户或冷启动问题，可以优先采用基于内容的推荐算法；而对于老用户或已有大量行为数据的用户，则可以更多地依赖协同过滤算法。设计新型的混合推荐模型，将不同算法融合在一个统一的框架下，并通过学习用户行为数据来自适应地调整各个算法的权重和参数，从而实现更好的推荐效果。混合推荐算法的发展在一定程度上解决了推荐系统面临的一些挑战和问题，如数据稀疏性、冷启动问题以及推荐准确性和多样性的平衡。通过充分利用不同算法的优势，混合推荐算法能够为用户提供更加个性化、精准的推荐服务，提升用户体验并促进业务的发展。混合推荐算法的设计和实现也面临着一些挑战，如算法融合的复杂性、模型参数的选择和调整、推荐结果的解释性等问题。因此，未来推荐系统领域仍需要进一步研究和探索，以进一步提升混合推荐算法的性能和可靠性，为用户提供更加优质和个性化的推荐体验。

四、个性化推荐的普及

（一）个性化推荐的优点

在2010年，个性化推荐技术随着大数据和机器学习的发展逐渐成为了推荐系统的主流趋势。这一时期，随着互联网的普及和用户行为数据的大规模积累，个性化推荐系统开始广泛应用于各种在线服务中，从电子商务到社交媒体，再到视频流媒体平台，无处不在地改变着用户体验和商业模式。个性化推荐系统的出现极大地改变了用户获取信息和产品的方式。传统的推荐系统主要基于内容相似性或基于流行度，而个性化推荐系统则更加关注用户的个人偏好、兴趣和行为特征，能够为用户提供定制化的推荐服务。这种个性化推荐不仅提升了用户体验，还能够提高推荐效果，增加用户的满意度和忠诚度。例如，在电子商务平台上，个性化推荐可以根据用户的购买历史、浏览记录和点击行为，精准地推荐符合用户兴趣的商品，提高购买转化率和销售额。

（二）个性化推荐的影响因素

随着移动互联网和社交网络的普及，推荐系统开始利用用户在社交网络上的行为数据来改进推荐效果。社交网络不仅为推荐系统提供了更多的用户行为数据，还能够利用用户之间的社交关系和社交影响来进行个性化推荐。例如，在社交媒体平台上，推荐系统可以结合用户的社交图谱和好友圈动态，向用户推荐与其社交圈内活跃话题相关的内容或关注的人物，提升用户对平台的黏性和参与度。个性化推荐也面临着一些挑战和问题。个性化推荐需要大量的用户数据来训练和优化模型，但是用户对于个人数据隐私的担忧日益加剧，使得个性化推荐系统在合规和隐私保护方面面临挑战。个性化推荐容易使用户陷入信息茧房，过度强化用户的兴趣和偏好，导致信息过滤和信息局限性增加，减少了用户接触新信息和多样化的可能性。个性化推荐系统需要在提高推荐精准度的同时，也要考虑如何保护用户的隐私权和提供多样化的推荐内容。

五、智能化推荐的发展

（一）智能化推荐系统的优点

在 2020 年以后，推荐系统进入了智能化时代，得益于人工智能和深度学习技术的不断推进。智能化推荐系统不仅能够利用深度学习模型对海量的用户行为数据进行学习和挖掘，还能够结合自然语言处理、图像识别等技术，实现对多样化数据源的融合和分析，从而为用户提供更加准确、个性化的推荐服务。智能化推荐系统借助深度学习技术实现了对用户行为数据的更深层次挖掘和分析。深度学习模型能够处理大规模数据，并从中学习到用户的偏好、兴趣和行为模式，进而生成更加精准的推荐结果。例如，基于深度学习的卷积神经网络、循环神经网络和注意力机制等模型被广泛应用于推荐系统中，用于捕捉用户之间的复杂关系和隐含信息，提高推荐的准确性和个性化程度。智能化推荐系统利用自然语言处理、图像识别等技术实现了对多样化数据源的融合和分析。

（二）智能化推荐系统面临的挑战

传统的推荐系统主要依赖于用户的行为数据，而智能化推荐系统可以结合用户的文本信息、图片信息甚至声音信息等多种形式的数据，更全面地理解用户的兴趣和需求。例如，在电子商务平台上，推荐系统可以分析用户的搜索关键词、浏览商品的图片特征以及用户在社交媒体上的文字描述，综合考虑多种信息因素，为用户提供更加个性化的商品推荐。随着智能化推荐技术的不断发展，推荐系统面临着一些新的挑战和机遇。智能化推荐系统需要处理更加复杂和多样化的数据，需要解决数据融合和跨模态学习的问题，以提高推荐的效果和覆盖范围。智能化推荐系统也需要关注用户的隐私保护和数据安全，避免个人信息泄露和滥用。智能化推荐系统还需要考虑推荐的解释性和可解释性，使用户能够理解推荐背后的原因和逻辑，增强用户的信任和满意度。

第二节　推荐系统的基本原理与分类

一、电子商务推荐系统的基本原理

电子商务推荐系统（Recommendation Systems for E-Commerce）旨在通过向用户提供个性化的产品信息和相关建议，帮助他们做出购买决策，类似于模拟销售人员的角色。这个概念最早由 Resnick 和 Varian 在 1997 年提出，他们将其定义为一种系统，能够在电子商务网站上推荐产品，帮助用户更好地完成购物过程。这一系统的作用主要体现在以下三个方面：

（一）将电子商务网站的浏览者转变为购买者

推荐系统作为电子商务平台中不可或缺的一环，扮演着连接用户和商品的重要角色。其核心功能之一便是通过向用户展示个性化的产品信息和建议，从而增加他们对产品的兴趣，进而提高购买率。这种个性化推荐的背后是基于用户的行为和偏好进行深度分析，以确保向其呈现最合适的商品选择，从而激发其购买欲望，将浏览者转化为实际的购买者。

个性化推荐系统能够为用户呈现符合其兴趣和需求的商品，从而提高其在电子商务平台上的体验。用户不再需要花费大量时间去寻找适合自己的商品，而是可以直接在推荐列表中找到感兴趣的产品，节省了时间和精力。通过分析用户的历史行为和偏好，个性化推荐系统能够准确地预测用户的购买意向，向其推荐他们可能感兴趣的商品。这种针对性的推荐能够激发用户的购买欲望，增加其购买行为，从而提高购买率和转化率。高效的个性化推荐系统能够帮助电商平台提升销售额。通过向用户展示符合其兴趣的商品，增加了用户对购买的信心和动力，从而促进了交易的发生，进而提升了平台的销售额和盈利能力。

（二）提高电子商务网站的交叉销售能力

推荐系统可以根据用户的购买历史、浏览记录和兴趣偏好，向他们推荐相关或附加的产品。通过这种方式，网站可以实现交叉销售，即向用户推荐与其已购买或感兴趣的产品相关联的其他产品，从而增加销售额和利润。

（三）提高客户对电子商务网站的忠诚度

通过提供个性化的购物体验，推荐系统可以增强用户对电子商务网站的忠诚度。当用户发现网站能够准确地理解他们的需求，并提供符合其兴趣和偏好的产品推荐时，他们更有可能成为忠实的长期用户。这种个性化的服务可以增强用户与网站之间的互动，建立起更加紧密的关系，从而促进用户的再次访问和购买。推荐系统在电子商务领域不仅能够提升购物体验，还能够帮助电子商务网站实现更高的销售额和客户满意度。随着技术的不断发展和算法的不断优化，推荐系统将会在未来继续发挥着越来越重要的作用，成为电子商务发展的重要驱动力之一。

二、电子商务推荐系统的分类

（一）基于内容过滤的推荐系统

基于内容过滤的电子商务推荐系统是一种推荐系统的类型，其工作原理是通过比较商品之间的相似性而不是用户之间的相似性来实现推荐功能。该系统依赖于对商品的内容和特征进行分析，并根据用户对商品的评价特征来学习用户的兴趣，从而向用户推荐与其已喜欢商品相似的新商品。虽然基于内容过滤的系统具有一些明显的优点，但也存在一些缺点和局限性。

基于内容过滤的系统的优点在于其简单有效，推荐响应时间快。由于该系统主要依赖于商品的特征属性，而不是复杂的用户行为数据，因此实现起来相对简单，推荐的响应时间也较快。此外，基于内容的推荐系统不需要依赖用户群体的数据，因此在用户数据稀缺或难以获取的情况下仍然能够提供有效的推荐服务。

然而，基于内容过滤的系统也存在一些明显的缺点。系统提取特征的能力有限，难以区分商品信息的特征。尽管现代技术可以提取大量的商品特征，但某些商品可能具有非常相似的特征，从而导致难以准确区分。例如，对于电子产品，可能存在多个品牌、型号相似的商品，这会增加系统识别的难度。基于内容的推荐系统往往难以发现用户可能感兴趣的新商品。这是因为该系统主要依赖于用户过去的行为和偏好来进行推荐，而不是考虑用户可能的变化或新兴趣的因素。因此，该系统更适用于向用户推荐与其已有兴趣相似的资源，而不是探索和发现新的兴趣领域。基于内容过滤的系统还受到内容提取能力的限制，特别是对于一些难以提取出内容的商品，如 CD、电影等，往往难以产生满意的推荐效果。这些商品可能缺乏明显的特征，或者其特征难以通过自动提取方法来获取，因此基于内容的推荐系统可能无法准确地识别用户的兴趣和偏好。

（二）基于协同过滤技术的推荐系统

基于协同过滤技术的电子商务推荐系统是一种通过分析用户之间的相似性来进行推荐的方法，而不是分析商品之间的相似性。这种推荐系统利用客户的访问信息和购买行为，比对目标用户和历史用户之间的相似性，从而实现个性化的内容推荐。相比于基于内容过滤的推荐系统，协同过滤推荐系统不依赖于商品内容，而是依赖于用户间的相互推荐，从而避免了内容过滤的不足，保证了信息推荐的质量。

协同过滤推荐主要分为基于内存和基于模型的两类。

基于内存的协同过滤基本思想是利用用户对商品的评分数据，采用类似统计的方法来找出具有相似兴趣爱好的邻居客户，然后根据这些邻居客户的兴趣来为目标用户做出推荐。这种方法的优点是实现简单，容易理解和实现。然而，基于内存的协同过滤可能会面临数据稀疏性和冷启动问题，即当用户评分数据不足或新用户加入时，推荐效果可能会受到影响。

基于模型的协同过滤这种方法则是从用户兴趣数据库中生成一个模型，再利用该模型进行预测。通常情况下，模型的学习过程需要花费一定的时间，是离线进行的。基于模型的协同过滤主要用于用户兴趣变化缓慢的场合，因为模型的学习过程一般较为耗时。但相对于基于内存的协同过滤而言，基于模型的方法在预测时响应较快。建模技术包括贝叶斯网络、聚集技术、关联规则技术、基于项目评分预测技术等。这些技术可以帮助系统更准确地理解用户的兴趣，并做出更好的推荐。

1. 基于协同过滤技术的推荐系统的优点

基于协同过滤技术的推荐系统具有许多优点，使其成为目前研究最多、应用最广的电子商务推荐技术之一。

协同过滤技术不依赖于商品的内容特征，而是基于用户行为数据进行推荐。这意味着它能够轻松地过滤那些难以进行自动分析的商品，例如艺术品、音乐等，因为这些商品的特征难以用计算机算法准确地捕捉和描述。

协同过滤技术不需要考虑商品的具体特征，因此能够对一些复杂的、难以用数值或文本表达的概念进行过滤，如信息质量、品味等。这种方式能够更好地适应用户的个性化需求，而不受特定商品特征的限制。

协同过滤技术能够发现用户可能感兴趣的新商品，而不需要考虑商品的具体特征。这意味着任何形式的商品都有可能被推荐，不受商品特征的限制。因此，这种技术能够更好地适应市场的变化和用户的兴趣变化，为用户提供更加多样化和个性化的推荐服务。

协同过滤推荐技术在学术界和工业界都得到了广泛的研究和应用。许多研究机构和企业都投入了大量资源来改进和优化协同过滤算法，以提高推荐的准确性和用户满意度。同时，许多知名的电子商务平台和社交媒体平台也采用了协同过滤技术来为用户提供个性化的推荐服务。

2. 基于协同过滤技术的推荐系统的缺点

基于协同过滤技术的推荐系统在实际应用中确实面临一些挑战和问题，其中包括稀疏性问题、可扩展性问题以及最初评价问题。

用户对商品的评价数据往往是非常稀疏的，即使是在大型电子商务平台上，用户评价的覆盖范围也可能很有限。这就导致了基于用户的评价所得到的用户间相似性可能不准确，因为很多用户之间可能没有共同评价的商品，或者只有极少的共同评价。这种稀疏性问题会影响系统对用户兴趣的理解和推荐的准确性。

同时，随着用户和商品数量的增加，系统的性能可能会明显降低。这是因为协同过滤推荐系统需要对大量的用户行为数据进行处理和分析，而且还需要计算用户之间的相似性。当数据规模庞大时，这些计算和处理过程会变得非常耗时，从而影响系统的响应速度和性能表现。特别是在实时推荐场景下，这种可扩展性问题会更加突出。

另外，如果某个商品从来没有被用户评价过，那么这个商品就不可能被推荐给其他用户。这种情况下，系统无法通过用户的历史行为来了解用户的兴趣，也无法利用协同过滤技术进行推荐。这就限制了系统的推荐能力，并可能导致一些潜在有价值的商品无法被用户发现。

（三）其他推荐技术

1. 基于人口统计技术的推荐

基于人口统计技术的推荐系统是一种利用用户的个人属性对其进行分类，并根据这些分类向类中用户进行推荐的系统。与传统的基于内容的推荐技术和协同过滤技术不同，该系统并不要求有历史用户的数据。尽管在表面上看起来与协同过滤推荐相似，但实际上所使用的数据却是完全不同的。这种推荐系统的优势在于能够发现用户的新兴趣，而无需依赖于用户过去的评价历史数据。因此，即使是新用户或是没有历史行为数据的用户，也可以得到个性化的推荐服务。

然而，这种系统也存在一定的挑战，其中之一就是用户的人口统计信息往往难以获得，尤其是在用户不愿意提供个人信息或者隐私保护方面的要求日益严格的情况下。在基于人口统计技术的推荐系统中，用户的个人属性通常包括年龄、性别、地理位置、职业、教育程度、兴趣爱好等信息。这些信息可以通过用户注册时填写的个人资料、社交网络上的公开信息、第三方数据提供商等渠道获取。一旦获取了用户的个人属性信息，系统就可以根据这些信息对用户进行分类，从而实现个性化推荐。例如，假设系统有一组已分类的用户群体，如年轻女性、中年男性、高校学生等。当一个新用户加入系统时，系统可以根据其提供的个人属性信息将其归类到最匹配的群体中。然后，系统可以向该用户推荐与其所属群体典型兴趣相符的内容或产品。这种推荐系统的实现依赖于有效的分类算法和个人属性数据的准确性。分类算法可以是基于机器学习的方法，如聚类算法或分类器，用来将用户划分到不同的群体中。而个人属性数据的准确性则需要保证用户提供的信息是真实可靠的，以避免推荐结果的偏差和失效。

尽管基于人口统计技术的推荐系统在一定程度上能够弥补协同过滤推荐系统的不足，但其也面临一些限制。例如，由于用户的人口统计信息可能不够全面或准确，导致分类结果不够精准；同时，这种系统往往无法捕捉到用户的实时行为和偏好变化，因此在一些快速变化的场景下可能表现不佳。

2. 基于效用推荐

基于效用的推荐算法是一种建立在计算商品对用户使用效用的基础上进行推荐的方法。它的核心问题在于如何为用户创建一个效用函数，通过这个函数来评估商品对用户的价值，考虑到非产品属性，如提供商的可靠性、产品的可用性等因素。与传统的推荐算法相比，基于效用的推荐算法能够更综合地考虑用户的偏好，更灵活地适应用户的需求变化。在基于效用的推荐算法中，用户必须输入自己的效用函数，该函数描述了用户对不同产品或服务的偏好和期望。这个效用函数可以是一个数学模型，用来量化用户对商品的喜好程度。通常，这个函数会考虑到商品的特性、价格、品质、提供商的声誉等多个因素，以此来评估商品对用户的整体价值。通过效用函数的计算，系统可以为用户推荐能够最大化其效用的商品或服务。基于效用的推荐算法的优点之一是能够考虑到非产品因素，如提供商的可靠性和产品的可用性等。传统的推荐算法往往只关注产品本身的特性和用户的历史行为数据，而基于效用的推荐算法则更加注重用户对产品的综合评价，从而能够更好地满足用户的实际需求。此外，基于效用的推荐算法对用户的偏好变化更为敏感，能够及时调整推荐结果，提高用户的满意度和体验。

基于效用的推荐算法也存在一些局限性。用户必须输入自己的效用函数，这对用户的要求较高，需要他们对自己的偏好和价值观有清晰的认识。由于大多数用户缺乏对效用函数的了解，因此这种方法可能无法得到广泛应用。基于效用的推荐算法属于静态推荐，一旦用户设定了效用函数，推荐结果就相对固定，缺乏灵活性。这种静态性可能导致算法无法适应用户偏好的变化，影响推荐的准确性和实用性。尽管基于效用的推荐算法存在一定的局限性，但在一些特定场景下仍然具有一定的应用前景。例如，在一些特定领域或专业领域中，用户对产品的需求和偏好可能相对稳定，可以通过效用函数来准确地描述用户的偏好，从而实现个性化推荐。此外，基于效用的推荐算法还可以与其他推荐算法相结合，以弥补各自的不足，提高推荐的效果和质量。综上所述，基于效用的推荐算法虽然存在一些限制，但在一些特定场景下仍具有一定的应用价值。

3. 基于知识的推荐

基于知识的推荐是一种通过推断用户需求来做出推荐的方法。与传统的基于历史行为数据的推荐系统不同，基于知识的推荐系统具有特定商品满足特定用户需求的知识，通过推理来推导出用户需要和推荐物品之间的相互关系。在这种推荐系统中，用户的个人资料可以是任何能支持推理的知识结构，而不仅仅局限于用户的偏好和需求。尽管基于知识的推荐系统需要克服知识获取的难题，但它也能够充分考虑到商品的非产品特性，实现用户需求与产品之间的映射。在基于知识的推荐系统中，知识结构扮演着关键的角色。这些知识结构可以是领域知识、专家知识、规则库等，用来描述商品的特性、用户的需求、推荐策略等信息。

通过对这些知识结构的分析和推理，系统可以识别出用户的需求并根据这些需求推荐相应的商品或服务。基于知识的推荐系统的优点之一是能够考虑到商品的非产品特性。传统的推荐系统往往只关注产品本身的特性和用户的历史行为数据，而基于知识的推荐系统则可以考虑到更多的因素，如商品的品牌声誉、生产商的信誉、用户评价等，从而更全面地评估商品对用户的价值。这种综合考虑能够使推荐结果更符合用户的实际需求，提高用户的满意度和体验。基于知识的推荐系统也存在一些挑战。获取和维护知识结构是一项复杂而繁琐的任务。知识可能来自于多个来源，包括专家知识、文献资料、用户反馈等，需要进行有效的整合和管理。基于知识的推荐系统往往属于静态推荐，推荐结果相对固定，缺乏灵活性。这可能导致系统无法及时适应用户的偏好变化，影响推荐的准确性和实用性。尽管基于知识的推荐系统存在一些挑战，但在一些特定领域和应用场景中仍然具有一定的应用前景。例如，在专业领域的知识图谱构建和智能问答系统中，基于知识的推荐系统可以利用丰富的领域知识和规则来提供个性化的推荐服务。此外，基于知识的推荐系统还可以与其他推荐算法相结合，以弥补各自的不足，提高推荐的效果和质量。

4. 基于关联规则的推荐

基于关联规则的推荐系统是一种利用实际交易数据作为数据源，通过发现商品之间的关联规则来进行推荐的方法。与基于知识的推荐系统类似，它并不需要概括出用户的长效型描述，而是利用历史数据中的交易信息，通过比较当前用户和历史数据的相似性来进行推荐，或者比较最相似用户的数据进行推荐。在这种系统中，关联规则的发现是关键的一步，虽然比较耗时，但可以离线进行。

基于关联规则的推荐系统的核心思想是将已购商品作为规则的头部，推荐对象作为规则的体部，从而构建出商品之间的关联规则。这些规则可以反映出不同商品之间的关系，例如商品的共现关系、顺序关系等。通过分析这些关联规则，系统可以发现商品之间的相关性，并据此为用户进行推荐。

这种推荐系统的优点之一是实现起来比较简洁，推荐效果较好。由于基于关联规则的推荐系统可以直接利用实际交易数据进行推荐，因此不需要复杂的用户画像或知识结构，能够比较快速地构建起推荐模型。同时，基于关联规则的推荐系统能够动态地把客户兴趣变化反映到推荐结果中，随着用户的行为数据不断积累，推荐结果也能够不断优化。

然而，基于关联规则的推荐系统同样存在一些限制。它属于静态推荐，推荐结果相对固定，缺乏灵活性。这可能导致系统无法及时适应用户的偏好变化，影响推荐的准确性和实用性。基于关联规则的推荐系统容易出现属性重叠的问题，即推荐结果中可能存在重复或相似的商品，降低了推荐的多样性和新颖性。

尽管存在一些限制，但基于关联规则的推荐系统仍然具有一定的应用前景。特别是在电子商务等领域，基于关联规则的推荐系统已经得到了广泛的应用。随着数据挖掘和机器学习技术的不断发展，基于关联规则的推荐系统也在不断改进，能够更好地满足用户的个性化需求。

（四）混合推荐系统

在实际应用中，单一的推荐系统往往难以完全满足用户的需求，因此常常需要整合多种推荐技术以取得更好的推荐效果。混合推荐方法是将不同推荐技术相结合，以弥补各自的不足，提高推荐的准确性和多样性。常见的混合推荐方法包括权重型、转换型、合并型、特征组合、瀑布型、特征递增型和元层次型。

1. 权重型（Weighted）

这种方法将多个推荐方法的计算结果按照一定的权重进行组合。通过调整权重，可以调节不同推荐方法对最终推荐结果的影响程度。

2. 转换型（Switching）

根据具体情形在几个推荐方法之间进行转换。系统可以根据用户的行为或环境变化，自动选择合适的推荐方法进行推荐。

3. 合并型（Fusion）

将几个推荐方法的结果一起呈现给用户。这种方法可以提供更全面和多样化的推荐结果，增加用户的选择空间。

4. 特征组合（Feature Combination）

不同推荐数据源的特征信息被一个推荐算法所使用。通过结合不同数据源的特征信息，可以提高推荐的准确性和个性化程度。

5. 瀑布型（Cascade）

后一个推荐方法优化前一个推荐方法。这种方法可以利用前一个推荐方法的输出作为后一个推荐方法的输入，逐步优化推荐结果。

6. 特征递增型（Feature Augmentation）

后一个推荐方法的输入包含了前一个推荐方法的输出。通过将前一个推荐方法的输出作为后一个推荐方法的输入，可以丰富推荐算法所使用的特征信息，提高推荐的准确性。

7. 元层次型（Meta-level）

前一个推荐方法所得出的模型作为后一个推荐方法的输入。这种方法通过利用前一个推荐方法所学习到的模型信息，来指导后一个推荐方法的推荐过程，从而提高推荐的效果。

尽管存在多种组合推荐方法，但在处理实际问题时并不是所有方法都有效。因此，组合推荐的一个重要原则是通过组合能够避免或弥补单一推荐技术的不足。例如，对于基于内容和协同过滤的技术的组合，总是存在初始化问题，因为它们都需要有历史评价数据。但若将基于协同过滤与基于知识或基于效用的技术相结合，则能有效解决初始化问题，因为后两种技术不需要大量的用户历史数据。这种组合能够充分利用不同技术的优势，提高推荐的准确性和适用性。

第三节　电子商务推荐系统的重要性与应用场景

一、电子商务推荐系统的重要性

（一）增加销售额

通过分析用户的行为数据和偏好，个性化推荐系统能够更精准地匹配用户的需求，为其推荐符合其兴趣的商品，从而提高用户对推荐商品的点击率和购买率，进而增加销售额。个性化推荐系统可以提高用户的购物体验。在传统的商店中，销售人员会根据顾客的需求和偏好向其推荐商品，从而提高顾客的购物体验。个性化推荐系统在电子商务平台中的作用类似于销售人员，但更加智能和高效。它能够分析用户的历史购买记录、浏览行为、喜好等数据，并根据这些信息向用户推荐符合其兴趣的商品，帮助用户快速找到想要的产品，提高购物的便利性和满意度。个性化推荐系统可以提高用户的购买率。

根据统计数据，大多数用户在购买决策时更倾向于选择个性化推荐的商品。这是因为个性化推荐系统能够根据用户的兴趣和偏好为其推荐最相关的商品，减少了用户在浏览大量商品时的时间和精力成本，提高了购买的效率。因此，通过个性化推荐系统向用户展示符合其兴趣的商品，可以增加用户对这些商品的点击率和购买率，进而提高销售额。个性化推荐系统还可以促进跨销售和附加销售。通过分析用户的购买历史和行为数据，个性化推荐系统可以发现用户可能感兴趣的相关商品，并将其推荐给用户。这种跨销售和附加销售的策略可以帮助电子商务平台提高订单价值和销售额，增加收入来源。在实际应用中，个性化推荐系统的重要性日益凸显。越来越多的电子商务平台意识到个性化推荐对提高用户体验和增加销售额的重要性，因此纷纷投入到个性化推荐系统的研发和应用中。通过不断优化和改进个性化推荐算法，电子商务平台可以更好地满足用户的需求，提高用户的忠诚度和购买率，进而实现销售额的增长。

（二）优化库存管理

优化库存管理对于电子商务平台来说至关重要，它直接影响着企业的成本、利润和客户满意度。而推荐系统在这一过程中扮演着关键的角色，通过分析用户行为和需求，预测商品需求量和销售趋势，从而帮助电子商务平台优化库存管理。

推荐系统可以通过分析用户的购买历史和行为模式来预测商品的需求量。通过监测用户的购买行为和浏览记录，推荐系统可以了解到用户的偏好和需求，进而预测哪些商品将会受到用户的欢迎和追捧。基于这些预测结果，电子商务平台可以调整库存策略，增加热门商品的库存量，以满足用户的需求，同时减少滞销商品的库存量，降低库存积压风险。

推荐系统可以帮助电子商务平台识别潜在的销售增长点。通过分析用户的行为数据，推荐系统可以发现用户对某些特定类型或品牌的商品感兴趣，但尚未购买。在这种情况下，电子商务平台可以根据推荐系统的建议，增加相关商品的库存量，以抓住潜在的销售增长机会，提高销售额和利润。

推荐系统还可以帮助电子商务平台优化库存周转率。库存周转率是衡量企业库存管理效率的重要指标，它反映了库存的流动速度和利用率。通过分析用户的购买行为和销售数据，推荐系统可以提前预测商品的销售趋势，帮助电子商务平台合理安排库存，减少库存积压和过度库存，从而提高库存周转率，降低库存成本。

（三）提高用户黏性

个性化推荐在提高用户黏性方面发挥着至关重要的作用，它可以让用户感到被关心和重视，从而增强用户对电子商务平台的粘性。通过不断优化推荐算法和提升推荐质量，推荐系统可以建立起用户与平台之间的紧密联系，增强用户的忠诚度和黏性，进而促进用户的重复购买和长期消费。

个性化推荐系统可以帮助电子商务平台更好地理解用户的兴趣和偏好。通过分析用户的历史行为数据、购买记录和浏览行为，推荐系统可以深入了解用户的消费习惯、喜好和偏好。基于这些信息，推荐系统可以为用户提供个性化的推荐内容，满足其个性化需求，增强用户对平台的认同感和依赖感。

个性化推荐系统可以提高用户的购物体验。当用户在电子商务平台上浏览商品时，个性化推荐系统可以根据其个人喜好和历史行为为其推荐相关性更高的商品，帮助用户快速找到感兴趣的产品。这不仅提高了用户的购物效率，也增强了用户对平台的满意度和黏性。

个性化推荐系统还可以增加用户与平台之间的互动和参与度。通过向用户推荐个性化的内容和优惠活动，推荐系统可以吸引用户更多地参与到平台的活动中，增强用户与平台之间的互动和黏性。例如，电子商务平台可以根据用户的兴趣向其推荐定制化的促销活动或优惠券，从而激发用户的购买欲望，促进用户的重复购买和长期消费。

个性化推荐系统可以建立起用户与平台之间的紧密联系，增强用户的忠诚度和黏性。当用户发现平台能够为其提供个性化的服务和推荐，满足其个性化需求时，他们会更加倾向于选择该平台进行购物，形成一种长期的消费习惯和购物习惯。这种用户与平台之间的紧密联系将有助于提高用户的忠诚度，促进用户的重复购买和长期消费，从而增加平台的收入和利润。

二、电子商务推荐系统的应用场景

电子商务推荐系统通过收集用户的偏好习惯以及各个用户之间的相关性等作为信息源，通过算法分析在较短的响应时间内为用户做出商品推荐．当系统中的产品库和用户偏好资料发生改变时，推荐信息也会实时更新．目前电子商务网站常见的推荐服务大致分为通用推荐和个性化推荐两类．

（一）通用推荐

1. 广告类推荐

这种推荐形式主要出现在电商网站的首页和商品分类页上，包括新品上架、聚划算、限时抢购、人气明星、今日特价等推荐内容。这些推荐内容通常是由电商网站的编辑选择、广告收费或卖家购买参与的主题销售活动来确定的。它能够满足消费者查找打折、新上市商品的需求，吸引用户点击和购买。

2. 销售排行榜

这种推荐形式根据用户的点击率、购买率和使用感受等指标来确定商品的排名顺序，向用户展示最畅销的商品或者热卖商品。销售排行榜类推荐在一定程度上反映了商品受欢迎和认可的程度，能够满足消费者的从众心理，促进用户的购买行为。

3. 评论推荐

这种推荐形式根据用户对商品的评价和评论来确定推荐内容，向用户展示具有高评价和好口碑的商品。评论推荐能够增强用户对商品的信任感和购买欲望，帮助用户做出更加明智的购买决策。

4. 搭配类推荐

这种推荐形式主要出现在用户选择某个商品后，向其推荐与该商品相关的其他商品，包括最佳组合、配套购买、相关搭配等。搭配类推荐能够刺激用户的持续购买行为，增加用户购物的便利性和满意度。

通用推荐的特点是在同一时间段内向访问电商网站的每位客户推荐相同的内容，因此个性化程度较低。它主要适用于用户的现有或潜在购物需求刚好在推荐商品列表范围内时，才能够有效唤起消费者的关注，仅能对消费者起到一定的引导作用。在电子商务推荐系统的应用场景中，通用推荐常常被用于吸引用户的注意力，引导用户进行浏览和购物。例如，在电商平台的首页和分类页上展示新品推荐、特价商品和热卖排行榜，可以吸引用户点击进入页面，增加用户的停留时间和购买转化率。此外，通用推荐还可以作为电商平台的营销工具，通过展示广告类推荐和限时抢购等促销活动，吸引用户参与购物，增加销售额和用户粘性。

（二）首页推荐

首页推荐不仅是用户接触到的第一屏，也是平台与用户建立联系的桥梁。通过深度了解用户的历史行为、兴趣偏好和个人资料等信息，推荐系统能够为用户呈现个性化的内容，从而提升用户体验、增加用户粘性，促进交易的发生。

随着互联网技术的不断发展和普及，电子商务平台已经成为人们购物的主要渠道之一。然而，电子商务平台上的商品种类繁多，用户往往面临信息过载的困扰。在这种情况下，一个高效的首页推荐系统能够帮助用户快速找到感兴趣的商品，提高用户满意度和购买率。而且，通过个性化的推荐，还可以增加用户对平台的粘性，促使其更频繁地访问平台，从而增加平台的活跃度和交易量。

（三）商品详情页推荐

商品详情页推荐是电子商务平台中推荐系统的重要组成部分之一。当用户浏览商品详情页时，这个时刻是非常关键的，因为用户对当前商品表现出了明确的兴趣，同时也提供了一个极好的机会，通过推荐相关商品来提高用户的购买意愿和订单价值。当用户进入商品详情页时，说明他们已经对该商品产生了兴趣，这时候推荐相关商品可以满足用户的购物需求，延长他们在平台上的停留时间，增加转化率和订单价值。此外，商品详情页推荐还可以促进交叉销售，通过向用户展示相关性高的其他商品，引导用户浏览和购买更多商品，从而提高平台的销售额和用户满意度。

实现商品详情页推荐的关键在于如何根据当前商品的特征和用户的偏好进行推荐。推荐系统可以利用多种信息来确定用户的偏好，包括用户的历史行为、兴趣标签、个人资料等。同时，还可以分析当前商品的属性、类别、销量等信息，以及用户在浏览当前商品时的行为，如停留时间、点击次数等。通过综合考虑这些信息，推荐系统可以为用户推荐与当前商品相关联的其他商品，从而提高推荐的准确性和用户的满意度。

在进行商品详情页推荐时，有几个关键点需要考虑。首先是推荐的相关性。推荐的商品应该与当前商品在属性、类别或者用户需求上具有一定的相关性，这样才能吸引用户的兴趣。其次是推荐的多样性。推荐的商品应该尽可能地多样化，以满足不同用户的不同需求和偏好。此外，还需要考虑推荐的新颖性，推荐系统应该不断地更新推荐结果，向用户展示最新的热门商品或者个性化推荐，提高用户的体验和购买意愿。

（四）购物车推荐

一旦用户将商品添加到购物车中，这意味着他们已经有了购买意愿，此时通过推荐与购物车中已有商品相关的其他商品，可以有效地引导用户继续浏览和购买，从而提高购物车转化率和订单价值。购物车推荐的目标是提供用户感兴趣的商品，同时也希望增加购物车内商品的数量和总订单金额。这种推荐不仅需要考虑到用户的偏好和行为，还需要考虑到商品之间的关联性和潜在的交叉销售机会。通过推荐相关的其他商品，可以激发用户的购买欲望，增加购物车内商品的种类和数量，从而提高订单的价值。

推荐系统在购物车推荐中的工作原理是通过分析用户的购物车内容和行为，以及商品之间的关联性，来确定适合的推荐结果。这包括用户在购物车中已经添加的商品，商品的属性、类别、品牌等信息，以及用户的历史行为、兴趣偏好等。通过综合考虑这些信息，推荐系统可以为用户推荐与购物车中已有商品相关联的其他商品，以引导用户继续浏览和购买。

购物车推荐的有效性取决于多个因素。首先是推荐的相关性。推荐的商品应该与购物车中已有的商品具有一定的相关性，这样才能吸引用户的兴趣，促使其继续购买。其次是推荐的多样性。推荐的商品应该尽可能地多样化，以满足用户不同的购买需求和偏好。此外，还需要考虑推荐的新颖性和时效性，不断更新推荐结果，向用户展示最新的热门商品或个性化推荐，提高用户的购买意愿和体验。在进行购物车推荐时，还需要考虑到推荐结果的展示方式和位置。购物车推荐通常会展示在购物车页面的侧边栏、底部栏或者相关推荐区域，推荐位置的选择需要考虑到用户的浏览习惯和页面布局的合理性。同时，展示方式的设计也需要考虑到用户的可视性和交互性，以便用户能够方便地浏览和选择推荐的商品。

（五）结算页面推荐

在用户进行结算支付时，推荐系统的作用不仅限于推荐商品，还可以向用户推荐与购买商品相关的促销活动、优惠券或礼品卡，以提高用户的购买满意度和忠诚度。这种推荐不仅能够增加用户的购买价值，还可以提升用户的购物体验，促进用户的再次购买和平台的持续增长。结算支付是用户在购物流程中的最后一步，用户在此时已经做出了购买决定，但是他们仍然可能会关注价格、优惠等方面的信息。此时通过向用户推荐与购买商品相关的促销活动、优惠券或礼品卡，不仅可以为用户提供额外的购买动力，还可以增加购物的价值感和满意度。同时，这也是平台提高用户忠诚度的一个重要机会，通过为用户提供更多的优惠和福利，可以增强用户的归属感和忠诚度，促进用户的再次购买和口碑传播。

推荐系统在结算支付时推荐促销活动、优惠券或礼品卡的工作原理是通过分析用户的购买行为、偏好和消费习惯，以及当前结算的商品信息，来确定适合的推荐结果。这包括用户已经选择的商品、商品的价格、品类等信息，以及用户的历史购买记录、使用优惠券的情况等。通过综合考虑这些信息，推荐系统可以为用户推荐与购买商品相关的促销活动、优惠券或礼品卡，以提高用户的购买满意度和忠诚度。推荐促销活动、优惠券或礼品卡的有效性取决于多个因素。首先是推荐的个性化。推荐的促销活动、优惠券或礼品卡应该与用户的购买行为和偏好相匹配，这样才能引起用户的兴趣和注意。其次是推荐的时机。推荐应该在用户结算支付之前展示，这样用户才能在购买决策时考虑使用。此外，推荐的内容也应该具有吸引力和实用性，能够真正带来购买价值和福利。在进行促销活动、优惠券或礼品卡的推荐时，还需要考虑到推荐结果的展示方式和位置。推荐结果通常会展示在结算支付页面的顶部或者侧边栏，推荐位置的选择需要考虑到用户的注意力和页面布局的合理性。同时，展示方式的设计也需要考虑到用户的可视性和交互性，以便用户能够方便地浏览和选择推荐的促销活动、优惠券或礼品卡。

第四节　电子商务推荐系统的挑战与问题

一、电子商务推荐系统的挑战

（一）数据稀疏性和冷启动问题

电子商务推荐系统在面对数据稀疏性和冷启动问题时，面临着一系列挑战。这些挑战不仅影响用户体验，还直接影响了系统的推荐准确性和商家的销售效果。在电子商务平台上，用户与商品之间的交互数据通常是非常稀疏的。这意味着大多数用户只与少数商品进行交互，而大部分商品很少被用户注意到或者交互。这种数据稀疏性使得推荐系统难以准确捕捉到用户的兴趣和偏好，从而影响了推荐系统的个性化效果。例如，如果一个用户只与某几个商品进行了交互，那么推荐系统很难确定该用户的其他潜在兴趣，从而导致推荐结果缺乏多样性和准确性。冷启动问题是电子商务推荐系统面临的另一个挑战。当新用户注册或者新商品上线时，推荐系统无法依赖历史交互数据来进行个性化推荐。这意味着推荐系统必须在缺乏足够数据支撑的情况下进行有效推荐。在这种情况下，推荐系统需要依赖其他信息源，如商品描述、用户注册信息、商品类别等来进行推荐。然而，这些信息往往不足以捕捉到用户的真实兴趣，从而导致推荐结果的不准确性。

针对这些挑战，电子商务推荐系统可以采取多种策略来提高推荐的准确性和效果。利用数据增强技术来缓解数据稀疏性问题。数据增强技术包括基于内容的推荐、协同过滤、深度学习等方法，可以利用用户和商品的特征信息来填补数据的空白，从而提高推荐的准确性。例如，基于内容的推荐可以通过分析商品的描述信息来推断用户的兴趣，从而降低数据稀疏性带来的影响。采用多源信息融合的策略来解决冷启动问题。除了依赖用户和商品的交互数据外，推荐系统还可以利用用户的社交网络信息、浏览行为、购买历史等多种信息源来进行推荐。通过综合利用这些信息，推荐系统可以更准确地捕捉到用户的兴趣和偏好，从而提高推荐的效果。推荐系统还可以采用增量式学习和实时推荐的方法来应对数据稀疏性和冷启动问题。增量式学习可以在系统运行过程中不断地更新模型参数，从而适应用户和商品的变化。实时推荐则可以根据用户的实时行为和反馈来调整推荐结果，从而提高推荐的及时性和个性化程度。

（二）算法偏见和过度推荐

推荐系统在努力为用户提供个性化推荐的同时，往往会面临算法偏见和过度推荐等问题，这些问题直接影响了推荐系统的准确性和用户体验。推荐系统的算法可能会存在偏见，导致过度推荐热门商品或忽略小众商品，从而影响了推荐结果的多样性和个性化程度。这种算法偏见可能是由于数据集本身的偏倚，也可能是由于推荐算法的设计和实现所带来的。例如，基于流行度的推荐算法往往会倾向于推荐热门商品，而忽略了用户的个性化偏好；而基于协同过滤的推荐算法则容易陷入“过滤泡沫”，使得用户只能看到与其历史行为相似的商品，而忽略了其他可能的选择。过度推荐带来了另一个挑战。过度推荐指的是推荐系统过分强调某些商品或者某些类别，导致用户接受到的推荐结果缺乏多样性和平衡性。这种情况下，用户可能会感到推荐系统的推荐不准确或者单调，降低了用户对推荐系统的信任度和满意度。特别是在电子商务领域，过度推荐可能会导致用户错失了其他潜在的选择机会，影响了商家的销售效果。

针对这些挑战，推荐系统可以采取多种策略来提高推荐的多样性和个性化程度。采用多样化的推荐算法来减少算法偏见。推荐系统可以结合基于内容的推荐、协同过滤、深度学习等多种算法来实现推荐结果的多样性和个性化。例如，基于内容的推荐可以根据商品的特征信息来进行推荐，而协同过滤可以根据用户的历史行为来进行推荐，从而提高推荐结果的准确性和多样性。采用混合推荐的策略来缓解过度推荐问题。混合推荐指的是将不同算法的推荐结果进行组合或者加权，以实现推荐结果的平衡性和多样性。例如，可以将基于内容的推荐结果和基于协同过滤的推荐结果进行混合，从而提供更全面的推荐服务。此外，还可以引入新颖性和惊喜性的推荐元素，以吸引用户尝试新的商品或者类别。推荐系统还可以采用反馈机制和个性化调整的方法来提高推荐的准确性和用户满意度。通过分析用户的反馈信息和行为数据，推荐系统可以不断优化推荐结果，从而更好地满足用户的个性化需求。例如，可以根据用户的点击行为、购买行为等来调整推荐结果的排序和展示方式，以提高用户的满意度和购买意愿。

二、电子商务推荐系统的问题

（一）推荐准确性问题

推荐系统在电子商务领域的推广和应用已经成为了商家提升销售额和用户体验的关键工具之一。然而，推荐系统在实践中可能面临推荐准确性不高的问题，即向用户推荐的商品与其实际兴趣不符。这一问题可能是由于数据质量不佳、算法偏差、用户行为变化等多种原因造成的。下面将针对这些问题展开讨论，并提出解决方案。数据质量不佳是推荐准确性问题的一个重要原因。推荐系统通常依赖于用户行为数据和商品信息来进行推荐，如果这些数据质量不佳，就会影响到推荐的准确性。例如，如果用户的行为数据存在噪音或者缺失，推荐系统就很难准确捕捉到用户的兴趣和偏好。此外，如果商品信息不完整或者不准确，也会导致推荐系统无法有效地识别出用户的需求。

算法偏差是推荐准确性问题的另一个重要原因。推荐系统的算法可能存在偏见，导致过度推荐热门商品或者忽略小众商品，从而影响了推荐结果的多样性和个性化程度。这种算法偏差可能是由于数据集本身的偏倚，也可能是由于推荐算法的设计和实现所带来的。例如，基于流行度的推荐算法往往会倾向于推荐热门商品，而忽略了用户的个性化偏好；而基于协同过滤的推荐算法则容易陷入“过滤泡沫”，使得用户只能看到与其历史行为相似的商品，而忽略了其他可能的选择。用户行为的变化也会影响到推荐准确性。用户的兴趣和偏好可能会随着时间的推移而发生变化，如果推荐系统无法及时地捕捉到这些变化，就会导致推荐结果不准确。例如，用户可能会对某个商品失去兴趣，或者开始对某个新的领域感兴趣，这些变化都会影响到推荐系统的准确性。

（二）推荐解释问题

推荐系统在电子商务平台中的应用是为了提升用户体验、增加购买率以及促进销售额的增长。然而，尽管推荐系统在实现这些目标上取得了一定的成功，但是用户对于推荐结果的不透明性和无法理解推荐背后的原因，却成为了一个普遍存在的问题。这种“黑箱模型”可能导致用户对推荐系统的信任度下降，进而影响用户体验，甚至降低购买意愿。因此，推荐系统的透明度和可解释性成为了需要解决的重要问题。推荐系统的黑箱模型主要源于其算法和模型的复杂性，以及数据处理的不透明性。推荐系统通常使用复杂的算法来分析用户行为和商品信息，以便为用户提供个性化的推荐结果。然而，这些算法往往是由大量的数据驱动和机器学习技术支持的，用户很难理解其中的具体工作原理和推荐逻辑。

另外，推荐系统所使用的数据处理和分析过程也往往缺乏透明度，用户无法得知推荐结果是如何生成的，从而导致了用户对推荐结果的不信任。这种不透明性给用户带来了多方面的困扰。用户无法理解为何会得到某些推荐结果，从而降低了对推荐系统的信任度。用户可能会对推荐结果的准确性产生疑问，怀疑系统是否真正了解他们的偏好和需求。用户无法掌握推荐系统背后的推荐逻辑，也无法主动调整自己的偏好和需求，导致推荐结果的个性化程度不尽如人意。用户可能会感到推荐系统的推荐过程缺乏公正性和透明度，怀疑是否存在商家或广告商的操控，从而影响了用户的购物体验。

（三）碎片化信息问题

信息碎片化是推荐系统在电子商务平台中面临的一个重要问题。它指的是推荐结果过于细分，导致用户在海量的推荐内容中难以找到他们真正感兴趣的商品，从而影响了用户的购物体验和购买意愿。这种问题的存在可能会降低用户对推荐系统的满意度，减少用户的交易量，甚至影响电子商务平台的长期发展。信息碎片化主要源于推荐系统过度追求个性化和细分化，导致推荐结果过于细致和分散。推荐系统通常会根据用户的历史行为、兴趣偏好等个性化信息，为用户提供个性化的推荐结果。然而，如果个性化推荐过于细分，将用户的兴趣细化到过于具体的领域或品类，可能会导致推荐结果过于碎片化，用户难以从中找到他们真正感兴趣的商品。

另外，一些推荐系统可能会过于注重推荐热门商品或近期浏览过的商品，而忽略了用户的潜在需求和长期兴趣，也会导致信息碎片化的问题。信息碎片化对用户购物体验和购买意愿产生了多方面的影响。用户可能会感到困惑和不满，因为他们无法从大量的推荐结果中找到自己真正感兴趣的商品，导致了购物效率的降低和体验的不佳。信息碎片化还可能导致用户的选择困难和决策疲劳，因为他们需要花费更多的时间和精力来筛选和比较推荐结果，增加了购买的不确定性和风险。信息碎片化还可能导致用户的购买意愿和转化率下降，因为用户可能因为无法找到满意的商品而放弃购买，或者因为选择困难而推迟购买决策。

本章小结

本章系统地介绍了电子商务推荐系统的关键方面。在第一节中，我们回顾了电子商务推荐系统的发展历程，从最早的简单推荐方法到如今的智能算法。第二节则介绍了推荐系统的基本原理和分类，从协同过滤到基于内容的推荐等多种方法。第三节详细探讨了电子商务推荐系统在各个应用场景下的重要性，包括提升用户体验、增加销售额等方面的作用。最后，在第四节中，我们分析了电子商务推荐系统面临的挑战和问题，如数据稀疏性、冷启动等。通过这一章的总结，读者对电子商务推荐系统的概况、原理、应用和挑战有了全面的认识，为深入探讨后续内容奠定了基础。

第二章　人工智能在电子商务中的应用

第一节　人工智能在电子商务中的发展历程

一、人工智能技术发展趋势概况

当前新一轮人工智能主要指基于深度学习的人工智能。深度学习全称深度神经网络，是从结构上模拟人脑的运行机制，从最基本的单元上模拟了人类大脑的运行机制。当前人工智能技术在电子商务中应用的快速发展也得益于深度学习计算的应用。

（一）深度学习技术体系总览

当前，人工智能技术已经成为了现代科技领域的一大核心驱动力，而深度学习算法则是人工智能技术中的重要支柱之一。深度学习算法的原理实现在工业界主要通过将这些算法封装至软件的方式供开发者使用。软件框架在整个技术体系中扮演着核心角色，它不仅实现了对人工智能算法的封装，还负责数据的调用以及计算资源的调度和使用。为了提升算法实现的效率，相关的编译器及底层硬件技术也进行了功能优化。在这一技术体系中，基础硬件层为人工智能提供基础算力支持，而深度神经网络模型编辑器层则起着硬件与软件之间的桥梁作用。软件框架层主要实现了对人工智能算法的模块化封装，使得开发者可以更加便捷地使用各种深度学习算法。基础应用技术层则实现了计算机视觉、智能语音、自然语言处理、推荐搜索、知识图谱等基础应用技术的封装，为上层应用提供了丰富的功能支持。而行业应用层则依托基础应用技术层，面向垂直行业需求提供定制化产品及服务，实现了人工智能技术的广泛应用和产业化。

在软件框架层，目前已经涌现出了许多成熟的人工智能开发平台和框架，如 TensorFlow、PyTorch、Keras 等。这些框架为开发者提供了丰富的工具和接口，使得他们可以快速搭建和训练深度学习模型。此外，还有一些专门针对特定领域的框架，如 OpenCV 用于计算机视觉领域、NLTK 用于自然语言处理领域等，这些框架为不同领域的开发者提供了专业化的工具和服务。在基础应用技术层，计算机视觉、智能语音、自然语言处理等技术已经在各个领域得到了广泛应用。例如，在智能语音领域，语音助手已经成为了人们日常生活的重要助手，而在自然语言处理领域，机器翻译、情感分析等技术也得到了广泛的应用。这些基础应用技术的封装使得开发者可以更加轻松地将其集成到自己的应用中，从而实现更丰富、更智能的功能。在行业应用层，人工智能技术已经在诸多行业展现出了巨大的应用潜力。例如，在医疗健康领域，人工智能技术可以用于辅助医生进行疾病诊断和治疗规划；在金融领域，人工智能技术可以用于风险控制和智能投资等方面；在零售行业，人工智能技术可以用于智能推荐和个性化营销等方面。这些行业应用产品和服务的推出，为企业提供了更多的增长点和竞争优势，也为人们的生活带来了更多的便利和舒适（图 1-1）。

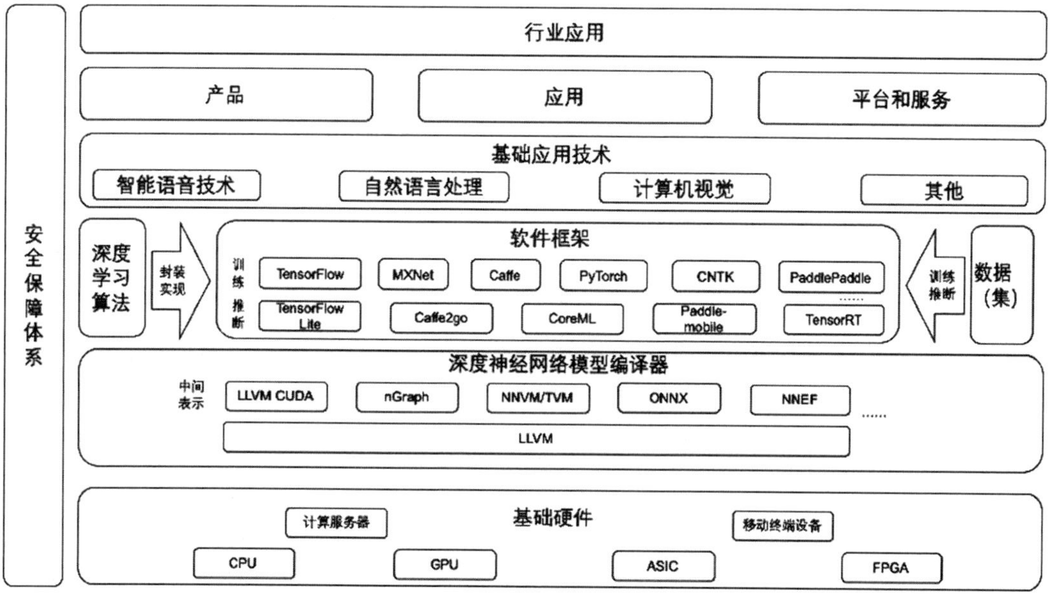

图 1-1　基于深度学习的人工智能技术应用架构图

电子商务便是在深度神经网络模型编辑器层搭建的基础硬件与软件基础上，采用基础应用技术，形成了针对电子商务行业的定制化产品及服务。在智能化工具、智能化服务、智能化采销、智能化仓储等各个细分环节广泛应用。

（二）深度学习算法发展概况

人工智能技术的实际应用在不断地发展和演进，逐步趋向于回归、分类和聚类三类基本任务。这三类任务分别针对连续型数值变量预测、类别预测和样本集群发现等不同的应用场景，为解决各类实际问题提供了有效的解决方案。随着人工智能算法的发展，针对每一类基本任务，都提供了各具特点的解决方案，其中深度学习技术在电子商务领域中得到了广泛应用。回归任务的算法主要用于连续型数值变量的预测和建模。这类任务需要根据输入的特征预测出一个连续型的数值。目前最常用的回归算法包括线性回归（正则化）、回归树（集成方法）、最邻近算法和深度学习等。在电子商务领域，智能客服团队的研发就是深度学习技术的一个重要应用。通过利用电子商务企业海量的用户交互数据，深度学习技术可以对每一个用户场景进行模拟，从而实现智能客服系统的自动化和智能化，有效缓解人工客服的压力。分类任务的算法用于分类变量的建模和预测，适用于类别（或其可能性）的预测。常用的分类算法包括逻辑回归（正则化）、分类树（集成方法）、支持向量机、朴素贝叶斯和深度学习方法等。

在电子商务领域，分类任务的应用非常广泛，如用户行为分析、风险预测、商品分类等。通过这些算法的应用，电商平台可以更好地理解用户行为和需求，提供个性化的推荐和服务。聚类任务的算法用于发现数据内部的结构，寻找样本集群，是一种无监督学习任务。在电子商务中，聚类算法的应用包括用户画像、商品聚类、社交网络分析等。通过聚类算法，电商企业可以更好地理解用户群体的特征和行为模式，从而优化营销策略和服务推荐。尽管深度学习算法在解决各类实际问题时表现出了很强的能力，但也面临着一些挑战，如可解释性问题、对现有场景的局限性以及对新场景的适应性等。为了解决这些问题，人工智能领域不断涌现出新的算法理论成果，并将其逐步运用到电子商务领域中。例如，胶囊网络、生成对抗网络、迁移学习等新算法理论在电子商务中的应用正在逐渐增多。这些新算法理论的提出和应用为电子商务领域的发展带来了新的机遇和挑战，推动着人工智能技术在电子商务中的不断创新和进步。

（三）软件框架是工程实现核心

当前，人工智能技术的基础性算法已经较为成熟，各大厂商纷纷致力于建设算法模型工具库，并将其封装为软件框架，供开发者使用。这些软件框架在算法工程实现中扮演着至关重要的角色，为开发者提供了丰富的工具和接口，帮助他们快速搭建和训练人工智能模型。企业的软件框架实现主要有闭源和开源两种形式：少数企业如苹果公司选择闭源方式开发软件框架，目的是打造技术壁垒；而以谷歌 TensorFlow 等为代表的开源框架，则提供给各类开发者使用。人工智能国际巨头企业将开源深度学习软件框架作为打造生态产业链的核心。开源软件框架在模型库建设及调用功能方面具有很多共性，但同时又各具特点。业界目前主要有深度学习训练软件框架和推断软件框架两大类别。在 2018 年，阿里巴巴开源了首个深度学习框架 X-Deep Learning。此前的深度学习开源框架大都面向图像、语音等低维稠密数据而设计，而 XDL 则针对高维稀疏数据场景进行了深度优化。XDL 已经在阿里巴巴的业务及生产场景中大规模应用。

深度学习训练软件框架主要用于构建和训练人工智能模型。这些框架提供了丰富的神经网络模型结构和优化算法，使得开发者可以通过简单的调用接口来构建各种复杂的深度学习模型。例如，TensorFlow、PyTorch 等深度学习框架就是在这个领域内具有很高影响力的开源项目。而推断软件框架则主要用于在训练完成后对模型进行推断和预测。这些框架通常会针对推断速度和资源占用等方面进行优化，以满足实际应用中对性能的要求。例如，TensorFlow Serving、ONNX Runtime 等框架就是专门用于模型推断的开源项目。开源软件框架的发展为人工智能技术的广泛应用提供了重要支持。通过开源软件框架，开发者可以充分利用行业领先的算法和模型，快速构建和部署自己的人工智能应用，促进了人工智能技术的普及和发展。同时，开源软件框架的竞争也推动了技术的不断创新和进步，为行业带来了更多的选择和可能性。

（四）编译器解决软硬件适配问题

当前，开发者在实际工程应用中面临着两个主要问题：可移植性问题和适应性问题。这些问题主要源于不同软件框架、硬件设备和算法之间的差异，导致在不同环境下开发的模型之间转换困难，并且需要确保软件框架与底层计算芯片之间的良好适配性。为了解决这些挑战，深度神经网络模型编译器成为了关键技术之一，它在传统编译器的基础上扩展了面向深度学习网络模型计算的专属功能，以解决深度学习模型部署到多种设备时可能存在的适应性和可移植性问题。网络模型编译器解决了芯片和框架之间的适应性问题。传统编译器通常缺乏对深度学习算法基础算子（如卷积、残差网络和全连接计算等）的优化，并且对人工智能多种形态的计算芯片适配不足。因此，业界对人工智能底层计算芯片及上层软件框架进行适配优化的编译器需求十分迫切。

网络模型编译器通过对模型进行优化和调整，实现了软件框架与底层计算芯片之间的良好适配，从而提高了模型的性能和效率。中间表示层解决了模型的可移植性问题。在工程实践中，人工智能软件框架训练完成的模型通常会按照中间表示层的规定进行表达和存储。中间表示层（Intermediate Representation，IR）是编译器用来表示源码的数据结构或代码，可以看作是不同中间件的集合，在性能优化及通信方面发挥着重要作用。通过中间表示层，不同软件框架训练出的模型可以进行统一的表达和存储，从而实现了模型在不同环境下的可移植性。例如，在电子商务领域，构建词与词的关系、知识与知识的关联是非常重要的任务。为了使模型更加智能，可以采用 word2vec 和深度神经网络算法，将独立的知识训练为词相关性的向量，然后将这些词向量重新整合到深度学习模型中。通过中间表示层的统一表达和存储，不同软件框架训练出的模型可以在各种设备上进行高效部署和运行，从而实现了智能化的电子商务系统。

（五）计算芯片提供算力保障

深度学习算法的独特之处在于其既具备计算密集型特点，又涉及到存储密集型运算。这种双重特性使得深度学习模型需要处理海量数据样本，并对计算芯片的高并行计算能力和内存存取带宽提出了新的挑战和需求。深度学习算法需要处理大量的数据样本。在训练和推断过程中，深度学习模型需要对大规模的数据进行处理和分析，这对计算芯片的计算能力提出了极高的要求。传统的中央处理器（CPU）在处理深度学习任务时往往效率较低，因为深度学习算法通常需要进行大量的矩阵乘法和张量运算，而 CPU 的串行执行模式无法充分发挥其潜力。因此，专门的图形处理器（GPU）和专用的人工智能芯片（如 TPU）逐渐成为了深度学习任务的首选计算平台，其强大的并行计算能力能够极大地加速深度学习模型的训练和推断过程。

深度学习算法对内存存取带宽的需求也十分巨大。由于深度学习模型的复杂性和参数量庞大，需要大量的内存来存储模型的权重、梯度等参数。此外，在训练过程中，数据的传输和存储也会占用大量的内存带宽。因此，除了计算能力外，内存的存取速度和带宽也成为了影响深度学习性能的重要因素之一。为了满足深度学习算法对内存的高速存取需求，芯片制造商们不断优化内存架构，提高内存的存取速度和带宽，并推出了一些专门针对深度学习任务优化的高性能内存产品。

二、人工智能助力电子商务的动力机制

（一）人工智能提升交易匹配效率

随着电子商务的不断发展，网络上的信息量和商务量呈现爆发式增长，这为供需双方带来了海量信息搜索、甄别和比选的挑战，需要耗费大量时间和精力。特别是在B2B领域，这一问题尤为突出，现有的B2B电商平台通常仅提供静态信息展示，而后续涉及的信息比选、价格协商、品质约定等工作大多需要线下进行，导致了效率低下和资源浪费的问题。为了解决这一挑战，人工智能Agent技术的出现为可能。基于电子商务谈判的需求和分布式人工智能的迅速发展，提出了一种基于Agent的电子商务自动谈判系统。这种新型的谈判系统着重于自动谈判协议、谈判策略和系统构架的探讨。

通过引入机器学习功能到电商谈判系统中，可以进一步提升数据处理效率和决策支撑能力。在B2C领域，由于不涉及供需双方的线下协商，因此人工智能技术主要应用于电商平台的信息甄别、商品排序、价格设定等方面。例如，在信息甄别方面，人工智能可以通过自然语言处理和图像识别技术，对海量的商品描述和图片进行自动分析和归类，提供用户更准确、更个性化的推荐。而在商品排序和价格设定方面，人工智能可以通过分析用户的历史行为数据和实时交易数据，为用户提供更加符合其偏好和需求的商品排序和价格设定，从而提升用户的购物体验和满意度。

（二）人工智能降低运营管理成本

成本管理是电商企业日常管理的重要组成部分，直接关系到企业的运营效益。在这一领域，人工智能技术发挥了关键作用，帮助电商企业降低物流成本、管理成本等，提升运营效率。基于人工智能的新模式逐渐应用到电商物流领域。物流云、零库存、无人仓等方案成为了电商企业降低成本、提升效率的重要手段。

以智能仓储为例，通过引入人工智能技术，实现了从“人找货”到“货找人”的转变。以苏宁云仓为例，其平均拣选效率达到每人每小时1200件，远远超过了传统拣选方式。这种高效的仓储管理方式大大提升了物流效率，降低了企业的人力成本和运营成本。

在智能配送方面，人工智能技术也为电商企业提供了重要支持。通过大数据和仓库信息的支持，可视化配送服务得到了迅速发展。同时，智能快递柜的广泛建设也为采用“最后一公里”综合配送模式提供了基础条件。这种智能化、综合化的配送方式，能够更好地满足不同类型的电子商务客户的需求，提升配送效率，降低配送成本。在实践中，阿里巴巴等企业利用人工智能技术绘制最有效的物流路线，通过智能物流的推广，成功降低了车辆使用量10%，行驶距离减少了30%。这种智能化的物流管理不仅提升了企业的运营效率，也降低了环境负担，实现了可持续发展。

（三）人工智能提升用户服务体验

人工智能的应用为电子商务带来了诸多新功能和新服务，包括个性化智能推荐、机器人智能客服以及以图找图智能搜索等，极大地提升了用户体验和产品附加值。在这其中，智能推荐系统是其中的重要组成部分，国内外的电子商务推荐系统采用了多种主流算法，并不断进行研究和优化。同时，基于语义词典的电子商务推荐系统以及基于模糊逻辑算法的商品满意度定量表达方法等新技术的提出和应用也为推荐系统的进一步发展提供了新思路。在智能推荐系统中，个性化是关键。主流算法包括基于内容的推荐、协同过滤推荐、深度学习推荐等。基于内容的推荐侧重于分析商品的属性和用户的偏好，为用户推荐与其兴趣相关的商品；协同过滤推荐则基于用户历史行为和相似用户的行为进行推荐；而深度学习推荐则通过深度神经网络模型挖掘用户行为和商品特征之间的关联，提高了推荐的准确性和个性化程度。此外，基于语义词典的电子商务推荐系统通过建立商品和用户之间的语义关联，进一步提升了推荐系统的智能化水平。

为了量化用户对商品的满意度，可以采用基于模糊逻辑算法的方法。通过构建商品满意度定量表达方法，可以更准确地评估用户对商品的喜好程度，进而优化推荐系统中的权值确定方式，提高推荐系统的效果和用户满意度。基于自然语言处理的语义识别系统能够更好地解读用户需求，从而为用户提供更高质量的客服服务和产品推荐。这种系统可以分析用户输入的自然语言，理解用户的意图和需求，从而快速准确地为用户提供帮助和推荐。根据 Gartner 公司的预测，到 2020 年，消费者和零售商之间 85%的互动都将由人工智能来解决。这说明人工智能在电子商务领域的应用将会越来越普遍，对电子商务产业的发展将产生深远的影响。随着技术的不断进步和应用的不断拓展，相信人工智能将为电子商务领域带来更多的创新和发展机遇。总的来讲，人工智能提升交易匹配效率、降低企业运行成本、提升用户服务体验这三大作用机制是相辅相成，共同发挥作用的（图 1–2）。

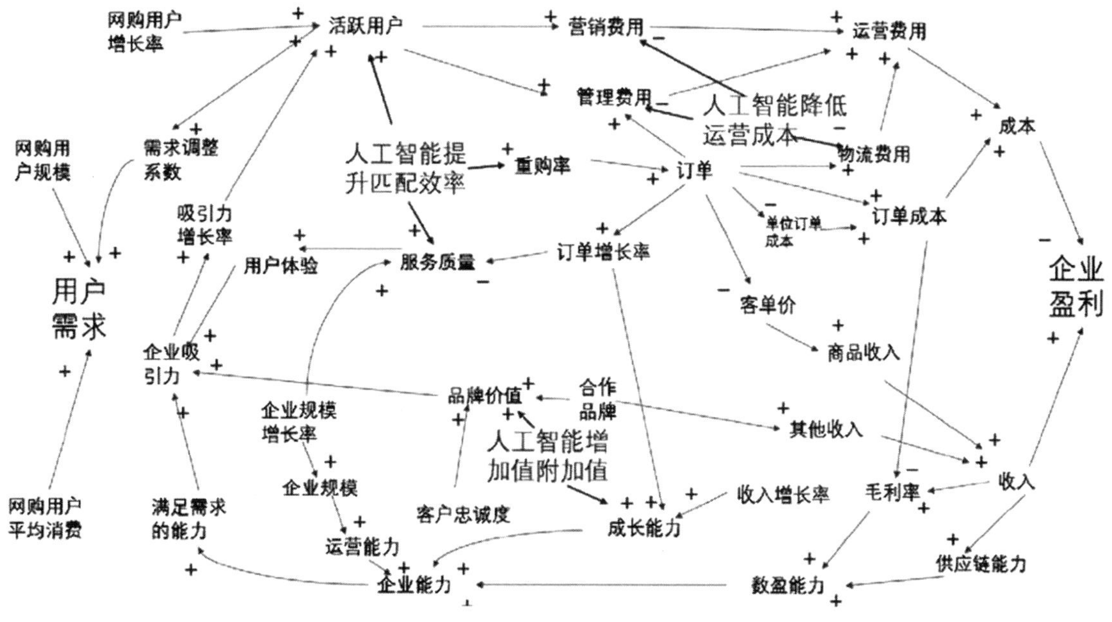

图 1–2　人工智能助力电子商务的系统动力学因果回路图

三、人工智能与电子商务深度融合发展趋势

（一）由技术驱动向需求驱动转变

近年来，中国人工智能的应用推广正在不断加速，这一现象得益于大数据、云计算等技术的发展，以及 GPU、TPU、DPU、NPU 等一系列智能芯片的研发。这些技术的发展有效推动了人工智能在各个行业的产业应用，其中包括了电子商务领域。未来，

人工智能与电商领域的融合应用将更加注重需求导向，从增强产品体验、提升交易效率、降低运营费用等方面进行进一步的应用突破。

人工智能技术可以为电商平台提供更加个性化的产品体验。通过分析用户的行为数据和偏好，人工智能可以实现个性化推荐、定制化服务等功能，使用户获得更加符合自己需求的购物体验，从而提升用户满意度和忠诚度。

人工智能技术也可以帮助电商企业提升交易效率和降低运营成本。例如，智能化的仓储管理系统可以优化物流配送路线，提高订单处理速度；智能客服系统可以实现自动化的客户服务，降低人力成本；智能价格优化系统可以根据市场需求和竞争情况自动调整产品价格，提高销售效率。

在实际应用中，电子商务企业需要将人工智能技术与用户场景和需求紧密结合，不断推出能够满足不同用户需求的实际解决方案。只有让电子商务服务与产品更贴近用户的实际需求，才能够真正提升用户体验和产品价值，进而在市场竞争中占据更有利的地位。电子商务企业还需要重视人工智能技术的可持续发展和应用，不断优化和完善技术体系，推动整个电子商务生态系统的繁荣。只有在技术、产品和服务的全方位发展中，才能够实现电子商务行业的持续创新和增长，促进行业的健康发展。

（二）由替代重复劳动向智能决策转变

在人工智能与电子商务的融合应用初期，主要集中于替代初级性、重复性工作，通过智能客服、智能店铺设计等工具来替代人工，其主要目的在于降低运营成本。然而，随着人工智能技术的不断发展，电子商务领域逐渐向智能决策转变，这意味着在各个领域都会逐步实现智能化的决策过程。未来，通过对深度学习、优化技术、预测技术等算法的设计与优化，电子商务将能够在人力调度、货物分配、资源优化等场景上实现智能决策。基于大数据和预测的基础上，电子商务企业将能够量化决策相关的成本和收益，从而确定最优化的选择，实现数据的再增值。这种智能决策将成为电子商务运营的重要组成部分，为企业提供更加高效、精准的决策支持。

智能技术的应用将逐渐拓展至店铺选址、商品组合、动态定价、智能预测等智能决策领域。例如，在店铺选址方面，可以利用人工智能技术分析消费者的行为数据、地理信息等，以确定最佳的店铺位置；在商品组合方面，可以利用深度学习算法分析用户的购买历史和偏好，从而确定最佳的商品搭配；在动态定价方面，可以利用预测技术分析市场需求和竞争情况，从而实现实时的价格调整；在智能预测方面，可以利用大数据和机器学习算法分析市场趋势和用户行为，从而预测未来的销售情况。通过实现智能化的决策过程，电子商务企业将能够提高运营效率，降低成本，增强竞争力。同时，智能决策还将为消费者提供更加个性化、精准的服务，提升用户体验。总的来说，随着人工智能技术的不断发展，电子商务将迎来智能化的新时代，实现更加智能、高效的运营模式。

（三）由单点分散应用向系统集成转变

人工智能与电商的融合在很大程度上取决于技术进步与场景选择两个因素的相互匹配。只有当这两者同时满足时，才能够推动人工智能与电商的应用落地并取得成功。这一特征决定了人工智能与电商融合应用的发展路径，其起始点通常是在库存管理、商品推荐等领域，然后逐渐扩展至定制化生产、智能采销、动态定价、智能客服等全流程。

人工智能在电商领域的应用最初集中在一些局部的、相对成熟的领域，比如库存管理和商品推荐。在库存管理方面，人工智能可以通过分析大数据，预测销售量和需求趋势，从而实现精准的库存管理，避免库存积压或缺货现象的发生。而在商品推荐方面，人工智能可以通过分析用户的购买历史、浏览行为和偏好，实现个性化推荐，提高用户购物体验。

随着技术的不断进步和应用场景的不断拓展，人工智能在电商领域的应用逐渐扩展至更加复杂和全面的领域。例如，定制化生产可以利用人工智能技术分析用户需求，实现个性化定制的产品生产；智能采销可以利用大数据和机器学习算法优化采购和销售策略，提高效率和准确性；动态定价可以根据市场需求和竞争情况自动调整产品价格，实现最大化的利润和市场份额；智能客服则可以利用自然语言处理和机器学习技术实现自动化的客户服务，提高效率和用户满意度（图 1-3）。

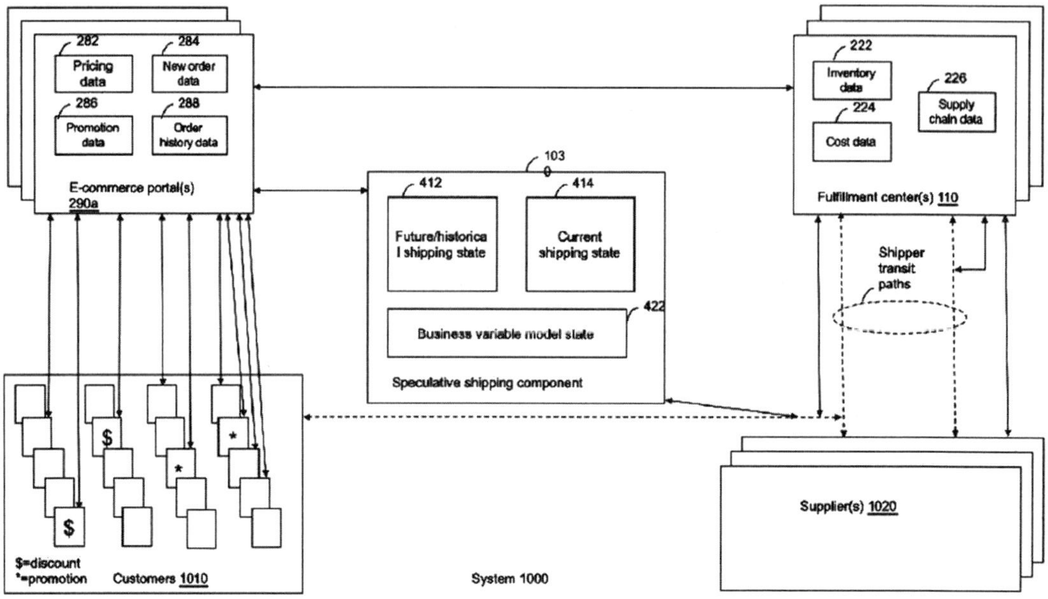

图 1-3　智能采销、智能预判配送示意图

(四) 由 B2C 应用向 B2B 拓展

当前，人工智能在电商领域的应用主要集中于 B2C（企业对消费者）领域，这是因为 B2C 市场的特点决定了人工智能在信息对接与运营操作方面能够发挥较大作用。在 B2C 模式下，日用消费品的质量规格通常较为统一，商品价格也比较稳定，这为人工智能的应用提供了较为稳定的数据基础。在 B2C 领域，人工智能技术可以替代大量低效重复的工作，例如销售寻客、开拓陌生市场等。通过数据分析、算法优化等技术手段，人工智能可以更精准地识别潜在客户群体，并提供个性化的推荐和服务，从而提高营销效率和客户满意度。此外，人工智能还可以实现自动化的运营操作，例如智能客服系统可以自动回复客户的咨询，智能推荐系统可以根据用户的浏览历史和购买行为为其推荐相关产品，从而提升用户体验和转化率。在 B2B（企业对企业）领域，情况略有不同。

B2B 市场涉及的商品和服务往往更加复杂多样，质量选择、价格博弈等问题更为突出，这为人工智能在此领域的应用提供了更为广阔的空间和挑战。例如，在质量选择方面，人工智能可以通过大数据分析和智能算法对供应商的质量记录和评价进行评估，从而帮助企业选择合适的供应商；在价格博弈方面，人工智能可以通过价格预测和优化算法，帮助企业制定竞争性价格策略，实现最大化利润。目前人工智能在 B2B 领域的应用主要集中于理论探讨层面，受技术水平和数据获取的限制，实际应用还比较有限。但随着人工智能技术的不断发展和成熟，以及数据获取和处理能力的提升，人工智能在 B2B 领域的应用前景将会越来越广阔。未来，人工智能技术有望成为 B2B 电商的重要驱动力，为企业提供更智能、高效的解决方案，推动整个行业的发展和升级。

第二节　人工智能在电子商务中的应用现状与趋势

一、人工智能在电子商务中的应用现状

（一）智能客服机器人

智能客服机器人的兴起标志着人工智能技术在电子商务领域的深入应用。这些机器人融合了多种人工智能相关技术，如机器学习、大数据、自然语言处理、语义分析和理解等，旨在提供更智能、高效的客户服务体验。智能客服机器人能够自动回复顾客的咨询问题，不再需要人工干预。这些机器人通过分析顾客的提问，并结合预先训练好的模型和知识库，能够快速准确地给出回复。无论顾客发送的是文本、图片还是语音，智能客服机器人都能够进行识别和理解，为顾客提供个性化的服务。智能客服机器人的出现有效减少了人工成本的投入。传统的客服团队需要大量人力投入来处理顾客的咨询和问题，而智能客服机器人可以自动化地完成这些任务，大大降低了企业的运营成本。同时，智能客服机器人可以实时响应，24 小时不间断地为顾客提供服务，优化了用户体验，并最大程度地挽留夜间访客流量。另外，智能客服机器人还能够替代人工客服回复重复性问题，释放人工客服的工作压力。这些机器人通过学习和积累大量的数据和知识，能够快速准确地回答顾客提出的常见问题，提高了客户服务的效率和质量。而人工客服可以将更多的精力投入到处理复杂问题和提供个性化服务上，提升了服务水平和用户满意度。

2017 年 3 月，阿里巴巴发布了一款智能客服机器人，通过商家调试和授权之后，

可以取代一些客户服务，减少人工客服的工作量，同时保证回复消息的及时性。这一举措标志着智能客服机器人已经逐渐成为电子商务领域的一项重要技术应用。根据预测，到2025年，人工智能将取代八成以上的商家与消费者之间的互动。这意味着智能客服机器人将在电子商务领域扮演越来越重要的角色，成为提升服务效率和用户体验的重要工具。随着人工智能技术的不断进步和应用场景的不断拓展，智能客服机器人的功能和性能将进一步提升，为电子商务行业的发展注入新的活力。

（二）智能推荐引擎

智能推荐引擎是电子商务领域中一项重要的人工智能应用，它利用深度学习算法等技术，在海量的数据集基础上，分析消费者的搜索、浏览和购买行为，从而向用户推荐个性化的产品和服务。这种推荐系统不仅可以提高用户的购物体验，还能够促进交易的进行，是电商平台提高销售额和用户忠诚度的重要工具。智能推荐引擎首先需要收集大量的用户行为数据，包括搜索记录、浏览记录、购买记录等。然后，对这些数据进行清洗、处理和标准化，以便后续的分析和建模。在数据处理完成后，智能推荐引擎会从用户行为数据中提取特征，并将其表示为适合深度学习模型处理的形式。这些特征可以包括用户的偏好、兴趣、历史行为等信息。接下来，利用深度学习算法等技术对提取的特征进行训练和优化，以构建个性化的推荐模型。这些模型可以是基于内容的推荐模型、协同过滤推荐模型、深度学习推荐模型等。一旦模型训练完成，智能推荐引擎就可以利用这些模型对用户进行个性化推荐。它会根据用户的个人偏好和历史行为，生成一份合理的购买建议，并将其按照一定的排序规则呈现给用户。

智能推荐引擎还可以实时地根据用户的实时行为和反馈进行调整和优化，从而不断改进推荐效果，提高用户满意度。许多电商公司，如阿里巴巴、京东商城等，都广泛使用智能推荐引擎来分析产品的受众人群和个性化推荐。通过分析用户的行为数据和偏好，这些平台可以向用户推荐符合其兴趣和需求的产品，提高用户的购物体验和满意度。同时，智能推荐引擎还可以帮助电商平台挖掘客户的潜在需求，促进交易的进行，从而增加销售额和盈利能力。随着人工智能技术的不断进步和深化，智能推荐引擎在电子商务领域的应用将会越来越广泛和深入。未来，智能推荐引擎将继续通过不断优化算法和模型，提高个性化推荐的准确性和效果，进一步推动电子商务行业的发展和智能化升级。

二、人工智能在电子商务中的趋势

电子商务行业充满了巨大的竞争压力，深度学习、计算机视觉、语音识别、机器人自动处理系统等人工智能技术在今后的日子里仍在稳步发展，“AI+”时代的到临将会进一步推进人工智能技术与电子商务行业的融合与发展。

（一）情感AI辅助决策

随着人工智能技术的不断发展，电子商务行业正在经历着一场前所未有的变革。在这个变革的浪潮中，情感AI（情感人工智能）被认为将成为电子商务的下一次革命。当前的智能客服机器人虽然在提供基本服务方面表现出色，但它们缺乏对消费者情感和心理状态的敏感，这在一定程度上限制了其服务的个性化和深度。然而，情感AI的出现为解决这一难题提供了新的可能性。情感AI是一种具有情感识别和理解能力的人工智能系统，它能够识别、理解和回应人类的情感状态。在电子商务领域，情感AI可以通过分析消费者在网站上的行为和交互数据，更好地了解消费者的情感需求和偏好，从而提供更个性化、情感化的服务和决策支持。

情感AI可以通过分析消费者在浏览商品时的行为和反馈数据来判断其情感状态。例如，情感AI可以监测消费者在浏览某个商品页面时停留的时间长短、浏览深度、以及与该商品相关的其他行为，如添加到购物车、收藏或分享等。通过这些数据，情感AI可以推断出消费者对该商品的兴趣程度和情感态度，从而及时调整推荐策略和个性化服务，以提升消费者的购物体验和满意度。情感AI可以通过分析消费者在购物过程中的情感状态，及时发现并解决消费者可能遇到的问题和困惑。例如，当消费者在浏览商品时表现出犹豫不决或迷茫的情绪时，情感AI可以通过与消费者的实时对话交流，提供个性化的产品推荐、购买建议或解决方案，以帮助消费者更好地完成购物决策。情感AI还可以通过分析消费者的情感数据和反馈信息，为电子商务企业提供更深入的市场洞察和消费者洞察。通过了解消费者的情感需求、偏好和行为模式，电子商务企业可以及时调整产品定位、营销策略和服务模式，提升品牌形象和竞争力。

（二）过滤虚假评论

虚假评论在电子商务平台上已成为一项严重的问题，对消费者的购物体验和信任构成了严重的影响。商家为了提升产品的销量和口碑，往往通过各种手段制造虚假评论，这不仅扭曲了产品的真实评价，也损害了整个电商平台的公信力。为了解决这一问题，人工智能技术被广泛应用于评论过滤和真实性验证，为消费者提供更可靠的购物参考和保障。人工智能可以通过自然语言处理（NLP）和机器学习技术来分析和识别评论文本中的虚假信息。NLP 技术可以帮助系统理解评论文本的语义和情感，识别其中是否存在虚假内容或不真实的评论。机器学习算法则可以基于已有的真实和虚假评论数据进行训练，建立模型来自动识别和过滤虚假评论，从而提高过滤的准确性和效率。

人工智能可以通过用户行为分析和数据挖掘技术来发现异常评论和刷单行为。通过分析用户在平台上的行为轨迹、评论频率、购买模式等数据，系统可以识别出具有异常特征的用户和评论，进而判定其是否存在刷单或虚假评论的嫌疑。这种基于数据的分析方法可以帮助平台及时发现和阻止虚假评论的产生，保障消费者的利益和购物体验。人工智能还可以利用大数据和网络关系分析技术来识别和打击恶意评论和竞争对手的恶意营销行为。通过分析评论数据和用户关系网络，系统可以发现恶意评论的来源和传播路径，追踪和识别恶意评论的发布者，并采取相应的措施进行处理和处罚。这种基于网络数据的分析和干预方法可以有效地遏制恶意评论的传播，维护电商平台的公平竞争环境和秩序。

第三节　人工智能在电子商务推荐系统中的作用与价值

一、人工智能在电子商务推荐系统中的作用

（一）实时推荐

随着电子商务行业的迅速发展，用户对个性化、精准的购物体验需求不断提升，而推荐系统作为电商平台的重要组成部分，扮演着连接用户和商品的桥梁角色。人工智能技术的应用使得推荐系统能够实现实时数据处理和实时决策，从而为用户提供更加个性化、精准的实时推荐服务。人工智能技术在推荐系统中的作用体现在实时数据处理能力上。推荐系统需要处理大量的用户行为数据、商品信息以及其他相关数据，

以生成个性化的推荐结果。通过人工智能技术，推荐系统可以实现对海量数据的实时处理和分析，及时捕捉用户的行为变化和需求变化，从而为用户提供更加准确和实时的推荐结果。人工智能技术可以帮助推荐系统实现实时的个性化推荐策略。推荐系统需要根据用户的个性化兴趣和偏好，动态调整推荐策略，以提供最合适的推荐结果。通过机器学习和深度学习等技术，推荐系统可以不断优化和调整推荐算法，从而实现对用户行为的实时监测和响应，提供更加个性化和精准的推荐服务。

人工智能技术还可以帮助推荐系统实现多维度的实时个性化推荐。推荐系统不仅需要考虑用户的兴趣和偏好，还需要考虑其他因素如时间、地点、社交关系等因素对用户行为的影响。通过综合考虑多个维度的数据和信息，推荐系统可以更加全面地理解用户的需求，为用户提供更加贴近实际情况的个性化推荐结果。人工智能技术还可以帮助推荐系统实现实时的推荐结果展示和交互体验。推荐系统需要及时将个性化推荐结果呈现给用户，并与用户进行交互以获取反馈信息。通过人工智能技术，推荐系统可以实现对用户行为和反馈的实时分析和处理，及时调整推荐结果的展示方式和内容，从而提升用户的购物体验和满意度。

（二）智能搜索

在电子商务平台中，搜索功能是用户最常用的功能之一，直接影响用户的购物体验和交易效率。传统的搜索功能虽然可以实现基本的关键词匹配和检索，但往往难以理解用户的搜索意图和语义，导致搜索结果的准确性和个性化程度有限。通过应用人工智能技术，特别是深度学习和自然语言处理技术，电子商务平台可以实现智能搜索功能，提供更加精准和个性化的搜索结果，从而提高用户的搜索效率和购物体验。人工智能技术可以帮助搜索引擎理解用户的搜索意图和语义。传统的搜索引擎主要依靠关键词匹配和检索算法来生成搜索结果，往往只能匹配搜索关键词而无法理解搜索的背后意图。而通过深度学习和自然语言处理技术，搜索引擎可以对用户的搜索查询进行语义分析和语境理解，从而更好地理解用户的搜索意图，识别用户的需求和偏好，为用户提供更加准确和个性化的搜索结果。人工智能技术可以帮助搜索引擎实现个性化推荐和排序。

通过分析用户的历史行为数据、购买记录和偏好信息，搜索引擎可以为每个用户定制个性化的搜索结果，推荐与用户兴趣相关的商品和内容，从而提高搜索结果的相关性和用户满意度。此外，通过机器学习和深度学习技术，搜索引擎还可以不断优化搜索结果的排序算法，根据用户的反馈和行为数据进行动态调整，提高搜索结果的精准度和用户体验。人工智能技术还可以帮助搜索引擎实现多模态搜索和跨语言搜索。传统的搜索引擎主要依靠文本数据进行搜索和检索，难以处理图片、视频等多媒体数据。而通过深度学习和计算机视觉技术，搜索引擎可以实现对多媒体数据的理解和分析，从而实现多模态搜索功能，为用户提供更加丰富和全面的搜索结果。同时，通过自然语言处理和机器翻译技术，搜索引擎还可以实现跨语言搜索功能，帮助用户跨越语言障碍，获取更广泛的搜索结果。

二、人工智能在电子商务推荐系统中的价值

（一）优化商业运营效果

在电子商务领域，优化商业运营效果是每个商家都追求的目标之一。个性化推荐系统作为电商平台的重要组成部分，发挥着关键的作用，通过分析用户行为数据和购买历史，为商家提供精准的产品推广和营销方案，从而提高销售额和客户转化率。人工智能技术在个性化推荐系统中的应用为商业运营效果的优化提供了有力支持。个性化推荐系统可以帮助商家优化产品定位和精准营销。通过分析用户的浏览记录、搜索关键词、购买行为等数据，推荐系统可以发现用户的偏好和兴趣，精准地推荐符合用户需求的产品。商家可以根据推荐系统提供的数据和洞察，调整产品定位和促销策略，将产品精准地推送给目标用户群体，提高销售效果和客户满意度。个性化推荐系统可以帮助商家提高用户的购物体验和忠诚度。通过为用户推荐感兴趣的产品和相关内容，推荐系统可以增加用户在平台上的停留时间和浏览深度，提高用户的购买意愿和转化率。同时，个性化推荐还可以增强用户与电商平台的互动和黏性，促进用户的再次购买和口碑传播，从而提高客户忠诚度和品牌价值。

个性化推荐系统还可以帮助商家提高营销效果和 ROI（投资回报率）。通过分析用户的购买历史和行为数据，推荐系统可以为商家提供精准的客户画像和行为模式，帮助商家精准定位目标客户群体，制定有效的营销策略和广告投放方案。商家可以将有限的营销资源投放在最有潜力的用户群体上，提高广告点击率和转化率，最大程度地提高营销效果和 ROI。个性化推荐系统还可以帮助商家进行数据驱动的决策和运营

优化。通过分析推荐系统生成的数据报告和洞察分析，商家可以了解产品销售情况、用户偏好趋势、促销活动效果等关键指标，及时调整运营策略和优化决策，提高商业运营效率和竞争力。同时，个性化推荐系统还可以为商家提供实时的业务监控和预警功能，帮助商家及时发现和解决问题，降低经营风险和损失。

（二）实现智能化运营

随着人工智能技术的快速发展，电子商务行业正逐渐迈向智能化运营的新时代。推荐系统作为电商平台中的关键组成部分，通过应用人工智能技术，可以实现智能化的运营，实时监测用户行为和市场动态，及时调整推荐策略和营销策略，提高运营效率和灵活性，为用户提供更加个性化和精准的服务体验。

人工智能技术可以帮助推荐系统实现实时监测和分析用户行为。通过分析用户在平台上的浏览记录、搜索关键词、购买行为等数据，推荐系统可以深入了解用户的兴趣和偏好，及时发现用户的需求变化和行为趋势，为用户提供更加个性化和精准的推荐结果。同时，推荐系统还可以根据用户的实时反馈和行为数据，动态调整推荐策略和排序算法，提高推荐结果的准确性和相关性。

人工智能技术可以帮助推荐系统实现智能化的个性化推荐。通过与用户的互动学习和迭代优化，推荐系统可以不断提升自身的推荐能力和商业价值。通过机器学习和深度学习技术，推荐系统可以分析海量的用户行为数据和商品信息，发现用户的隐性偏好和兴趣点，从而为用户提供更加个性化和精准的推荐结果。同时，推荐系统还可以利用强化学习算法，通过与用户的互动学习，不断优化推荐策略，提高用户的满意度和购买转化率。

人工智能技术还可以帮助推荐系统实现智能化的营销策略。通过分析市场动态和竞争情报，推荐系统可以及时调整营销策略和促销活动，以满足用户的需求和市场的变化。同时，推荐系统还可以利用预测分析技术，预测用户的购买行为和趋势，为商家提供精准的产品推广和营销方案，提高销售额和客户转化率。

人工智能技术还可以帮助推荐系统实现智能化的运营监控和管理。通过实时监测和分析系统运行状态和性能指标，推荐系统可以及时发现和解决问题，保障系统的稳定运行和服务质量。同时，推荐系统还可以利用智能算法和自动化工具，优化系统的资源调度和任务分配，提高系统的运行效率和灵活性，降低运营成本和风险。

第四节 人工智能在电子商务中的挑战与未来发展

一、人工智能在电子商务中的挑战

（一）颠覆流量分发

随着人工智能技术的不断进步和应用，电子商务行业正在迎来一场革命性的变革。人工智能大模型，以 ChatGPT 为代表，正在酝酿着颠覆流量分发模式的可能性。传统的流量分发模式由百度等搜索引擎和大型电商平台垄断，但随着人工智能的发展，用户在寻找消费建议和购买渠道时，可能会转向 ChatGPT 等平台，这给传统电商平台带来了新的挑战和机遇。

人工智能在电子商务中的挑战之一是改变了用户获取信息和消费决策的方式。传统上，用户习惯通过搜索引擎来获取产品信息和比较价格，然后在电商平台上完成购买。然而，随着人工智能大模型的出现，用户可以直接在 ChatGPT 等平台上咨询消费建议，获取个性化的推荐和购买指南。这种新的信息获取方式可能会改变用户的消费行为和偏好，给传统电商平台带来不确定性和挑战。

人工智能在电子商务中的挑战还体现在流量分发模式的变革上。传统的流量分发模式由搜索引擎和大型电商平台垄断，这些平台掌握着大量用户数据和流量入口，可以通过排名算法和推荐系统来控制流量分发。然而，随着人工智能技术的发展，用户在 ChatGPT 等平台上获取信息和进行购买的行为逐渐增多，这可能会减少传统电商平台的流量来源，给其带来流量下降和竞争压力。

人工智能在电子商务中的挑战还包括对传统电商平台商业模式的冲击。传统电商平台主要依靠广告和推广费用来获取收入，然而随着用户转向 ChatGPT 等平台获取信息和消费建议，传统电商平台可能会面临广告费用减少和商业模式调整的挑战。此外，随着人工智能技术的发展，个性化推荐系统的普及和应用也可能会影响传统电商平台的商业模式和用户体验，需要进行相应的调整和优化。人工智能在电子商务中的挑战还涉及数据隐私和安全问题。随着人工智能技术的应用，用户在 ChatGPT 等平台上产生的大量数据可能会被用于个性化推荐和广告定向，但这也可能会涉及用户隐私和数据安全的问题。因此，传统电商平台需要加强对用户数据的保护和隐私政策的制定，以确保用户的数据安全和隐私权得到充分保护。

（二）加速内容创作

近年来，随着直播电商的兴起，消费者对更简便的消费路径表现出了明显的偏好，这也反映了消费者在心理上对于更便捷、个性化的购物体验的追求。人工智能技术在这一趋势中扮演着重要角色，具备成为直播网红的潜质，并为消费者提供更个性化、智能化的购物建议和体验。然而，人工智能在电子商务中的应用也面临着一系列挑战。人工智能在电子商务中的挑战之一是数据隐私和安全问题。随着人工智能技术的发展，人工智能系统需要大量的用户数据来进行训练和优化，这就涉及到用户数据的收集、存储和处理，可能会引发用户数据隐私和安全的问题。特别是在涉及个人偏好和购买意向的场景下，人工智能系统需要处理大量敏感数据，需要加强对用户数据的保护和隐私政策的制定，以确保用户的数据安全和隐私权得到充分保护。人工智能在电子商务中的挑战还体现在技术能力和算法优化上。

虽然人工智能技术在理解自然语言和图像识别方面取得了重大进展，但是要实现对用户个性化需求的精准解读和响应，仍然需要更加先进和复杂的算法和技术支持。尤其是在处理复杂的时尚信息和色彩搭配方面，人工智能系统需要具备更高的智能化和创造性，才能满足用户的个性化消费需求。人工智能在电子商务中的挑战还包括用户体验和交互设计。尽管人工智能技术可以帮助用户获取个性化的购物建议和信息，但是要实现与用户的实时对话和交互，需要解决语音识别、自然语言处理等技术难题，以及设计人性化和用户友好的交互界面。特别是在处理复杂的购物场景和用户需求时，人工智能系统需要具备良好的用户体验和交互设计，才能真正实现智能化购物体验。人工智能在电子商务中的挑战还涉及到商业模式和竞争格局的调整。随着人工智能技术的不断发展和应用，可能会出现新的商业模式和竞争格局，挑战传统电商平台和商家的地位和利益。特别是在自动生成内容和流量分发方面，人工智能技术可能会改变传统的内容输出模式和流量分发机制，给传统电商平台带来挑战和压力，需要及时调整商业模式和策略，以应对新的竞争格局。

（三）重塑行业格局

ChatGPT 的推出标志着人工智能技术在电子商务领域的进一步发展和应用，同时也带来了一系列新的挑战和机遇。对于电子商务行业来说，ChatGPT 等大型生成式人工智能产品的问世意味着更加智能化和个性化的客户服务体验。通过 ChatGPT，用户可以获得更加准确和及时的产品推荐、购物建议和客户支持，从而提高了购物的便利性和满意度。然而，这也意味着传统的人工客服可能会面临替代的风险，需要进行转型和升级以适应新的技术趋势。

对于跨境电商行业来说，语言不通一直是制约行业发展的关键因素。然而，随着 ChatGPT 等大型语言模型的出现，这一障碍正在逐渐被打破。ChatGPT 通过海量语料的投喂和训练，具备了超越普通人的语言理解和生成能力，可以有效地解决语言障碍问题，为跨境电商行业的发展带来了新的机遇。

对于电子商务平台和商家来说，ChatGPT 等大型语言模型也带来了技术红利。通过与 ChatGPT 的集成，电子商务平台可以提供更加智能化和个性化的服务，为用户提供更好的购物体验，提高用户留存和转化率。同时，商家也可以利用 ChatGPT 等语言模型来优化营销策略和客户服务，提高销售额和用户满意度。

人工智能在电子商务中的应用也面临着一些挑战。首先是数据隐私和安全问题。由于 ChatGPT 等大型语言模型需要大量的用户数据来进行训练和优化，可能会涉及到用户数据隐私和安全的问题，需要加强对用户数据的保护和隐私政策的制定。其次是技术和算法优化的挑战。尽管 ChatGPT 等大型语言模型在语言理解和生成方面取得了重大进展，但要实现对用户个性化需求的精准解读和响应，仍然需要不断优化算法和技术。

二、人工智能在电子商务中的未来发展

（一）智能搜索和语义理解

未来的电子商务搜索引擎将经历一场智能化和语义化的革命，为用户提供更加智能、个性化的搜索体验。这一变革将主要受益于自然语言处理和深度学习等人工智能技术的不断进步和应用。

未来的电子商务搜索引擎将更加智能化。传统的搜索引擎主要依靠关键字匹配来提供搜索结果，而智能搜索引擎将通过自然语言处理技术，理解用户的搜索意图和语义，从而提供更加精准和个性化的搜索结果。例如，用户搜索“夏季服装”，传统搜索引擎可能会返回与关键字相关的商品列表，而智能搜索引擎则可以进一步理解用户的具体需求，提供与夏季相关的服装款式、材质、颜色等信息，以及与用户搜索历史和偏好相关的推荐产品。

未来的电子商务搜索引擎将实现智能推荐和智能问答。通过分析用户的搜索历史、购买行为、上下文信息等数据，搜索引擎可以对用户的偏好和需求进行深入了解，从而实现个性化的产品推荐和解答用户问题。例如，当用户搜索“适合夏天穿的连衣裙”，智能搜索引擎可以根据用户的购买历史和偏好，推荐与夏季相关的连衣裙款式和品牌，同时提供与连衣裙相关的穿搭建议和购买指南。

未来的电子商务搜索引擎还将加强语义理解能力。通过深度学习技术，搜索引擎可以对用户输入的自然语言进行理解和分析，从而更好地识别用户的意图和需求。例如，当用户输入“适合运动的鞋子”，智能搜索引擎可以理解用户的搜索意图是寻找适合运动的鞋子，而不是其他类型的鞋子，从而提供与运动相关的鞋子产品，并排除与其他类型鞋子相关的搜索结果。

（二）智能供应链和库存管理

人工智能技术在电子商务的供应链管理和库存管理中扮演着越来越重要的角色，未来的发展将更加智能化和高效。

人工智能在供应链管理方面的应用将实现智能化的需求预测。通过机器学习和数据挖掘技术，电子商务平台可以分析海量的用户数据和市场趋势，识别出潜在的需求模式和趋势变化，从而实现精准的需求预测。例如，通过分析用户的购买历史、浏览行为、社交媒体数据等信息，可以预测出某个产品或品类的未来需求趋势，帮助商家调整采购计划和库存策略，避免库存积压和缺货现象的发生。

人工智能在订单管理方面的应用也将实现智能化和自动化。通过深度学习和自然语言处理技术，电子商务平台可以实现智能化的订单处理和管理，提高订单处理效率和准确性。例如，可以通过自动化的订单分类和分配系统，将订单快速分配给最适合处理的仓库或供应商，实现订单的及时处理和配送。同时，还可以利用机器学习算法来识别异常订单和欺诈行为，保障订单交易的安全性和可靠性。

人工智能在物流配送方面的应用也将发挥重要作用。通过智能路线规划和优化算法，电子商务平台可以实现物流配送的智能化和高效化。例如，可以通过实时监测交通状况和天气情况，调整配送路线和时间，提高配送效率和准时率。同时，还可以利用机器学习算法来优化配送路线和车辆调度，降低配送成本和能源消耗，实现可持续发展的配送模式。

本章小结

本章深入探讨了人工智能在电子商务领域的关键方面。首先，第一节回顾了人工智能在电子商务中的发展历程，从早期的基础算法到如今的智能化应用。第二节重点介绍了人工智能在电子商务中的应用现状与趋势，涵盖了智能搜索、个性化推荐等多个方面。第三节着重探讨了人工智能在电子商务推荐系统中的作用与价值，强调了提升用户体验、增加销售额等方面的重要性。最后，在第四节中，我们分析了人工智能在电子商务中面临的挑战与未来发展，包括数据隐私、技术复杂度等方面。通过这一章的总结，读者对人工智能在电子商务中的发展历程、应用现状、作用与挑战有了全面的认识，为深入探讨后续内容提供了基础。

第三章　生成式人工智能在电子商务推荐系统中的基础原理

第一节　生成式人工智能（AIGC）的概念与特点

一、生成式人工智能（AIGC）的概念

AIGC 是指根据不同的任务类型，采用不同的生成工具，智能化生成各类数字内容的一种技术。AIGC 兼具专业生产内容（PGC，Professional Generated Content）和用户生成内容（UGC，User Generated Content）特点，是一种新的内容创作方法。与以往的 AI 技术相比，ChatGPT、DALL-E 2 等 AIGC 工具的核心进步是利用更大量的训练资源、在更大的数据集上训练更复杂的生成模型，从而更好地理解人类指令并生成相关内容。以 ChatGPT、DALL-E 2 为代表的 AIGC 技术革命代表着基于大规模预训练模型的自然语言处理和计算机视觉技术飞速发展，这将极大地改变人与计算机的交互方式，从而影响数字经济和人工智能的发展方向。

二、生成式人工智能（AIGC）的特点

（一）创造性和生成能力

人工智能技术的不断发展和创新已经为人类带来了许多前所未有的机遇和挑战。在这个领域中，生成式人工智能（Generative Artificial Intelligence）的出现引起了广泛的关注和兴趣。与传统的人工智能系统相比，AIGC 系统具有独特的创造性和生成能力，能够不仅仅是模仿或重复已有的数据，而是能够生成全新的数据、图像、文本、音频等内容。这种能力为 AIGC 系统在多个领域的应用提供了广阔的可能性。AIGC 系

统在艺术创作领域展现了巨大的潜力。传统上，艺术家们依靠自己的想象力和技能来创作作品，但是随着 AIGC 技术的发展，艺术创作的方式正在发生革命性的变化。通过训练 AIGC 系统使用大量的艺术作品和相关数据，可以使其学习并生成具有独特风格和创意的艺术作品。这种能力不仅可以帮助艺术家们拓展创作思路，还可以为他们提供源源不断的灵感和创意来源。

AIGC 系统在内容生成领域也具有重要意义。随着互联网和数字媒体的快速发展，对于高质量内容的需求越来越大，而 AIGC 系统的出现为解决这一问题提供了新的途径。通过训练 AIGC 系统使用大量的文本、图像、视频等数据，可以使其学习并生成具有高质量和创新性的内容。这种能力不仅可以帮助内容创作者们提高生产效率，还可以为他们提供更多元化和个性化的内容选择。AIGC 系统还在虚拟世界构建领域展现出了广泛的应用潜力。随着虚拟现实（VR）和增强现实（AR）技术的迅速发展，人们对于虚拟世界的需求也在不断增加。而 AIGC 系统可以通过学习现有的虚拟世界数据和相关知识，生成更加逼真和丰富的虚拟世界内容。这种能力不仅可以帮助游戏开发者们打造更加真实和引人入胜的游戏体验，还可以为虚拟现实应用和培训仿真等领域提供更加丰富和多样化的内容。

（二）迁移学习和风格迁移

AIGC 系统的迁移学习和风格迁移能力是其一项重要特征，这使得它能够跨越不同领域，将已学到的知识和模式应用于新的情境中，从而实现知识共享和内容生成的目标。迁移学习是指在一个领域或任务上学到的知识和经验被应用于另一个相关领域或任务中的过程。而风格迁移则是指将一个样式或风格应用于另一个对象或内容上，使其具有原始样式或风格的特征。AIGC 系统的这两项能力为其在多个领域的应用提供了更大的灵活性和创造性。AIGC 系统的迁移学习能力使其能够跨越不同领域，将已学到的知识和模式应用于新的情境中。在传统的机器学习中，模型通常在特定领域或任务上进行训练，并且只能在相同的领域或任务中发挥作用。然而，AIGC 系统通过迁移学习技术，可以将在一个领域中学到的知识和经验迁移到另一个相关领域中，从而加速新任务的学习过程并提高性能。例如，一个经过训练的 AIGC 系统可以通过迁移学习的方式，将在图像识别领域学到的知识和模式应用于自然语言处理领域，从而提高文本分类或语义理解的准确性。

AIGC 系统的风格迁移能力使其能够将一个样式或风格应用于另一个对象或内容上，使其具有原始样式或风格的特征。风格迁移技术已经在图像处理、音频处理和文本生成等领域取得了显著的成果。通过训练 AIGC 系统使用大量的样式或风格数据，可以使其学习并模仿不同风格的特征，并将这些特征应用于新的对象或内容中。例如，在图像处理中，AIGC 系统可以学习不同艺术风格的特征，如印象派、现实主义和抽象主义，并将这些特征应用于现有的图像中，从而生成具有不同艺术风格的新图像。

（三）对抗性生成网络（GANs）

对抗性生成网络（GANs）是一种强大的生成式人工智能（AIGC）技术，它的独特之处在于通过生成器和判别器之间的对抗性学习来提高生成器的生成能力。这种网络结构的创新性和效果在许多领域引起了巨大的兴趣和应用。GANs 由两个神经网络组成：生成器和判别器。生成器负责生成虚假的数据，而判别器则负责评估生成器生成的数据的真实性。这两个网络通过对抗性学习的方式相互竞争和提高，生成器的目标是生成尽可能逼真的数据以欺骗判别器，而判别器的目标是尽可能准确地区分真实数据和生成数据。通过这种对抗性学习的过程，生成器不断地改进自己的生成能力，最终生成更加逼真和真实的内容。在 AIGC 系统中采用 GANs 技术进行训练具有许多优势和应用场景。GANs 能够生成高质量和逼真的图像、文本、音频等内容，这为 AIGC 系统在艺术创作、内容生成、虚拟世界构建等领域提供了强大的支持。例如，在艺术创作领域，AIGC 系统可以通过训练 GANs 来生成具有艺术性和创造性的图像或音频作品，从而拓展艺术家们的创作空间和可能性。

GANs 能够生成个性化和多样化的内容，这为 AIGC 系统在个性化推荐、用户体验设计等领域提供了重要的技术支持。通过训练 GANs 模型使用大量的用户数据和行为模式，AIGC 系统可以生成符合用户兴趣和偏好的个性化内容，从而提高用户满意度和参与度。GANs 还可以用于数据增强和样本生成，这为 AIGC 系统在数据稀缺或数据不平衡的情况下提供了解决方案。通过训练 GANs 模型使用少量的真实数据，AIGC 系统可以生成大量的合成数据，从而扩展训练数据集并提高模型的泛化能力。GANs 也面临着一些挑战和限制，例如训练过程的不稳定性、模式崩溃等问题，这需要进一步的研究和改进。同时，GANs 的应用也涉及到一些伦理和隐私问题，例如生成虚假信息、侵犯个人隐私等，需要合理的监管和控制。

第二节 AIGC在电子商务推荐系统中的工作原理

一、场景模拟和体验增强

（一）虚拟场景生成

在电子商务领域，AIGC在推荐系统中的工作原理涉及多个方面，其中包括利用学习到的知识生成虚拟场景，例如虚拟试衣间环境。电子商务推荐系统旨在提供个性化和精准的产品推荐，以满足用户的需求和偏好。

AIGC在这一过程中扮演着重要的角色，通过分析用户的历史行为、喜好、购买记录等数据，学习用户的个性化特征和偏好，从而为其推荐合适的产品或服务。这种个性化推荐不仅可以提高用户的购物体验，还可以增加用户对平台的忠诚度和满意度。AIGC可以利用学习到的知识生成虚拟的场景，如虚拟试衣间环境。虚拟试衣间是一种利用虚拟现实技术为用户提供试穿服装的体验，而不需要实际试穿物品。AIGC可以通过学习大量的服装图像、用户的身体特征、尺寸偏好等数据，生成逼真的虚拟试衣间环境。在这个虚拟环境中，用户可以选择不同款式和尺寸的服装，并在虚拟场景中进行试穿，以便更好地了解服装的外观、质地和搭配效果。

通过这种虚拟试衣间体验，用户可以更加方便地进行购物决策，减少因尺寸不合适或款式不符而导致的退换货问题，提高购物的效率和满意度。在AIGC生成虚拟试衣间环境的过程中，它可以根据用户的选项、喜好和其他相关信息进行个性化定制。例如，根据用户的身体特征和尺寸偏好调整虚拟试穿服装的尺寸和款式，以确保用户获得最合适的试穿体验。此外，AIGC还可以根据用户的历史购买记录和喜好推荐相似款式或品牌的服装，以提高购物的个性化程度和精准度。

（二）商品展示效果生成

在电子商务推荐系统中，AIGC在虚拟试衣间场景中的工作原理涉及多个方面，其中包括将用户所选商品应用到虚拟模特身上，展示不同颜色、款式、尺寸等选项，并根据用户的反馈实时调整展示效果。当用户进入虚拟试衣间场景时，AIGC 会根据用户的需求和选择，将所选商品应用到虚拟模特身上。这涉及到对商品图像进行处理和合成，以确保商品与虚拟模特的融合效果自然逼真。AIGC 可以通过学习大量的商品图像和虚拟模特的特征，学习到商品与人体的关联关系，从而实现将商品应用到虚拟模特身上的过程。一旦商品被应用到虚拟模特身上，AIGC 可以展示不同颜色、款式、尺寸等选项，以满足用户的个性化需求。用户可以在虚拟场景中选择不同颜色或款式的商品，并实时观察其在虚拟模特身上的效果。通过这种实时展示功能，用户可以更加直观地了解商品的外观、质地和搭配效果，从而更好地进行购物决策。

AIGC 还可以根据用户的反馈实时调整展示效果，以提供更加个性化和精准的试穿体验。例如，如果用户对某款商品的颜色或尺寸不满意，他们可以通过虚拟试衣间场景中的反馈按钮或手势来提出调整要求，AIGC 可以根据用户的反馈实时调整商品的展示效果，以满足用户的需求和偏好。在 AIGC 在电子商务推荐系统中的工作原理中，虚拟试衣间场景的应用具有重要意义。通过将商品应用到虚拟模特身上，并展示不同颜色、款式、尺寸等选项，AIGC 可以为用户提供更加个性化、直观和便捷的试穿体验，从而提高购物的效率和满意度。随着技术的不断进步和创新，相信 AIGC 在电子商务领域的虚拟试衣间场景中的应用将会越来越广泛，并为用户带来更加智能化和个性化的购物体验。

二、个性化营销和广告生成

（一）个性化广告生成

在电子商务推荐系统中，AIGC 在个性化广告生成方面扮演着重要的角色。

一旦模型训练完成，AIGC 可以根据用户的个人属性和行为数据生成个性化的广告内容，从而提高广告的精准度和吸引力。个性化广告生成需要依赖于用户的个人属性和行为数据。这些数据包括但不限于用户的年龄、性别、地理位置、购买历史、浏览记录、搜索关键词等信息。AIGC 通过分析和学习这些数据，可以了解用户的兴趣、偏好和购买行为，从而为其生成个性化的广告内容。AIGC 可以根据用户的个人属性和行为数据定制广告内容。例如，对于年轻用户，AIGC 可以生成年轻时尚的广告内容，如流行服装、潮流配饰等；对于家庭主妇，AIGC 可以生成家居生活类的广告内容，如家居装饰、厨房用具等。通过根据用户的个人属性和行为数据定制广告内容，AIGC 可以确保广告与用户相关且具有吸引力，提高广告的点击率和转化率。

AIGC 还可以根据用户的实时行为数据实时调整广告内容。例如，当用户浏览特定类别的产品时，AIGC 可以根据用户的浏览行为实时生成相关的广告内容，以提高广告的关联性和吸引力。通过实时调整广告内容，AIGC 可以更好地捕捉用户的兴趣和需求，从而提高广告的效果和效率。

（二）广告展示与优化

在电子商务推荐系统中，AIGC 不仅负责生成个性化广告，还涉及广告展示与优化。一旦生成的个性化广告在电子商务平台上展示给用户，系统将监控用户对广告的点击行为、转化率等指标，并根据用户反馈和行为数据进行实时优化。这种实时优化包括调整广告内容、展示位置、投放时机等，以提高广告的效果和用户满意度。系统会根据用户的个人属性和行为数据确定最佳的广告展示策略。通过分析用户的年龄、性别、地理位置、购买历史等信息，系统可以确定哪些广告最符合用户的兴趣和需求，以及在何时何地展示这些广告效果最佳。例如，对于年轻用户，系统可能更倾向于在晚间或周末展示与时尚、娱乐相关的广告；而对于家庭主妇，系统可能更倾向于在白天展示与家居生活、健康养生相关的广告。系统会监控用户对广告的点击行为、转化率等指标，并根据用户反馈和行为数据进行实时优化。如果某个广告的点击率较低或转化率较差，系统会考虑调整广告内容、展示位置、投放时机等，以提高广告的效果。例如，如果某个广告的点击率较低，系统可能会尝试调整广告内容或展示位置，以提高用户的关注度和点击率；如果某个广告的转化率较低，系统可能会尝试调整广告内容或投放时机，以提高用户的购买意愿和转化率。

系统还可以利用机器学习和数据挖掘技术对广告展示进行预测和优化。通过分析大量的历史广告数据和用户行为数据，系统可以发现广告展示的规律和趋势，并据此进行预测和优化。例如，系统可以根据用户的浏览历史和购买记录预测用户可能感兴趣的广告内容，从而提高广告的精准度和吸引力；系统还可以根据用户的活跃时间和行为模式预测最佳的广告展示时机，以提高广告的点击率和转化率。在 AIGC 在电子商务推荐系统中的工作原理中，广告展示与优化是其中一个重要环节。通过实时监控用户行为和反馈数据，并根据机器学习和数据挖掘技术进行预测和优化，系统可以为用户提供更加个性化和有效的广告体验，从而提高广告的效果和用户满意度。随着技术的不断进步和数据的不断积累，相信 AIGC 在电子商务领域的广告展示与优化将会越来越智能化和精准化，为用户带来更加愉悦和有价值的购物体验。

第三节　AIGC 的模型与算法

一、AIGC 的模型

（一）变分自编码器（VAEs）

变分自编码器（VAEs）是一种强大的生成模型，它在生成新样本时能够学习数据的潜在分布（图 3-1）。VAEs 由编码器和解码器两部分组成，它们分别负责将输入数据编码为潜在空间的分布参数和将潜在空间中的样本解码为原始数据。通过最大化数据的似然性和最小化潜在空间的差异，VAEs 能够生成与原始数据相似的新样本。

在 AIGC 的模型中，VAEs 可以被用于多种应用，其中之一是生成数据。AIGC 可以利用 VAEs 学习到的潜在分布来生成新的样本，这些样本可以是图像、文本、音频等多种形式的数据。通过学习大量的数据集，VAEs 能够捕捉数据的潜在结构和特征，从而生成具有类似特征的新样本。在生成数据的过程中，编码器负责将输入数据映射到潜在空间，并输出潜在空间的均值和方差。解码器则根据潜在空间中的样本，生成与原始数据相似的新样本。为了提高生成样本的质量，VAEs 通过最大化数据的似然性和最小化潜在空间的差异来优化模型参数，使得生成样本与原始数据尽可能相似。

除了生成数据，VAEs 还可以用于特征学习和数据压缩。通过学习数据的潜在分布，VAEs 可以学习到数据的有效表示，从而提取出数据的关键特征。这些特征可以用于其他任务，如分类、聚类等。此外，VAEs 还可以将数据压缩到低维潜在空间中，从而实现数据的有效存储和传输。在 AIGC 的模型中，VAEs 的应用还可以与其他技术相结合，如对抗性生成网络（GANs）、自监督学习等，从而进一步提高生成样本的质量和多样性。通过不断优化模型参数和结构，AIGC 可以生成具有更高质量和更丰富多样性的新样本，为各种应用场景提供支持。

（二）生成式对抗自编码器（GAENs）

生成式对抗自编码器（GAENs）是一种结合了自编码器和生成对抗网络（GANs）的生成模型，旨在同时学习数据的表示和生成新的样本。GAENs 包括一个编码器、一个解码器和一个判别器，编码器将输入数据编码为潜在空间的表示，解码器将潜在空间中的样本解码为原始数据，判别器则负责区分生成的样本和真实样本。在 AIGC 的模型中，GAENs 具有广泛的应用潜力，可以用于生成各种形式的数据，如图像、文本、音频等。与传统的自编码器相比，GAENs 通过引入判别器，可以更好地学习数据的潜在分布，从而生成更加逼真和多样化的新样本。编码器负责将输入数据映射到潜在空间，并生成潜在空间的表示。这个表示捕捉了数据的关键特征和结构，可以用于后续的解码和生成。编码器的设计可以根据不同的数据类型和应用场景进行优化，以提取出最有效的表示。解码器将潜在空间中的样本解码为原始数据。解码器的目标是生成与真实数据相似的新样本，以欺骗判别器。

通过学习数据的分布和特征，解码器可以生成具有高质量和多样性的新样本，为各种应用场景提供支持。判别器负责区分生成的样本和真实样本。判别器通过对抗性学习的方式，提高对生成样本和真实样本的区分能力，从而促使生成器生成更加逼真的样本。通过不断优化判别器和生成器之间的竞争关系，GAENs 可以生成与真实数据相似的新样本，为 AIGC 模型提供更多的数据样本和多样性。在 AIGC 的模型中，GAENs 可以与其他技术相结合，如变分自编码器（VAEs）、循环神经网络（RNNs）等，从而进一步提高生成样本的质量和多样性。通过不断优化模型结构和参数，AIGC 可以生成具有更高质量和更丰富多样性的新样本，为各种应用场景提供更好的支持。

二、 AIGC 的算法

（一）自注意力生成模型（Transformer-based Generative Models）

基于 Transformer 结构的生成模型，如 GPT（生成式预训练）系列和 BERT，已经成为自然语言处理领域的重要工具，具有强大的生成能力和语言理解能力。这些模型通常用于生成文本数据，但它们的架构和方法也可以应用于其他类型的数据生成，如图像、音频等。GPT 和 BERT 是基于 Transformer 结构的生成模型，在自然语言处理领域取得了巨大成功。它们利用 Transformer 的注意力机制来捕捉文本数据中的长程依赖关系和语义信息，从而实现对文本的有效编码和生成。GPT 系列模型通过自回归生成方式，逐词生成文本序列；而 BERT 则采用了预训练-微调的方式，通过掩码语言模型任务来学习文本的双向上下文表示。这些模型在语言生成、文本分类、命名实体识别等任务上取得了优异的性能。

虽然 GPT 和 BERT 主要应用于生成和理解文本数据，但它们的架构和方法也可以迁移到其他类型的数据生成任务。例如，可以将图像、音频等数据转换为文本描述，然后利用 GPT 或 BERT 等模型对文本进行生成。这种文本描述生成的方式已经在图像标注、音频识别等领域得到了广泛应用，为多模态数据处理提供了新的思路和方法。在 AIGC 的算法中，可以将 GPT 和 BERT 等模型作为生成模块的一部分，用于生成各种类型的数据。通过与其他模型和算法相结合，AIGC 可以实现更加智能和多样化的数据生成。例如，可以将 GPT 和 BERT 与变分自编码器（VAEs）、生成对抗网络（GANs）等结合，实现对图像、音频等多种类型数据的生成和处理。GPT 和 BERT 等模型还可以用于辅助任务，如数据增强、摘要生成、对话系统等。通过利用这些模型学习到的语言理解能力，AIGC 可以实现更加智能和高效的数据处理和应用。

（二）生成式循环神经网络（Generative Recurrent Neural Networks）

基于循环神经网络（RNN）结构的生成模型，如长短期记忆网络（LSTM）和门控循环单元（GRU），在生成序列数据方面具有广泛的应用。这些模型通过其递归的结构和记忆单元，能够有效地捕捉序列数据中的长期依赖关系和时序特征，因此在文本生成、音频合成等任务中表现出色。在 AIGC 的算法中，这些模型可以作为生成模块的一部分，用于生成各种类型的序列数据，并与其他模型和算法相结合，实现更智能、更多样化的数据生成。LSTM 和 GRU 等 RNN 结构的生成模型在文本生成方面具有重要的应用。它们通过学习文本数据中的语法、语义和上下文信息，能够生成具有连贯性和合理性的新文本。例如，在自然语言处理领域，可以使用 LSTM 或 GRU 模型生成新闻报道、故事情节、对话等文本内容。这种生成模型的应用对于自动文本创作、内容生成等任务具有重要意义，可以为用户提供更加个性化和多样化的文本内容。

LSTM 和 GRU 等模型还可以应用于音频生成和音乐合成等任务。通过学习音频数据的时序特征和音频频谱，这些模型可以生成具有一定音乐节奏和旋律的新音频。例如，在音乐领域，可以使用 LSTM 或 GRU 模型生成新的音乐作品、音乐片段、音效等内容。这种生成模型的应用对于音乐创作、音频合成等任务具有重要意义，可以为音乐人和音频创作者提供更多的创作灵感和工具支持。在 AIGC 的算法中，可以将 LSTM 和 GRU 等模型作为生成模块的一部分，与其他模型和算法相结合，实现更智能、更多样化的数据生成。例如，可以将 LSTM 和 GRU 模型与变分自编码器（VAEs）、生成对抗网络（GANs）等结合，实现对图像、视频等多种类型数据的生成和处理。通过不断优化模型结构和参数，AIGC 可以生成具有更高质量和更丰富多样性的新样本，为各种应用场景提供更好的支持。LSTM 和 GRU 等模型还可以用于序列数据的预测和模式识别。通过学习序列数据的时序特征和规律，这些模型可以预测序列数据的未来发展趋势和变化规律，为决策和规划提供参考依据。这种序列数据的预测和模式识别能力对于金融预测、股票交易、天气预报等任务具有重要意义，可以为用户提供更准确的预测和决策支持。

第四节　AIGC 在个性化推荐中的优势与局限性

一、 AIGC 在电子商务个性化推荐中的优势

（一）丰富的内容生成

AIGC（生成式人工智能）的多模态生成能力是电子商务个性化推荐中的一项重要优势。除了生成文字描述外，AIGC 还可以生成图片、视频等多种类型的内容。这种能力使得推荐内容更加丰富多样，能够更好地展示商品的特点和优势，从而增强用户的购物体验。AIGC 的多模态生成能力为电子商务平台提供了更多元化的推荐内容。传统的个性化推荐系统主要依赖于文本描述进行推荐，而 AIGC 能够生成多种形式的内容，如文字、图片、视频等，从而为用户呈现更加生动和直观的商品信息。例如，当用户浏览某件商品时，AIGC 可以生成包括文字描述、商品图片、产品演示视频等多种形式的推荐内容，使用户可以更全面地了解商品的特点和优势，提高购物的效率和满意度。

AIGC 的多模态生成能力可以帮助个性化推荐系统更好地理解用户的需求和偏好。不同用户对于商品的偏好可能存在差异，有些用户更喜欢通过文字描述了解商品的特点，而有些用户则更喜欢通过图片或视频来展示商品。AIGC 能够根据用户的个人偏好和行为数据，生成适合用户喜好的多种形式的推荐内容，从而提高推荐的精准度和吸引力，增强用户对推荐内容的接受度和认可度。

AIGC 的多模态生成能力还可以增强电子商务平台的商品展示效果。传统的商品展示主要依赖于图片和文字描述，而 AIGC 能够生成更加生动和具有吸引力的内容，如商品演示视频、虚拟试衣间场景等，从而吸引用户的注意力，提高用户的浏览和点击率，促进交易的完成和成交量的提升。通过增强商品展示效果，AIGC 可以帮助电子商务平台提升用户体验，增强品牌形象，提高销售业绩。

（二）无监督学习和自主性

AIGC（生成式人工智能）通常采用无监督学习或半监督学习的方法进行训练，这是其在电子商务个性化推荐中的一项重要优势。与监督学习相比，无监督或半监督学习不需要大量标记好的数据集作为输入，而是能够从未标记的数据中自主地发现模式和结构，并生成新的数据。这种特点使得 AIGC 在处理大规模数据时更加高效，为电子商务个性化推荐系统带来了诸多优势。在电子商务领域，获取大量标记好的数据往往是一项耗时费力的工作，但无监督学习能够从海量未标记数据中学习，从而避免了这一问题。AIGC 可以从用户行为数据、商品信息等海量数据中学习用户的偏好和商品的特征，为个性化推荐提供支持。无监督学习使得 AIGC 能够更好地适应数据的多样性和变化性。

在电子商务领域，用户的偏好和行为可能随时发生变化，商品的特征和趋势也可能随着时间而变化。无监督学习能够使 AIGC 自主地发现数据中的变化和演变规律，从而及时调整模型参数和推荐策略，保持推荐系统的准确性和实用性。无监督学习还能够帮助 AIGC 发现数据中的隐藏信息和潜在关联，从而提高推荐的精准度和个性化程度。传统的基于监督学习的个性化推荐系统主要依赖于已标记的数据集，往往忽略了数据中的一些潜在关联和规律。而无监督学习能够帮助 AIGC 自主地发现这些隐藏信息，并利用它们进行更准确和个性化的推荐。

二、 AIGC在电子商务个性化推荐中的局限性

（一）缺乏上下文信息

AIGC（生成式人工智能）在电子商务个性化推荐中的局限性之一是缺乏用户当前的上下文信息。通常，AIGC只能根据用户的个人属性和历史行为数据生成推荐内容，而无法获取用户的实时需求、情绪状态等上下文信息。这导致在生成推荐时难以考虑到用户的实时需求和情境，从而限制了推荐的准确性和实用性。缺乏上下文信息使得AIGC难以理解用户的实时需求。在电子商务中，用户的购物需求可能会受到诸多因素的影响，如当前的时间、地点、社交环境等。然而，AIGC通常只能根据用户的历史行为数据生成推荐内容，无法获取用户当前的上下文信息，从而难以理解用户的实时需求。这可能导致AIGC生成的推荐内容与用户当前的需求不匹配，降低了推荐的准确性和用户满意度。缺乏上下文信息使得AIGC难以考虑到用户的情绪状态。在电子商务中，用户的购物行为往往受到情绪的影响，如快乐、焦虑、压力等。然而，AIGC通常只能根据用户的个人属性和历史行为数据生成推荐内容，无法获取用户当前的情绪状态，从而难以考虑到用户的情绪需求。这可能导致AIGC生成的推荐内容与用户当前的情绪状态不匹配，降低了推荐的实用性和用户体验。

缺乏上下文信息还可能导致AIGC生成的推荐内容缺乏个性化和差异化。在电子商务中，同一用户在不同的时间、地点、情境下可能有不同的购物需求和偏好，而缺乏上下文信息使得AIGC难以区分这些情境下的用户需求，从而可能导致生成的推荐内容缺乏个性化和差异化，无法满足用户的个性化需求。在AIGC的算法中，缺乏上下文信息是其在电子商务个性化推荐中的一项重要局限性。为了克服这一局限性，可以考虑通过引入上下文感知的模型和算法，如上下文感知的生成对抗网络（Context-aware GANs）、上下文感知的强化学习等，从而使得AIGC能够更好地考虑到用户的实时需求和情境，生成更准确和实用的推荐内容。此外，还可以通过与其他技术和数据源的结合，如传感器数据、社交网络数据等，获取更丰富和准确的用户上下文信息，从而提高个性化推荐的效果和用户体验。

（二）过度拟合问题

AIGC（生成式人工智能）在电子商务个性化推荐中面临的另一个重要局限性是过度拟合问题。由于AIGC模型通常具有大量的参数，存在过度拟合的风险，尤其是在数据量较小或者数据质量较差的情况下。过度拟合会导致模型对训练数据过于敏感，泛化能力较差，从而影响推荐的准确性和稳定性。过度拟合可能会导致AIGC模型对训练数据过于敏感，无法很好地泛化到新的数据上。在电子商务个性化推荐中，由于用户和商品的数量庞大，AIGC模型需要学习复杂的用户行为模式和商品特征，从而可能会导致模型过度拟合训练数据。当模型过度拟合时，其在训练数据上的表现可能会很好，但在新的、未见过的数据上表现往往较差，从而影响推荐的准确性和实用性。

过度拟合问题还可能导致AIGC模型的稳定性下降。在电子商务个性化推荐中，用户的偏好和行为可能会随时间发生变化，商品的特性和趋势也可能会不断更新。然而，过度拟合的模型可能会过于依赖于训练数据中的具体特征和模式，无法很好地适应新的数据和情境，从而导致推荐结果的稳定性下降，难以满足用户的需求和期望。过度拟合问题还可能导致AIGC模型对噪声数据过度敏感。在电子商务中，数据质量可能会受到各种因素的影响，如数据采集错误、数据缺失、数据偏倚等，这些噪声数据可能会影响模型的训练和推荐效果。过度拟合的模型往往会对训练数据中的噪声数据过度敏感，从而导致推荐结果的不稳定和不准确。针对过度拟合问题，可以采取一系列方法来缓解其影响。可以通过增加数据量、改进数据质量、进行特征选择等方法来降低过度拟合的风险。可以采用正则化技术，如L1正则化、L2正则化等，来限制模型的复杂度，防止其过度拟合训练数据。此外，还可以采用交叉验证、集成学习等技术，来评估和改进模型的泛化能力，提高推荐的准确性和稳定性。

本章小结

本章深入探讨了生成式人工智能在电子商务推荐系统中的基础原理。第一节介绍了生成式人工智能（AIGC）的概念与特点，强调了其与传统推荐系统的区别和优势。在第二节中，我们详细探讨了AIGC在电子商务推荐系统中的工作原理，包括生成模型的构建和推荐结果的生成过程。第三节着重介绍了AIGC的模型与算法，涵盖了生成对抗网络（GAN）、变分自编码器（VAE）等多种方法。在第四节中，我们分析了AIGC在个性化推荐中的优势与局限性，包括更好的用户体验和面临的数据稀疏性等挑战。通过这一章的总结，读者对生成式人工智能在电子商务推荐系统中的基础原理有了深入了解，为后续章节的进一步学习和探讨提供了基础。

第四章　AIGC在商品推荐中的应用与优化

第一节　商品推荐系统的基本流程

一、数据收集

（一）商品属性和特征数据

商品属性和特征数据是电商平台中至关重要的信息源，它们构成了商品推荐系统的核心。这些数据不仅仅是简单的名称、描述、价格等，而是承载了商品的本质和特点，为用户提供了更深层次的了解和选择依据。在电商生态中，随着数据量的不断积累和技术的不断发展，利用商品属性和特征数据构建商品推荐系统已成为一种必然趋势。

商品名称是用户最先接触到的信息之一，它直接传递了商品的基本身份，有时还包含了品牌信息。精心设计的商品名称可以吸引用户的眼球，提升购买的欲望。而商品描述则更加详细地展示了商品的特性、功能、优势等信息，帮助用户全面了解商品。通过分析商品名称和描述，推荐系统可以根据用户的搜索关键词或浏览历史，匹配相关的商品，提高用户体验。

商品价格是用户购买时最为关注的信息之一。价格直接影响着用户的购买决策，因此在推荐系统中，可以根据用户的消费能力和购买习惯，推荐价格合适的商品，以提升用户的购买满意度。同时，商品类别和标签则为用户提供了更为细致的选购方向，用户可以通过浏览不同的类别或关注特定的标签来发现符合自己兴趣的商品。

商品图片在电商平台中起着至关重要的作用。优质的商品图片可以直观地展示商品的外观、质感和用途，给用户留下深刻的印象，进而促使购买行为的发生。因此，在推荐系统中，合理利用商品图片信息也是提升推荐效果的重要手段之一。通过图片识别技术，系统可以分析商品的视觉特征，为用户提供更加精准的商品推荐。

（二）用户评价和反馈数据

用户评价和反馈数据是电商平台了解用户对商品真实感受和需求的窗口，为电商企业提供了宝贵的改进和优化方向。这些数据包括用户对商品的评分、评论内容、购买体验等信息，可以通过电商平台的评价系统、用户调查、社交媒体等多种方式进行收集。

用户评分是用户对商品满意度的直观反映。通过评分数据，可以快速了解到商品的整体表现，高评分的商品通常意味着用户的普遍认可和好评，而低评分的商品则可能存在着质量、服务或体验上的问题。因此，在商品推荐系统中，可以根据用户的评分偏好，为其推荐与其口碑良好的商品，提升购物体验。

用户的评论内容更加详细地展现了用户对商品的体验和感受。评论中可能包含了对商品功能、质量、外观、包装、配送等方面的评价，这些反馈可以为其他用户提供参考，同时也为电商企业提供了改进和优化的线索。通过自然语言处理技术，可以对评论内容进行情感分析和主题提取，从而深入挖掘用户的需求和偏好，为推荐系统提供更加个性化的服务。

用户的购买体验也是评价商品的重要指标之一。购物体验包括了用户在选购、支付、物流配送等各个环节的感受，良好的购物体验能够增强用户的忠诚度和购买意愿。

因此，在推荐系统中，可以考虑综合用户的购物体验数据，为用户推荐服务质量更高、购物流程更顺畅的商品和商家，提升用户满意度和购物体验。

（三）用户社交网络数据

用户社交网络数据在电商推荐系统中具有重要的作用，它们为系统提供了深入了解用户行为和偏好的新视角。这些数据包括用户在社交平台上的社交关系、好友列表、分享行为等信息，可以通过社交网络的 API 接口进行收集。

用户的社交关系和好友列表是用户社交网络数据中的重要组成部分。通过分析用户的好友关系，可以了解用户的社交圈子和社交影响力。在推荐系统中，可以利用这些信息为用户推荐其社交圈子中的商品，因为用户往往更加信任和倾向于购买来自朋友推荐的产品。此外，用户的好友列表也可以作为推荐系统的拓展源，为用户提供更广泛的推荐选择，提高推荐的覆盖范围。用户在社交平台上的分享行为也是宝贵的推荐数据。用户通过分享商品链接、评论、点赞等行为，表达了对商品的喜爱和推荐。推荐系统可以通过分析用户的分享行为，挖掘用户的潜在需求和兴趣，为用户推荐符合其口味的商品。此外，用户的分享行为也可以作为商品的传播渠道，帮助电商企业提升产品曝光度和销售量。用户在社交平台上的互动行为也可以为推荐系统提供有价值的信息。例如，用户在社交平台上的评论、点赞、转发等行为都反映了其对商品的态度和偏好，这些数据可以帮助推荐系统更加准确地了解用户的兴趣和购买意向，为用户提供个性化、精准的推荐服务。

二、数据预处理

（一）数据清洗

数据清洗在商品推荐系统中是至关重要的一环，它直接影响到模型的准确性和推荐效果。在处理原始数据时，常常会面临一系列常见的数据质量问题，如缺失值、重复值、异常值等。通过数据清洗，可以有效地解决这些问题，提高数据的质量，从而确保推荐系统的顺利运行。

缺失值是常见的数据质量问题之一。在商品推荐系统中，可能会存在一些商品信息不完整的情况，例如缺少商品名称、价格、描述等关键信息。缺失值的存在会影响到模型的训练和推荐效果，因此需要通过数据清洗的方式进行处理。常见的方法包括删除缺失值、填充缺失值等，具体处理方法需要根据数据特点和业务需求来确定。

重复值是另一个常见的数据质量问题。在数据收集过程中，可能会出现同一条数据被重复记录的情况，导致数据冗余和浪费。对于商品推荐系统而言，重复值的存在会影响到模型的训练和推荐效果，因此需要通过数据清洗来去除重复值。常见的方法包括基于行的去重和基于列的去重，以确保数据的唯一性和一致性。

异常值也是需要重点关注和处理的数据质量问题之一。在商品推荐系统中，异常值可能表现为价格异常、销量异常等情况，影响到推荐结果的准确性和可信度。因此，需要通过数据清洗的方式识别和处理异常值，以确保模型训练和推荐过程的稳定性和可靠性。常见的方法包括基于统计学方法和机器学习方法来识别和处理异常值。

（二）去重处理

重复的记录或信息会影响到模型的训练和推荐结果的准确性，因此需要通过去重处理来确保每条记录的唯一性。去重处理需要考虑不同场景下的重复记录。在商品推荐系统中，可能存在多种类型的重复记录，包括用户多次购买同一商品、用户多次浏览同一商品、重复的交易记录等。这些重复记录可能来自于用户的行为重复或系统数据采集的重复等原因，需要通过去重处理来识别和处理。

去重处理可以采用基于行的去重和基于列的去重两种方法。基于行的去重是指通过比较每条记录的所有字段，将完全相同的记录去除，以确保数据的唯一性。而基于列的去重则是针对某一列数据进行去重，例如针对用户 ID 列进行去重，以确保每个用户只被记录一次。选择合适的去重方法需要根据数据的特点和业务需求来确定。

去重处理还需要考虑到去重的顺序和粒度。在处理重复记录时，需要确定去重的顺序和粒度，以确保去重的准确性和有效性。通常情况下，可以先按照特定字段进行排序，然后再进行去重处理，以确保去重的顺序和一致性。此外，还需要考虑到去重的粒度，即确定去重的单位是单个记录还是整个数据集，以确保去重的覆盖范围和效果。

去重处理需要综合考虑数据量和性能的平衡。对于大规模数据集，去重处理可能会消耗大量的计算资源和时间，因此需要采用高效的去重算法和技术来提高处理效率。同时，还需要考虑到去重处理的实时性和可扩展性，以满足实际应用场景的需求。

（三）缺失值处理

缺失值指的是数据中存在的空值或未知值，可能会对模型训练和推荐结果产生影响，因此需要通过合适的填充或删除策略来处理。对于用户数据中的缺失值，可能包括用户的个人信息、偏好标签、历史行为等。

针对这些缺失值，可以采取不同的填充策略。一种常见的填充策略是使用均值、中位数或众数来填充数值型特征的缺失值，例如填充年龄、收入等信息。对于分类特征的缺失值，可以使用出现频率最高的类别值进行填充。此外，还可以采用基于机器学习模型的方法来预测缺失值，例如使用决策树、随机森林等模型进行填充。另外，还可以考虑将缺失值作为一个独立的类别进行处理，以区分有缺失值的数据和完整的数据。

对于商品数据中的缺失值，可能包括商品的属性信息、描述信息、图片链接等。针对这些缺失值，可以采取类似的填充策略。对于数值型特征的缺失值，可以使用均值、中位数或众数进行填充；对于分类特征的缺失值，可以使用出现频率最高的类别值进行填充；对于文本型特征的缺失值，可以使用默认的描述信息或空字符串进行填充。此外，还可以考虑利用商品的其他属性信息进行填充，例如根据商品的类别、品牌等信息进行填充。对于某些特征缺失严重或无法填充的情况，可以考虑删除缺失值所在的记录或特征。删除缺失值可以避免对模型训练和推荐结果造成不良影响，但需要注意删除缺失值可能会损失部分信息，因此需要在保证数据质量的前提下进行权衡和决策。

三、建模与训练

（一）选择合适的推荐算法

1. 基于内容的推荐算法

基于内容的推荐算法主要利用商品的属性和特征信息进行推荐。这种算法适用于商品具有丰富属性信息的场景，如电影、图书等。通过分析商品的属性、描述、标签等信息，可以建立商品的特征向量，并根据用户的偏好匹配相似或相关的商品进行推荐。基于内容的推荐算法不依赖于用户行为数据，因此对于新用户或冷启动问题有一定的适用性。

2. 协同过滤算法

协同过滤算法是一种基于用户行为数据的推荐算法，主要利用用户与商品之间的交互行为进行推荐。它分为两种主要类型：基于用户的协同过滤和基于物品的协同过滤。基于用户的协同过滤将用户与其他用户的行为进行比较，推荐与相似用户喜欢的商品给目标用户；而基于物品的协同过滤则将目标用户对商品的行为与其他商品的行为进行比较，推荐与目标用户已喜欢的商品相似的其他商品。协同过滤算法适用于用户行为数据较为丰富的场景，如电商网站、社交网络等。

（二）利用历史数据进行模型训练

历史数据是系统的宝贵资产，包括了用户行为数据、商品属性和特征数据等，通过对这些数据的分析和处理，可以构建用户-商品交互矩阵或特征向量，作为推荐模型的输入。然后，利用这些数据训练推荐模型，以学习用户的偏好和行为模式，从而实现个性化的商品推荐。对历史数据进行分析和预处理是模型训练的第一步。在这一阶段，需要对数据进行清洗、去重、缺失值处理等操作，以确保数据的质量和完整性。同时，还需要对数据进行特征工程，提取用户和商品的相关特征，如用户的购买历史、点击行为、浏览记录等，以及商品的属性信息、标签信息等。这些特征将作为模型的输入，帮助模型更好地理解用户和商品之间的关系。构建用户-商品交互矩阵或特征向量是模型训练的关键步骤之一。

用户-商品交互矩阵是一个稀疏矩阵，其中每一行代表一个用户，每一列代表一个商品，矩阵中的元素表示用户与商品的交互情况，如购买次数、点击次数等。而特征向量则是将用户和商品的特征表示为向量形式，以便于模型的处理和学习。通常情况下，可以将用户和商品的特征进行编码或嵌入，然后将其拼接成一个特征向量作为模型的输入。深度学习模型在处理复杂数据和提取高级特征方面具有优势，可以用于提高推荐的个性化程度和准确性。根据实际情况选择合适的模型，并进行模型的训练和调优。利用训练好的推荐模型进行推荐服务。将用户的历史行为数据或个人信息作为输入，经过模型的计算和预测，得到与用户兴趣相匹配的商品推荐列表，并返回给用户进行展示。随着用户的不断交互和反馈，推荐模型可以不断地进行更新和优化，以实现更加精准和个性化的商品推荐服务。

（三）参数调优和验证

参数调优旨在通过调整模型的参数来优化模型的性能和泛化能力，而验证则是评估模型在新数据上的表现，以确保模型的有效性和稳健性。通过参数调优和验证，可以找到最优的模型参数组合，提高推荐系统的准确性和效果。在选择合适的推荐算法后，通常需要对模型的参数进行调整，以优化模型的性能。

参数调优可以通过手动调整参数、网格搜索、随机搜索等方法来进行。手动调整参数需要根据经验和领域知识来选择合适的参数取值，而网格搜索和随机搜索则可以自动搜索参数空间，找到最优的参数组合。在进行参数调优时，需要注意避免过拟合和欠拟合的问题，以确保模型的泛化能力和稳健性。验证是评估模型在新数据上表现的重要手段。在训练过程中，通常会将数据集划分为训练集和验证集，其中训练集用于模型的训练，验证集用于评估模型的性能。除了简单的划分验证集外，还可以使用交叉验证等技术来更充分地评估模型的性能。交叉验证将数据集划分为多个子集，轮流将其中一个子集作为验证集，其余子集作为训练集，多次进行模型训练和验证，最后取平均结果作为最终评估。通过验证过程，可以评估模型在新数据上的泛化能力和稳健性，发现模型的问题并进行改进。

四、推荐生成

（一）实时行为数据的捕获和处理

实时行为数据的捕获和处理在推荐系统中起着至关重要的作用，它们为系统提供了实时的用户行为信息，帮助系统及时了解用户的兴趣和行为模式，从而实现个性化推荐。这些数据可以通过日志记录或实时数据流的方式进行捕获，并经过实时处理和分析，以提供即时有效的推荐服务。实时行为数据的捕获是推荐系统的基础。用户的行为数据包括浏览、点击、购买等行为，这些行为数据反映了用户与商品之间的交互情况，是推荐系统进行个性化推荐的重要依据。实时行为数据可以通过在网站或移动应用中嵌入埋点代码，记录用户的行为事件，并将这些数据发送到后台服务器进行存储和处理。另外，也可以利用实时数据流技术，如 Apache Kafka、Amazon Kinesis 等，捕获用户行为数据并实时传输到后台系统进行处理。

实时行为数据需要进行实时处理和分析。在推荐系统中，实时性是至关重要的，系统需要及时响应用户的行为，实现实时个性化推荐。因此，捕获到的实时行为数据需要经过实时处理和分析，以提取用户的行为特征和兴趣模式。实时处理可以利用流处理技术，如 Apache Flink、Apache Storm 等，对实时数据流进行实时计算和处理，生成用户的实时行为特征。同时，还可以利用机器学习模型对实时数据进行实时预测和推荐，以实现个性化推荐服务。实时行为数据的分析结果可以用于个性化推荐的实时更新。通过分析用户的实时行为数据，系统可以及时了解用户当前的兴趣和行为模式，从而实现实时个性化推荐。推荐系统可以根据用户的实时行为特征和兴趣模式，实时更新推荐结果，为用户提供与其当前兴趣相关的商品推荐。同时，还可以通过实时监控和反馈机制，不断优化推荐算法和模型，提高推荐的准确性和效果。

（二）利用训练好的模型进行推荐

利用训练好的模型进行个性化推荐是推荐系统的核心功能之一。这些模型可以是基于内容的推荐模型、协同过滤模型、深度学习模型等，它们经过训练和参数调优后，能够从海量的用户行为和商品信息中学习到用户的偏好和商品之间的关联关系，从而为用户提供个性化的推荐服务。在实时推荐过程中，系统将用户的实时行为数据和上下文环境信息作为输入，经过模型计算和推理，生成个性化的推荐结果，为用户提供符合其兴趣和当前情境的推荐。实时推荐的过程始于用户行为数据的捕获和实时处理。当用户在推荐系统中进行浏览、点击、购买等行为时，这些行为数据会被捕获并发送到后台系统进行实时处理。这些实时行为数据包括用户的行为事件、时间戳、商品信息等，为后续的推荐提供了重要的输入。

基于实时捕获的用户行为数据和上下文环境信息，推荐系统将这些数据作为模型的输入，经过模型计算和推理，生成个性化的推荐结果。不同的推荐模型有不同的计算方式和推理过程。例如，基于内容的推荐模型可以通过计算用户和商品之间的相似度，推荐与用户兴趣相关的商品；协同过滤模型则可以利用用户的历史行为数据，找到与用户相似的其他用户，推荐这些相似用户喜欢的商品；深度学习模型则可以通过学习大规模数据集中的用户行为和商品信息，生成更加精准的推荐结果。推荐系统将生成的个性化推荐结果返回给用户进行展示。这些推荐结果通常以列表或卡片的形式呈现给用户，显示推荐的商品信息、推荐理由等。用户可以根据自己的兴趣和需求浏览推荐结果，并进行点击、购买等操作。随着用户不断的交互和反馈，推荐系统可以不断地优化和更新推荐结果，提高推荐的准确性和个性化程度。

第二节 AIGC 在商品推荐中的算法优化

一、特征表示学习

（一）图表示的构建

在 AIGC（Attributed Interaction Graph Convolution）中，用户和商品可以被视为图中的节点，而用户和商品之间的交互行为则可以表示为图中的边。通过构建用户-商品交互图，可以形式化地表示用户和商品之间的关系，为推荐算法提供数据支持，并为推荐系统提供更加精准和个性化的推荐结果。在构建图表示时，首先需要将用户和商品作为图中的节点。用户节点可以包含用户的属性信息，如年龄、性别、地域等，而商品节点可以包含商品的属性信息，如类别、标签、描述等。这些属性信息可以作为节点的特征，在后续的图卷积过程中用于计算节点的表示向量。用户和商品之间的交互行为可以表示为图中的边。不同的交互行为可以对应不同的边类型，如用户的购买行为、点击行为、收藏行为等。例如，如果用户购买了某个商品，则可以在用户节点和商品节点之间添加一条表示购买关系的边。这样，用户和商品之间的交互关系就被形式化地表示为图中的边。

在构建用户-商品交互图时，可以考虑不同类型的节点和边，以全面地反映用户和商品之间的关系。除了用户节点和商品节点外，还可以考虑引入其他类型的节点，如品牌节点、类别节点等，以丰富图的信息。同时，可以考虑不同类型的边，如用户-用户之间的社交关系边、商品-商品之间的相似关系边等，以增强图的连通性和表达能力。一旦构建了用户-商品交互图，就可以利用图卷积网络（GCN）等图神经网络模型对图进行表示学习和推荐计算。图卷积网络可以有效地捕捉节点之间的结构信息和特征信息，从而学习节点的表示向量，并在此基础上进行推荐计算。通过在图上进行推荐计算，可以充分利用用户和商品之间的交互关系和属性信息，实现更加精准和个性化的推荐结果。

（二）算法优化和模型调整

通过算法优化和模型调整，可以使 AIGC 在商品推荐中的性能和效果得到提升，使其更加适应不同的应用场景和数据特点。对 GCN 的网络结构进行调优是优化 AIGC 模型的重要一步。

GCN 作为图神经网络模型，其网络结构包括输入层、隐藏层和输出层，其中隐藏层可以包括多个 GCN 层。在调优过程中，可以尝试调整 GCN 隐藏层的数量和每层的神经元数量，以找到最适合任务的网络结构。增加隐藏层的数量和神经元的数量可以增强模型的表达能力，但也可能会增加模型的复杂度和训练时间。因此，在调优过程中需要权衡模型的性能和复杂度，选择合适的网络结构。调整学习率是优化 AIGC 模型的另一个重要方面。学习率决定了模型在参数更新过程中的步长大小，过大的学习率可能导致模型参数在更新过程中发生剧烈波动，而过小的学习率可能导致模型收敛速度过慢。因此，在调优过程中需要选择合适的学习率，以确保模型能够快速收敛到最优解。通常情况下，可以通过尝试不同的学习率，观察模型在训练集和验证集上的性能表现，选择使模型性能最佳的学习率。对损失函数进行优化和改进也是提高 AIGC 模型性能的重要一环。损失函数是模型优化的目标函数，其设计直接影响了模型的学习效果和推荐准确性。在 AIGC 中，常用的损失函数包括交叉熵损失函数、均方误差损失函数等。针对商品推荐任务，可以设计特定的损失函数，考虑到推荐结果的排名和用户的反馈等因素，以提高模型在推荐准确性和用户满意度方面的表现。

二、注意力机制

（一）注意力机制的引入

注意力机制的引入可以使 AIGC 模型更加关注与用户兴趣相关的商品特征，以及与商品特征相关的用户兴趣，从而提高推荐的精度和个性化程度。具体来说，注意力机制可以根据用户的历史行为和当前上下文信息，动态地计算用户与商品之间的注意力权重，使模型能够更加关注与用户当前兴趣相关的商品，同时忽略与用户兴趣无关的商品。这样，推荐系统可以为用户提供更加个性化和符合其兴趣的推荐结果。

1. 计算注意力权重

根据用户的历史行为和当前上下文信息，计算用户与商品之间的注意力权重。这可以通过使用注意力机制中的一种计算方法，如点积注意力、加性注意力等来实现。通过计算注意力权重，可以确定用户对不同商品的关注程度，从而为每个商品分配不同的权重。

2. 调整交互权重

将计算得到的注意力权重应用于用户和商品之间的交互过程中，动态地调整用户和商品之间的交互权重。这可以通过将注意力权重与用户和商品的特征进行加权求和来实现，从而得到用户和商品之间的加权表示。这样，模型可以更加准确地捕捉用户与商品之间的关联关系。

（二）动态调整交互权重

在传统的推荐模型中，用户和商品之间的交互权重通常是静态的，即固定不变的。然而，在实际情况下，用户的兴趣可能随着时间和环境的变化而变化，某些商品的重要性也可能会发生变化。为了应对这种动态变化的情况，引入注意力机制可以使 AIGC 能够动态地调整用户和商品之间的交互权重，从而使模型能够更加灵活地适应用户的兴趣变化和商品的重要性变化，进而提高推荐的适应性和效果。

AIGC 模型需要捕捉用户兴趣随时间的变化。这可以通过分析用户的历史行为数据和当前的上下文环境来实现。例如，可以使用时间戳信息来识别用户最近的行为和兴趣变化趋势，以及用户当前的上下文信息，如用户的位置、设备类型等。同样地，AIGC 模型还需要捕捉商品重要性随时间的变化。这可以通过分析商品的销量、热度等指标来实现。另外，还可以考虑商品属性的变化，如商品的新品上市、促销活动等因素，以判断商品的重要性是否发生变化。基于捕捉到的用户兴趣变化和商品重要性变化，AIGC 模型可以计算用户和商品之间的注意力权重。这可以通过使用注意力机制中的一种计算方法，如点积注意力、加性注意力等来实现。通过计算注意力权重，可以确定用户对不同商品的关注程度和重要性，从而动态地调整交互权重。将计算得到的注意力权重应用于用户和商品之间的交互过程中，实现动态调整交互权重的目的。这可以通过将注意力权重与用户和商品的特征进行加权求和来实现，从而得到动态调整后的交互权重。这样，模型可以根据用户兴趣变化和商品重要性变化，灵活地调整用户和商品之间的关联程度。

第三节　基于 AIGC 的商品推荐系统设计与实现

一、基于 AIGC 的商品推荐系统设计

（一）模型训练与优化

1. 正则化

正则化是防止模型过拟合的一种常用方法。在 AIGC 模型中，可以通过在损失函数中添加正则化项来惩罚模型的复杂度，防止模型过度拟合训练数据。常用的正则化方法包括 L1 正则化和 L2 正则化。此外，还可以采用 Dropout 技术，在训练过程中随机丢弃部分神经元，减少模型的复杂度，防止过拟合。

2. 批量归一化

批量归一化是一种有效的训练技术，可以加速模型的收敛并提高模型的泛化能力。它通过在每个训练批次中对输入数据进行归一化处理，使得模型在训练过程中更加稳定和可靠。

3. 学习率调整

学习率是训练神经网络时一个非常重要的超参数，它控制着模型参数在每次迭代中的更新幅度。在训练 AIGC 模型时，可以采用学习率衰减或自适应学习率的方法来调整学习率。学习率衰减可以在训练过程中逐渐减小学习率，以确保模型在接近收敛时更加稳定。自适应学习率算法（如 Adam、Adagrad 等）可以根据参数的梯度大小动态调整学习率，以提高训练的效率和稳定性。

4. 早停策略

为了防止模型过拟合，可以采用早停策略。早停策略是在训练过程中监控模型在验证集上的性能，并在性能不再提升时停止训练。这样可以防止模型在训练过程中过

度拟合训练数据，提高模型的泛化能力。

5. 交叉验证

为了更准确地评估模型的性能，可以采用交叉验证的方法。交叉验证将训练数据划分成多个子集，在每个子集上训练模型，并在剩余的子集上评估模型的性能。通过多次交叉验证，可以得到更稳定和可靠的模型评估结果。

（二）推荐结果生成

随着人工智能技术的发展，利用 AIGC（Artificial Intelligence for Generating Content）模型进行商品推荐已经成为一种前沿的方法。这种方法通过分析用户的历史行为和当前上下文，生成个性化的推荐结果，以提高用户体验和购买转化率。AIGC 模型是一种强大的深度学习模型，它能够从海量数据中学习用户的偏好和行为模式，并根据这些信息生成符合用户个性化需求的推荐结果。在推荐结果生成过程中，AIGC 模型会考虑多种因素，包括用户的浏览历史、购买记录、喜好标签等，以及当前的上下文信息，如用户所在的地理位置、时间等。通过综合考虑这些因素，AIGC 模型能够生成更加准确和个性化的推荐结果。

在生成推荐结果时，AIGC 模型还会考虑到多样性和新颖性等因素。多样性是指推荐结果中所包含商品的种类和类型丰富多样，能够满足不同用户群体的需求。为了确保推荐结果的多样性，AIGC 模型会在推荐过程中引入多样性损失函数，通过优化这一损失函数来最大化推荐结果的多样性。同时，新颖性是指推荐结果中所包含的商品具有一定的新颖性和独特性，能够吸引用户的注意力并激发购买欲望。为了确保推荐结果的新颖性，AIGC 模型会引入新颖性评估指标，对生成的推荐结果进行评估和优化，以提高推荐结果的新颖性。

二、基于 AIGC 的商品推荐系统实现

（一）部署到线上环境

在将基于 AIGC 的商品推荐系统部署到线上环境之前，确保环境的稳定性和可靠性是至关重要的。这个过程涉及多个方面，包括选择合适的服务器和存储设备、配置

网络环境以及部署必要的软件和工具。在推荐系统的部署中，通常采用容器化技术（如 Docker）可以提供额外的便利，以确保模型和相关服务的可移植性和灵活性。为了确保系统的稳定性和性能，需要选择适合的服务器和存储设备。推荐系统通常需要处理大量的数据和计算任务，因此选择具有足够计算能力和存储空间的服务器是至关重要的。此外，考虑到推荐系统可能需要处理大量的并发请求，选择具有良好网络连接和高带宽的服务器也是必要的。

配置网络环境也是部署过程中需要考虑的重要因素之一。推荐系统通常需要与其他系统或数据库进行交互，因此确保网络连接的稳定性和安全性是至关重要的。可以采用网络隔离、防火墙等技术来保护系统的安全性，同时确保系统能够与外部系统进行稳定的通信。在部署推荐系统时，容器化技术（如 Docker）可以提供许多优势。通过将推荐系统和相关服务打包成容器，可以实现快速部署、扩展和管理。容器化技术还可以提供环境隔离，确保推荐系统在不同的环境中具有一致的运行方式。此外，容器还可以简化依赖管理和版本控制，使得系统更加灵活和可维护。在部署推荐系统时，还需要考虑到系统的监控和管理。通过实时监控系统的运行状态和性能指标，可以及时发现并解决潜在的问题。同时，定期进行系统维护和更新也是确保系统稳定性和可靠性的重要手段。

（二）建立监控机制

监控系统应该覆盖推荐系统的各个方面，包括模型的性能指标、服务的响应时间、用户的访问量等。通过监控工具和平台（如 Prometheus、Grafana 等），可以实时监测系统的运行情况，并及时发现和解决问题，从而确保系统能够持续稳定地为用户提供优质的推荐服务。可以监控模型的准确率、召回率、F1 值等指标，以评估模型的推荐效果和性能。通过定期收集和分析这些指标，可以及时发现模型性能下降或异常的情况，并采取相应的措施进行调整和优化。

推荐系统通常需要处理大量的用户请求，因此及时响应用户请求并返回推荐结果对于用户体验至关重要。通过监控服务的响应时间，可以及时发现服务性能下降或异常的情况，并采取相应的措施进行优化和调整，以确保系统能够快速、稳定地响应用户请求。通过分析用户的访问量、点击率、转化率等指标，可以深入了解用户的行为特征和偏好，从而优化推荐算法和服务，提升推荐效果和用户满意度。

（三）定期更新和维护模型

随着用户行为和商品信息的不断变化，推荐系统的模型需要及时调整和优化，以提供更精准、个性化的推荐服务。在实践中，可以采取一系列策略和技术来实现模型的定期更新和维护，确保系统能够及时适应变化的环境。定期重新训练模型是保持推荐系统性能的重要步骤之一。通过定期重新训练模型，可以利用最新的用户行为数据和商品信息来调整模型参数，提升推荐效果和准确性。通常情况下，可以设定一个固定的时间间隔（如每周、每月）来进行模型重新训练，确保模型能够及时反映用户和商品的变化。

利用在线学习技术来动态地更新模型参数也是一种有效的策略。在线学习技术允许模型在运行过程中持续地学习和适应新的数据，从而实现模型的实时更新和优化。通过在线学习，推荐系统可以及时反映用户行为的变化，并针对性地调整推荐策略，提升推荐效果和个性化程度。

可以利用 A/B 测试等方法来评估新模型的性能，并根据测试结果进行模型和系统配置的调整。通过在实际环境中对比新旧模型的性能差异，可以更客观地评估模型的效果，并确定是否需要将新模型部署到线上环境。在进行 A/B 测试时，需要注意控制变量，确保测试结果的可靠性和有效性。

（四）版本控制和回滚策略

通过合理的版本控制和回滚策略，可以有效地管理模型更新过程中的风险，并在必要时迅速回退到之前的稳定版本，以最大程度地减少系统中断和用户体验的影响。针对模型更新过程，应该采用版本控制的方法来管理模型和相关配置的变化。每次对模型进行更新时，都应该记录更新的内容、日期和版本号，并将更新内容提交到版本控制系统（如 Git）。通过版本控制，可以追踪模型和配置的变化历史，方便团队成员查看和理解系统的演变过程，并在需要时回溯到特定版本。

为了确保系统的稳定性，在部署新模型之前应该进行严格的测试和验证。可以采用持续集成和持续部署（CI/CD）的方法，在测试环境中自动化地进行模型测试和验证。通过构建自动化测试套件，可以确保新模型在部署到线上环境之前经过充分的验证，减少出现问题的可能性。

在部署新模型之后，应该持续监控系统的性能和稳定性，并及时发现潜在的问题。通过监控关键指标（如模型的准确率、服务的响应时间等），可以及时发现模型更新引起的性能下降或异常情况，并采取相应的措施进行修复或回滚。建立合适的回滚策略也是确保系统稳定性的重要手段之一。在出现严重问题或性能下降时，应该立即触发回滚流程，将系统回退到之前稳定的版本。为了保证回滚操作的可靠性，应该提前制定详细的回滚计划，并进行充分的演练和测试。同时，需要确保回滚过程的可自动化性，以减少人为操作的错误和延迟。

第四节　AIGC 在商品推荐中的实际应用案例分析

一、场景描述

假设有一家电子商务公司，他们希望构建一个基于 AIGC 的商品推荐系统，以提升用户购物体验和促进销售。该电商平台拥有大量用户和丰富的商品库存，用户可以在平台上浏览、搜索和购买商品。他们希望通过推荐系统向用户展示个性化的商品推荐，以提高用户留存率和购买转化率。

二、 AIGC 的应用

（一）数据准备与预处理

通过收集用户的浏览、搜索、购买等行为数据以及商品的属性信息，可以构建用户-商品交互图，为商家提供深入洞察用户行为和商品特征的基础。然而，这些原始数据往往存在着噪声、缺失值和不一致性等问题，因此需要进行适当的数据预处理，以确保数据的质量和可用性。数据准备阶段包括数据收集、清洗和集成。在数据收集过程中，电商平台会获取用户的浏览记录、搜索关键词、购买记录等信息，同时还会收集商品的属性数据，如价格、品牌、类别等。然后，在数据清洗阶段，需要处理数据中的异常值、重复值和缺失值，以确保数据的准确性和一致性。在数据集成阶段，将不同来源、不同格式的数据整合在一起，形成完整的数据集。针对构建用户-商品交互图的需求，需要进行数据转化和特征提取。将用户行为数据和商品属性信息进行整合，构建用户-商品交互矩阵。这可以通过将用户行为映射到商品属性上，建立用户与商品之间的关联关系来实现。例如，可以使用用户的购买记录来构建用户-商品关系，同时结合商品的属性信息，如类别、价格等，来丰富用户与商品之间的交互特征。根据业务需求和分析目标，选择合适的特征提取方法，从用户行为和商品属性中提取出有价值的特征信息，如用户的偏好、商品的热度等。

在数据预处理阶段，需要处理数据中的噪声、缺失值和异常值，以及进行数据标准化和归一化等操作，以提高数据的质量和可用性。通过平滑技术或滤波方法，去除数据中的噪声，以减少对数据分析的干扰。对于存在缺失值的数据，可以采用插值法、均值填充或回归预测等方法来填补缺失值，以保证数据完整性和可用性。识别和处理数据中的异常值，可以采用统计方法或机器学习算法来检测异常值，并进行适当的处理，如删除、替换或修正。对数据进行标准化或归一化处理，使不同特征之间具有相同的尺度和范围，以提高模型的训练效果和预测性能。

（二）评估与优化

在推荐系统中，评估与优化是持续迭代的重要环节，它直接影响着系统的性能和用户体验。评估方法主要包括离线评估和在线实验，通过这些方法可以全面地了解推荐系统的表现，并据此对模型进行优化和改进，从而提高推荐效果和用户满意度。

离线评估是通过离线数据集来评估推荐系统的性能。这种评估方法通常使用历史数据集进行模型的训练和测试，并使用一系列评价指标来衡量推荐结果的质量。常用的评价指标包括准确率、召回率、覆盖率、多样性、平均流行度等。准确率和召回率主要用于评估推荐结果的准确性和完整性，覆盖率和多样性则用于评估推荐结果的多样性和个性化程度，而平均流行度则用于评估推荐结果的新颖性。通过对这些指标进行评估，可以全面地了解推荐系统的性能，并据此进行优化和改进。

在线实验是通过在线环境来评估推荐系统的性能。这种评估方法通常使用在线实验平台或 A/B 测试来进行，通过将不同版本的推荐算法应用于真实的用户群体中，并收集用户的实时反馈数据来评估推荐效果。在线实验可以更直观地了解推荐系统在实际应用中的表现，但也需要考虑到实验设计、样本偏差等因素。通过在线实验，可以及时地发现推荐系统的问题并进行调整，从而提高系统的性能和用户满意度。

三、成效与收获

通过 AIGC 算法的实际应用，该电子商务平台取得了一些显著的成效和收获：AIGC 能够更好地捕捉用户兴趣和商品之间的关系，生成更加个性化的推荐结果。增加了用户购买转化率：个性化的推荐能够更好地引导用户发现感兴趣的商品，从而提高了用户的购买转化率。提升了用户满意度：通过更准确和个性化的推荐，用户对平台的购物体验得到了提升，提高了用户的满意度和忠诚度。优化了推荐系统的效率：AIGC 算法的实现和优化，使得推荐系统的计算效率得到了提高，能够应对平台规模的增长和用户访问的高峰期。

本章小结

第四章着重探讨了生成式人工智能在商品推荐中的应用与优化。第一节介绍了商品推荐系统的基本流程，包括数据收集、特征提取、模型构建和结果展示等环节。在第二节中，详细探讨了 AIGC 在商品推荐中的算法优化，例如利用 GANs 生成更加真实和多样化的推荐结果。第三节着重介绍了基于 AIGC 的商品推荐系统设计与实现，包括模型选择、训练过程和系统部署等方面。在第四节中，我们通过实际应用案例分析了 AIGC 在商品推荐中的效果和实际应用情况，深入剖析了其优势和局限性。通过这一章的总结，读者对 AIGC 在商品推荐中的应用与优化有了全面的了解，为进一步研究和实践提供了指导和启示。

第五章　AIGC 在用户行为分析与预测中的应用

第一节　用户行为数据的收集与处理

一、 AIGC 在用户行为数据收集中的应用

（一）用户画像构建

用户画像构建是利用 AIGC 分析用户行为数据，对用户进行细致的描述和分析的过程。这些描述包括用户的年龄、性别、兴趣爱好、购买习惯等信息，通过深入了解用户画像，企业可以更好地定制产品和服务，提高用户满意度和忠诚度。用户行为数据是构建用户画像的基础。这些数据可以来自于各种渠道，包括网站浏览记录、社交媒体活动、购买历史、搜索行为等。通过收集和整合这些数据，可以建立用户的行为模型，从而了解用户的行为习惯和偏好。AIGC 对用户行为数据进行分析，从中提取用户的特征信息。这些特征信息可以包括用户的年龄段、性别比例、地域分布、兴趣爱好、购买偏好等。通过对这些特征信息的分析，可以细化用户的画像，从而更好地理解用户的需求和行为模式。

例如，对于电子商务平台而言，通过分析用户的购买历史和浏览行为，可以了解用户的偏好和购买习惯。如果一个用户经常购买运动鞋和运动装备，那么可以推断该用户对运动健身可能比较感兴趣。通过向该用户推荐相关的运动产品，可以提高用户的购买意愿和满意度。通过社交媒体数据的分析，可以了解用户的社交圈子和兴趣爱好。如果一个用户经常在社交媒体上分享关于健康饮食的内容，那么可以推断该用户对健康生活可能比较关注。通过向该用户推荐相关的健康饮食产品或服务，可以增强

用户对企业的好感度和忠诚度。除了个体用户的画像构建，AIGC 还可以通过群体分析的方法，对用户群体进行分类和分析。例如，可以根据用户的年龄、性别、地域等特征将用户分成不同的群体，然后针对不同群体的特点，定制相应的营销策略和产品推广方案。用户画像构建也面临着一些挑战和限制。由于用户行为数据的复杂性和多样性，对数据的处理和分析需要耗费大量的计算资源和算法优化。由于用户隐私和数据安全等问题的存在，如何在保护用户隐私的前提下进行有效的数据分析和利用，是一个需要深入研究的问题。

（二）定制营销策略

随着信息时代的不断发展，数据成为了决策的重要依据。AIGC（生成式人工智能）通过利用先进的人工智能技术，可以帮助企业更好地理解用户的需求和偏好，从而制定更精准的营销策略。在数字化时代，用户的行为数据如同一座宝藏，蕴含着丰富的信息。这些数据包括但不限于用户在网站上的浏览记录、购买记录、搜索记录、社交媒体互动等等。

AIGC 利用先进的数据分析技术，可以从海量的数据中提取出有用的信息，帮助企业了解用户的喜好、兴趣、购买习惯等等。通过对用户行为数据的深度分析，AIGC 可以识别出潜在的目标客户群体，从而为企业提供精准的营销目标，有针对性地推出营销活动，制定出更具针对性的营销策略。

例如，如果一个用户经常在网上搜索健身相关的内容，那么企业可以通过向该用户推送健身器材的广告来吸引他的注意。通过这种个性化的营销方式，企业可以提高营销效果，吸引更多的潜在客户。通过精准地识别出潜在的目标客户群体，并针对性地推出营销活动，企业可以大大提高营销效果。相比于传统的广告推广方式，个性化营销更能够吸引用户的注意，提高用户的购买意愿。同时，由于营销活动更具针对性，企业的广告投放成本也会大大降低。这样一来，企业不仅可以提高营销效果，还可以获得更高的 ROI，实现更好的营销效益。

二、 AIGC 在用户行为数据处理中的应用

（一）个性化推荐与定制

个性化推荐与定制是当今互联网应用中的一项关键功能，而基于 AIGC 技术的个

性化推荐系统则成为实现这一目标的重要手段。这种系统通过分析用户的行为数据和偏好，为用户提供定制化的产品、服务或信息，从而提高用户体验，并促进用户参与和转化率。在这个信息爆炸的时代，用户面临着海量的信息和选择，因此个性化推荐系统的重要性愈发凸显。这种系统可以帮助用户从复杂的信息中快速找到他们感兴趣的内容，节省时间和精力。同时，个性化推荐系统也能够促进用户与平台的互动，增强用户粘性和忠诚度。

个性化推荐系统的核心在于对用户行为数据的深度分析和挖掘。通过收集用户的浏览历史、购买记录、点击行为等数据，系统可以了解用户的兴趣、偏好和行为习惯。基于这些数据，系统可以构建用户画像，并预测用户可能感兴趣的内容或商品，从而实现个性化推荐。与传统的推荐系统相比，基于 AIGC 技术的个性化推荐系统具有更高的智能化和精准度。AIGC 技术可以利用深度学习、自然语言处理等技术，对海量的用户数据进行深度分析和挖掘，发现潜在的关联和规律。这使得推荐系统能够更加准确地理解用户的需求，提供更加符合用户兴趣的推荐结果。

一个成功的个性化推荐系统不仅需要准确的算法支持，还需要考虑用户体验和隐私保护。系统应该能够及时调整推荐结果，避免出现推荐过时或不相关的内容。同时，系统也需要保护用户的隐私，确保用户数据的安全性和保密性。

（二）用户画像与行为预测

通过分析用户的行为数据和社交网络信息等，可以精确描述用户的特征、兴趣和行为习惯。基于这些用户画像，可以利用机器学习和数据挖掘技术进行用户行为预测，为企业决策提供重要参考。在当今数字化时代，用户生成的数据量不断增加，用户行为数据已经成为了宝贵的资源。用户画像的建立是利用这些数据的关键一环。通过分析用户的浏览历史、搜索记录、社交互动等数据，系统可以了解用户的兴趣爱好、消费习惯、社交圈子等信息，从而构建出用户的画像。

基于用户画像的建立，可以进行用户行为预测。利用机器学习和数据挖掘技术，系统可以分析用户的历史行为数据，发现其中的规律和模式，从而预测用户未来的行为。这种预测可以涵盖用户的购买意向、点击偏好、流失风险等方面，为企业提供决策参考。用户行为预测在商业应用中具有重要的意义。通过准确预测用户的行为，企业可以更好地理解用户需求，提供个性化的服务和产品，从而提高用户满意度和忠诚度。例如，在电子商务领域，基于用户行为预测可以推荐用户感兴趣的商品，提高转化率和销售额。在社交媒体领域，可以根据用户的兴趣预测用户可能关注的内容，增加用户参与度和留存率。

通过预测用户的行为，企业可以调整产品定价、优化促销活动、改进用户体验等方面，提高市场竞争力和盈利能力。例如，可以根据用户的购买历史和偏好预测用户可能感兴趣的促销活动，从而提高促销效果和ROI。用户的行为受到多种因素的影响，包括外部环境、情绪状态、偶然因素等，这些因素都可能导致预测的偏差。因此，在利用用户行为预测进行决策时，需要综合考虑多种因素，降低风险和误判的可能性。

（三）情感分析与用户反馈处理

随着人工智能与大数据技术的不断进步，情感分析算法成为了企业洞察用户态度和情绪的强大工具。通过AIGC技术，企业能够从海量用户行为数据中挖掘出隐藏的情感信息，深入了解用户对其产品或服务的态度和情绪变化。这种洞察力不仅有助于企业把握用户满意度，还能够迅速识别出存在的问题，并有针对性地改进产品或服务，从而提升用户体验和品牌忠诚度。

在过去，企业要了解用户对其产品或服务的态度和情绪，通常依赖于传统的调研方法，如问卷调查或焦点小组讨论。然而，这些方法存在着一定的局限性，比如受访者的主观意见可能不够客观，样本数量有限，而且调研周期较长。相比之下，通过AIGC技术进行情感分析，企业可以在实时性、全面性和客观性上获得更大的优势。通过分析用户在社交媒体、在线评论、客服对话等渠道的言论和行为，企业可以更准确地捕捉到用户的真实感受，了解用户对产品或服务的好恶、满意度、期望和诉求。

在电商领域，企业可以通过分析用户的购买行为和评价评论，了解用户对不同产品的喜好和偏好，从而调整产品组合和推荐策略，提升销售额和客户满意度。在金融领域，银行和保险公司可以通过情感分析技术监测用户在网上银行或APP上的操作行为，及时发现用户的不满或疑虑，提供个性化的服务和解决方案，增强客户黏性。在医疗健康领域，医疗机构可以通过分析患者的就诊记录和健康数据，了解患者的治疗效果和生活质量，提供更加个性化和精准的医疗服务。

情感分析也面临着一些挑战和限制。首先，语言的多样性和复杂性使得情感分析算法很难做到百分之百的准确性，尤其是对于语境和文化背景的理解。其次，用户反馈数据的真实性和可信度也是一个问题，有些用户可能会进行恶意或虚假的评价，影响情感分析的结果。此外，隐私和数据安全问题也需要引起重视，企业在收集和分析用户数据时必须遵守相关法律法规，保护用户的个人信息和隐私权。

（四）欺诈检测与安全保障

在当今数字化时代，随着网络技术的发展和信息交流的广泛普及，欺诈行为和安全威胁也愈发猖獗。基于 AIGC 技术的欺诈检测系统应运而生，成为了保护用户个人信息安全和提高平台信誉度的重要工具。这种系统能够通过监测用户行为数据，识别出异常行为模式，及时发现潜在的欺诈或安全威胁，为企业和用户提供了可靠的安全保障。

在过去，传统的欺诈检测方法主要依赖于人工规则和静态模型，这些方法存在着识别率低、漏检率高的问题，无法应对日益复杂和变化多端的欺诈手段。相比之下，基于 AIGC 技术的欺诈检测系统具有更高的准确性和实时性。通过分析海量的用户行为数据和交易记录，系统能够学习和识别出正常和异常的行为模式，发现潜在的欺诈行为，减少误报率和漏报率，提高了欺诈检测的效率和效果。

这种欺诈检测系统的应用范围十分广泛，涵盖了金融、电商、社交网络等各个领域。在金融领域，银行和支付机构可以通过该系统监测用户的交易行为，及时发现异常交易模式，防范信用卡盗刷、虚假交易等欺诈行为，保护客户资金安全。在电商领域，电商平台可以通过该系统监测用户的购物行为和交易行为，识别出恶意退货、虚假评价等欺诈行为，维护交易平台的公平和正常秩序。在社交网络领域，社交平台可以通过该系统监测用户的账号行为和信息发布行为，发现虚假账号、恶意行为等安全威胁，保护用户个人信息安全和网络环境的健康发展。

然而，基于 AIGC 技术的欺诈检测系统也面临着一些挑战和限制。首先，数据的质量和完整性对系统的性能和准确性有着重要影响，不完整或不准确的数据可能导致误判或漏判。其次，隐私和数据安全问题也是一个考量因素，企业在使用用户数据时必须遵守相关法律法规，保护用户的个人信息和隐私权。此外，欺诈手段的不断变化和演变也对系统的识别能力提出了更高的要求，需要不断优化和更新算法模型，提高系统的自适应性和智能化水平。

（五）可解释性与隐私保护

在处理用户行为数据时，特别是在应用 AIGC 技术时，可解释性和隐私保护是至关重要的考量因素。确保算法决策的透明性和用户数据的安全性，对于维护用户信任和保护用户权益具有重要意义。为此，采取一系列措施，包括采用可解释的机器学习模型、数据脱敏技术和权限控制机制等，以保障用户的数据隐私和权益。可解释性在机器学习算法中扮演着至关重要的角色。采用可解释的机器学习模型可以使算法的决策过程更加透明和可理解，帮助用户理解算法是如何得出某个决策或预测结果的。通过解释模型中的特征重要性、决策规则等，用户可以更加清晰地了解算法的运行机制，增强对算法决策的信任度，从而提高用户满意度和接受度。

隐私保护是数据处理过程中必须重视的一个方面。在处理用户行为数据时，必须采取有效的数据脱敏技术，以保护用户的个人隐私信息不被泄露或滥用。数据脱敏技术包括数据匿名化、数据加密、数据分割等方法，可以在保证数据可用性的前提下，最大程度地减少用户隐私信息的暴露风险，保护用户隐私权。建立健全的权限控制机制也是保障用户数据安全和隐私的重要手段。通过明确规定数据访问权限和使用权限，限制用户或系统对数据的访问和操作，可以有效防止未经授权的数据访问和滥用。同时，建立审计机制和监控机制，对数据的访问和使用进行监督和审查，及时发现和阻止潜在的安全风险，保障用户数据的安全性和完整性。

第二节　AIGC 在用户行为分析中的应用

一、广告投放优化

（一）预测用户对广告内容的反应

预测用户对广告内容的反应是数字营销和广告领域中的一项重要任务。利用建立的点击和转化行为模型，生成式人工智能（AIGC）可以预测用户对不同广告内容的反应。这种预测不仅可以帮助企业了解哪些广告更受用户欢迎，还可以帮助企业了解哪些广告更容易引起用户的点击和转化行为。AIGC 通过分析用户的历史点击和转化数据，以及其他相关特征，建立个性化的点击和转化行为模型。这些模型能够预测每个用户对不同广告内容的点击和转化概率，并根据用户的个性化特征进行调整。通过学习用户的点击和转化行为模式，AIGC 可以精准地预测用户对不同广告内容的反应，为企业提供更有效的广告投放策略。

预测用户对广告内容的反应可以帮助企业了解哪些广告更受用户欢迎。通过分析预测结果，企业可以发现用户对不同广告内容的偏好和兴趣。这有助于企业更好地理解目标用户群体的需求，并根据用户的兴趣特点调整广告内容和投放策略，以提高广告的吸引力和点击率。进一步地，预测用户对广告内容的反应还可以帮助企业了解哪些广告更容易引起用户的点击和转化行为。通过分析预测结果，企业可以发现哪些广告内容更具有引导用户点击和转化的特点，进而优化广告内容和设计，以提高广告的转化率和投资回报率。预测用户对广告内容的反应还可以帮助企业优化广告投放策略。通过分析预测结果，企业可以确定哪些广告内容更适合在哪些时间段、地点或平台上投放，以最大程度地提高广告的效果和转化率。这有助于企业更有效地利用有限的广告资源，提高广告投放的效率和投资回报率。

（二）优化广告投放策略

优化广告投放策略是数字营销中至关重要的一环。通过利用生成式人工智能（AIGC）在用户行为分析中的应用，企业可以根据预测结果来精细调整广告投放策略，从而提高广告的点击率和转化率。这一过程涉及到调整广告内容、投放时间、投放位置等多个因素，以更好地吸引目标用户并促使其进行点击和转化。通过分析用户的历史点击和转化数据以及其他相关特征，AIGC 可以建立个性化的行为模型。这些模型能够预测每个用户对不同广告内容的点击和转化概率，并根据用户的个性化特征进行调整。通过学习用户的点击和转化行为模式，AIGC 可以精准地预测用户的行为，为企业提供更有效的广告投放策略。根据预测结果，企业可以优化广告投放策略。

例如，如果某个广告的预测点击率较低，企业可以考虑调整广告内容，使其更符合目标用户的兴趣和需求。另外，企业还可以根据预测结果调整广告的投放时间和投放位置，选择更适合的时间段和地点来展示广告，以提高广告的曝光率和点击率。根据预测结果，企业可以采取一些针对性的措施来吸引目标用户并促使其进行点击和转化。例如，企业可以利用个性化的广告内容和优惠活动来吸引用户的注意力，提高广告的吸引力和点击率。另外，企业还可以利用 AIGC 预测的用户行为模式来优化广告的展示方式和排版设计，使其更符合用户的阅读习惯和审美需求。根据预测结果，企业还可以采取一些措施来提高广告的转化率。例如，企业可以在广告中添加一些诱人的优惠活动或购买提示，以促使用户进行转化。另外，企业还可以利用 AIGC 预测的用户行为模式来优化转化页面的设计和布局，使其更符合用户的购买习惯和需求，提高用户的转化率。

（三）ROI 分析与效果评估

AIGC 在广告投放的 ROI（投资回报率）分析和效果评估中具有重要的作用。通过对广告投放效果的监测和分析，企业可以评估广告投放的成本效益，并及时调整投放策略以提高 ROI。这一过程涉及到对广告投放效果的全面评估，包括点击率、转化率、成本等多个指标，以确保企业的广告投放策略能够取得最佳的效果。通过分析用户的历史点击和转化数据，以及其他相关特征，AIGC 可以建立个性化的行为模型，预测用户对不同广告内容的点击和转化概率。这些预测结果可以为企业提供宝贵的信息，帮助企业评估广告投放的成本效益，并及时调整投放策略以提高 ROI。

AIGC 可以帮助企业监测和分析广告投放效果。通过实时监测广告投放数据，AIGC 可以分析广告的点击率、转化率、成本等指标，帮助企业全面了解广告的效果情况。这有助于企业及时发现广告投放效果的变化趋势和规律，并及时调整投放策略以提高 ROI。AIGC 可以帮助企业进行广告投放效果的预测。通过分析用户的行为模式和偏好，AIGC 可以预测广告投放的效果，并提供针对性的建议和优化方案。这有助于企业提前了解广告投放的效果情况，及时调整投放策略以最大程度地提高 ROI。AIGC 还可以帮助企业进行广告投放效果的比较和分析。通过对不同广告投放策略的效果进行比较，企业可以发现哪种策略更加有效，从而优化广告投放策略，提高 ROI。另外，AIGC 还可以分析广告投放效果的影响因素，帮助企业更好地理解广告投放效果的形成机制，从而提出更有效的优化建议。

二、行为模式生成与仿真

（一）行为仿真技术

行为仿真技术是一种利用人工智能技术模拟用户行为和决策过程的方法。基于学习到的用户行为模式，生成式人工智能（AIGC）可以实现用户行为的仿真，即生成虚拟用户，并模拟他们在特定情境下的行为和选择。通过行为仿真技术，企业可以更好地理解用户在不同场景下的反应和决策过程，从而提供更深入的用户洞察，指导企业的决策和战略制定。AIGC 通过分析用户的历史行为数据和相关特征，建立个性化的行为模型。这些模型能够捕捉用户的行为模式和偏好，并利用生成式技术生成虚拟用户，模拟他们在不同情境下的行为和选择。通过对这些虚拟用户的仿真，企业可以更好地理解用户在不同场景下的行为反应，为企业提供更深入的用户洞察。

行为仿真技术可以帮助企业更好地理解用户的决策过程。通过对虚拟用户的行为仿真，企业可以模拟用户在不同情境下的决策过程，包括购买决策、点击决策等。这有助于企业了解用户的偏好和动机，从而指导企业的产品设计、营销策略等方面的决策，提高企业的竞争力。行为仿真技术可以帮助企业进行市场营销策略的优化。通过对虚拟用户的行为仿真，企业可以评估不同营销策略对用户行为的影响，并找到最佳的营销策略。例如，企业可以通过行为仿真技术评估不同广告内容对用户点击率和转化率的影响，从而优化广告投放策略，提高广告效果。行为仿真技术还可以帮助企业进行产品设计和用户体验优化。通过对虚拟用户的行为仿真，企业可以评估不同产品设计和用户体验方案对用户行为的影响，并找到最佳的设计方案。这有助于企业提供更符合用户需求和偏好的产品和服务，提高用户满意度和忠诚度。

（二）场景分析与用户测试

利用生成的行为模式，AIGC 可以进行场景分析和用户测试，为企业在产品设计、市场营销等方面提供重要的决策支持。在产品设计阶段，利用仿真技术模拟用户在使用产品时的行为和反应，可以评估产品的易用性和用户体验，帮助企业及早发现潜在问题，并进行相应的调整和优化。通过分析用户的历史行为数据和相关特征，AIGC 可以建立个性化的行为模式，并利用生成式技术生成虚拟用户。这些虚拟用户可以在仿真环境中模拟用户在特定场景下的行为和反应，例如在产品使用过程中的操作行为、交互方式等。通过对虚拟用户的行为仿真，企业可以评估产品的易用性、用户体验以及用户满意度，为产品设计和优化提供重要的参考意见。

场景分析和用户测试可以帮助企业评估产品的用户体验。通过模拟用户在不同场景下的行为和反应，企业可以了解用户在使用产品时遇到的问题和困难，以及用户对产品的满意度和期望。这有助于企业及早发现潜在的设计缺陷和用户体验问题，并进行相应的调整和优化，提高产品的用户体验和竞争力。场景分析和用户测试可以帮助企业优化产品设计。通过模拟用户在不同场景下的行为和反应，企业可以评估不同设计方案对用户体验的影响，找到最佳的设计方案。例如，企业可以通过场景分析和用户测试评估不同界面设计对用户操作流程和效率的影响，以优化产品的界面设计和交互方式，提高产品的易用性和用户满意度。场景分析和用户测试还可以帮助企业优化市场营销策略。通过模拟用户在不同场景下的行为和反应，企业可以评估不同营销策略对用户行为和购买意愿的影响，找到最有效的营销策略。例如，企业可以通过场景分析和用户测试评估不同广告内容和推广活动对用户点击率和转化率的影响，以优化广告投放策略，提高广告效果和投资回报率。

第三节　AIGC 在用户行为预测中的应用

一、点击率预测

（一）建立个性化的点击行为模型

机器学习算法在生成式人工智能领域的应用已经成为许多企业和服务提供商的关键战略。其中，建立个性化的点击行为模型是一项具有重要意义的任务。这些模型能够根据用户的个性化特征和历史行为进行调整，以更准确地预测用户对不同内容的点击率。这项技术在数字营销、广告投放以及内容推荐等领域都有着广泛的应用。

在机器学习的框架下，个性化点击行为模型的建立通常采用监督学习的方法。这意味着我们需要有大量的标记数据，即用户的点击行为和相关特征数据，以供模型学习。这些特征可以包括用户的年龄、性别、地理位置、过去的点击历史、搜索行为等等。我们选择合适的机器学习算法来建立点击行为模型。常用的算法包括逻辑回归、决策树、随机森林、梯度提升树等。这些算法具有不同的特性和适用场景，我们可以根据实际情况进行选择。我们将数据集分为训练集和测试集，并使用训练集对模型进行训练，然后在测试集上评估模型的性能。

在训练过程中，模型会学习到用户的点击行为模式，并根据个性化特征对预测结果进行调整。通过不断地调整模型参数和特征选择，我们可以逐步提高模型的准确性和泛化能力。一旦模型建立完成，我们就可以将其应用于实际场景中。例如，在广告投放中，我们可以根据用户的个性化特征和历史行为，预测他们对不同广告内容的点击率。然后，我们可以根据这些预测结果来调整广告投放策略，选择合适的广告内容和渠道，以提高广告的点击率和转化率。这些个性化的点击行为模型还可以应用于内容推荐领域。我们可以根据用户的个性化特征和行为，预测他们对不同内容的喜好程度，并将最相关的内容推荐给用户。这种个性化推荐系统能够提高用户的参与度和满意度，促进内容的传播和用户的留存。

（二）数据驱动的决策

数据驱动的决策已成为现代企业成功的关键因素之一。人工智能在这一领域的应用为企业提供了强大的工具，帮助他们基于数据做出更明智的决策。点击率预测是其中一个重要的应用场景，通过分析预测结果与实际数据的偏差，企业可以发现潜在的改进空间，并采取相应的措施以提高广告效果。

让我们来看看人工智能在点击率预测中的应用。

利用机器学习算法，人工智能可以分析用户的历史点击数据和相关特征，建立个性化的点击行为模型。这些模型能够预测每个用户对不同内容的点击率，并根据用户的个性化特征进行调整。通过这些模型，企业可以更好地理解用户的行为和偏好，提高广告的针对性和精准度。然后，企业可以利用这些预测结果来进行数据驱动的决策。一种常见的做法是分析预测结果与实际数据之间的偏差，并从中发现潜在的改进空间。例如，如果某个广告的预测点击率与实际点击率相差较大，企业可以进一步分析导致这种差异的原因，并针对性地调整广告内容、投放位置等因素。人工智能还可以帮助企业进行实时的广告优化。通过监控实时的点击数据和用户反馈，人工智能可以及时调整广告内容和投放策略，以提高广告效果。例如，如果某个广告在某个时间段的点击率较低，人工智能可以自动调整投放策略，将广告展示在其他更适合的时段或位置，以提高点击率。人工智能还可以通过分析用户的行为数据和社交网络数据，发现潜在的目标用户群体。通过精准定位目标用户群体，并针对性地投放广告，企业可以提高广告的点击率和转化率，从而提高广告效果和投资回报率。

（三）预测点击率

预测点击率是数字营销和广告领域中的一个重要任务，它可以帮助企业更有效地理解用户的行为和偏好，优化广告投放策略，提高广告的点击率和转化率。生成式人工智能（AIGC）在这一领域的应用尤为突出，通过建立点击行为模型，可以准确地预测用户对不同内容的点击率，为企业的广告投放决策提供重要的参考和指导。AIGC利用机器学习算法分析用户的历史点击数据和相关特征，建立个性化的点击行为模型。这些模型能够预测每个用户对不同内容的点击率，并根据用户的个性化特征进行调整。通过学习用户的行为模式和偏好，AIGC 可以精准地预测用户对不同内容的反应，为企业提供更准确的点击率预测。

预测点击率可以帮助企业了解哪些内容更受用户欢迎。通过分析点击率预测结果，企业可以发现用户对不同内容的偏好和兴趣。这有助于企业更好地理解目标用户群体的需求，并根据用户的兴趣特点调整广告内容和投放策略，以提高广告的吸引力和点击率。点击率预测可以帮助企业优化广告投放策略。通过分析点击率预测结果和实际数据的偏差，企业可以发现潜在的改进空间，并调整广告内容、投放位置等因素，以提高广告效果。例如，如果某个广告的预测点击率较低，企业可以进一步分析导致这种情况的原因，并采取相应的措施，如优化广告内容、改变投放位置等，以提高广告的点击率和转化率。点击率预测还可以帮助企业评估广告效果和投资回报率。通过对点击率预测结果和实际数据的比较，企业可以评估广告投放的效果，并根据实际情况调整广告投放策略，以最大程度地提高投资回报率。

二、服务需求预测

（一）预测未来的服务需求

预测未来的服务需求对于企业提前做好准备、及时满足用户需求、提高服务效率和客户满意度至关重要。利用建立的个性化模型，人生成式工智能可以预测用户未来可能的服务需求。这种预测不仅基于用户的历史行为，还可以考虑外部环境因素和其他相关数据，为企业提供更准确的预测和更智能的决策支持。通过分析用户的历史服务请求数据和相关特征，生成式人工智能可以建立个性化的服务需求模型。这些模型能够预测每个用户未来可能的服务需求，并根据用户的个性化特征进行调整。通过学习用户的行为模式和偏好，生成式人工智能可以精准地预测用户未来可能的服务需求，为企业提供更智能的决策支持。

预测未来的服务需求可以帮助企业提前做好准备。通过分析预测结果，企业可以预测未来某个时间段内可能出现的服务需求高峰，进而合理安排人力资源、物资储备等，以确保及时满足用户的需求。这有助于企业提高服务效率，降低成本，提升竞争力。预测未来的服务需求还可以帮助企业提供个性化的服务。通过分析用户的个性化特征和行为模式，企业可以预测用户未来可能的服务需求，并根据其特点提供个性化的服务方案。这种定制化的服务能够提高用户满意度，增强用户忠诚度，从而促进企业的业务增长。预测未来的服务需求还可以帮助企业优化资源配置和服务流程。通过分析预测结果，企业可以发现潜在的服务需求变化趋势和规律，进而调整资源配置和服务流程，以更好地满足用户的需求。这有助于企业提高资源利用率，提高服务效率，降低成本，增强市场竞争力。

（二）资源准备和服务优化

资源准备和服务优化是企业提高服务效率和客户满意度的关键环节。通过提前预测用户的服务需求，企业可以有针对性地准备资源，以满足用户的需求。这些资源包括人力资源、物料准备、服务设施等方面。通过及时响应用户需求，企业可以提高服务效率，降低等待时间，从而提升客户满意度。利用建立的个性化模型，生成式人工智能可以预测用户未来可能的服务需求。这些预测结果可以帮助企业提前做好准备，合理安排人力资源、物料准备等，以确保能够及时满足用户的需求。通过分析用户的历史行为、个性化特征以及外部环境因素，生成式人工智能能够准确地预测用户未来可能的服务需求，为企业的资源准备和服务优化提供重要的支持。

提前准备资源可以帮助企业降低成本并提高效率。通过提前预测用户的服务需求，企业可以有针对性地准备所需的人力资源、物料和设备，避免因为突然增加的需求而导致资源短缺或浪费。这有助于企业降低成本，提高资源利用率，并提高服务效率和客户满意度。及时响应用户需求是提升客户满意度的关键。通过预测用户的服务需求，企业可以提前做好准备，并及时响应用户的需求，避免用户等待时间过长或无法及时得到服务的情况发生。这可以提高客户满意度，增强用户对企业的信任和忠诚度，从而促进企业的业务增长。资源准备和服务优化还可以帮助企业提高竞争力。通过提前预测用户的服务需求，并优化服务流程和资源配置，企业可以提供更高效、更优质的服务，与竞争对手形成差异化竞争优势。这有助于企业在市场中占据更有利的位置，赢得更多的客户和市场份额。

第四节　基于 AIGC 的用户行为分析与预测系统实现

一、基于 AIGC 的用户行为分析

（一）用户流失预测

AIGC（生成式人工智能）在这一领域发挥着关键作用，通过分析用户的行为模式，识别出潜在的流失风险因素，并预测用户是否有可能流失。通过监测用户的活动频率、购买行为、互动方式等多方面数据，AIGC 可以精准地预测用户流失，并采取相应的措施，如提供优惠、个性化服务等，以留住用户。AIGC 通过收集用户的行为数据，建立用户行为模型。这些行为数据包括用户的访问记录、购买历史、页面浏览时间、交互行为等。通过对这些数据的分析，AIGC 可以了解用户的活跃程度、购买偏好、使用习惯等信息，从而识别出潜在的流失风险因素。

AIGC 利用机器学习算法对用户行为数据进行分析和建模。通过建立用户流失预

测模型，AIGC 可以预测用户是否有可能流失，并给出相应的流失概率。这些预测模型可以基于历史数据进行训练，不断优化模型参数，提高预测的准确性和可靠性。针对不同的行为模式和用户群体，AIGC 可以采取不同的预测方法和策略。例如，对于长期不活跃的用户，AIGC 可以监测其访问频率和互动行为，预测其可能的流失风险，并通过发送个性化的促销活动或提供专属优惠等方式激活用户的兴趣。对于频繁购买但最近几次购买金额较低的用户，AIGC 可以分析其购买行为和偏好，提供相关产品的推荐或定制化服务，以增加用户的满意度和忠诚度。AIGC 还可以结合其他数据源，如社交媒体数据、市场调研数据等，对用户的流失风险进行更加全面和深入的分析。通过综合考虑用户的多方面信息，AIGC 可以提高对用户流失的预测准确性，并制定针对性的留存策略。

（二）用户情绪分析

用户情绪分析是 AIGC 在社交媒体、客户服务平台等渠道上分析用户言论和互动，了解用户情绪和态度的重要应用之一。通过情绪分析，企业可以更全面地了解用户的感受和反馈，及时调整营销策略、改进产品和服务，以更好地满足用户的需求和期望，提升用户满意度和忠诚度。AIGC 通过收集用户在社交媒体、客户服务平台等渠道上的言论和互动数据。这些数据可以包括用户的文字评论、表情符号、语音留言等形式。通过对这些数据的收集和整合，AIGC 可以建立用户情绪分析的数据集。AIGC 利用自然语言处理（NLP）技术对用户言论进行情感分析。情感分析是一种文本挖掘技术，旨在识别文本中的情感极性，如正面、负面或中性。通过情感分析，AIGC 可以分析用户的言论和互动，了解用户对产品、服务或事件的情感倾向，从而了解用户的情绪和态度。例如，当用户在社交媒体上发表关于某个产品的评论时，AIGC 可以通过情感分析判断用户评论的情感极性，是积极的还是消极的。如果大多数用户的评论都是正面的，那么可以认为用户对该产品持有积极的态度；相反，如果大多数用户的评论都是消极的，那么可能需要进一步调查并改进产品或服务。

AIGC 还可以利用情感分析技术对用户在客户服务平台上的投诉和问题进行分析。通过分析用户的情感表达和诉求，企业可以及时响应用户的需求，解决用户的问题，提升用户满意度。例如，当用户在客户服务平台上发表不满意的投诉时，AIGC 可以及时发现并分析这些投诉，提醒相关部门采取措施解决问题，以避免用户流失。除了情感极性的分析，AIGC 还可以对用户的情绪进行更细致的分析。情绪分析可以识别用户的情绪类型，如愤怒、悲伤、高兴等，从而更深入地了解用户的心理状态。例如，当用户在社交媒体上表达愤怒或失望的情绪时，AIGC 可以识别出这些情绪，并采取相应的措施，如向用户发送道歉或解决方案，以缓解用户的不满情绪。基于情绪分析的结果，企业可以制定相应的营销策略和服务改进计划。例如，如果情感分析显示用户对某个产品持有积极的态度，企业可以加大对该产品的推广力度，提高销售额；如果情感分析显示用户对某个服务持有消极的态度，企业可以及时改进服务，提升用户满意度。

（三）用户行为路径分析

通过行为路径分析，企业可以深入了解用户的行为模式，优化产品布局、改进用户体验，从而提高用户留存率和转化率，实现业务目标。AIGC 通过收集用户在网站或应用程序上的行为数据，建立用户行为路径数据集。这些数据包括用户的页面浏览记录、点击行为、停留时间、转化路径等。通过对这些数据的收集和整合，AIGC 可以建立用户行为路径的数据模型。AIGC 利用数据挖掘和机器学习技术对用户行为路径进行分析。通过分析用户的行为路径，AIGC 可以了解用户在产品或服务上的使用习惯和偏好，发现用户的兴趣点和痛点。例如，AIGC 可以发现用户在网站上的典型访问路径，了解用户最常访问的页面和最常点击的功能，从而优化产品的页面布局和功能设计。AIGC 还可以通过行为路径分析发现用户的转化路径，即用户从进入网站或应用程序到完成目标动作的完整路径。通过分析用户的转化路径，企业可以了解用户的购买行为和决策过程，发现用户的购买偏好和购买动机，从而优化营销策略和销售流程，提高转化率和销售额。

除了单个用户的行为路径分析，AIGC 还可以进行用户群体的行为路径分析。通过对用户群体的行为路径进行聚类分析，可以发现不同用户群体之间的行为差异和共性。例如，通过聚类分析，企业可以发现不同用户群体的兴趣点和偏好，针对不同用户群体制定个性化的营销策略和产品推广方案，提高用户的满意度和忠诚度。基于行为路径分析的结果，企业可以制定相应的优化策略和改进计划。例如，如果行为路径分析显示用户在某个页面停留时间较短，或者在某个功能上点击率较低，企业可以考虑优化该页面的内容和布局，或者改进该功能的设计和体验，以提升用户的参与度和满意度。如果行为路径分析显示用户在完成目标动作的转化路径上存在瓶颈或者漏斗，企业可以采取相应的措施，如简化流程、提供优惠、发送定制化推荐等，以促进用户的转化和购买行为，提高业务的转化率和收益。

二、基于 AIGC 的预测系统实现

（一）理解 AIGC 算法

1. 优势

AIGC 算法在学习过程中注重全局优化，即通过不断迭代和调整参数，使得算法的整体性能不断提升。通过全局收敛性，AIGC 可以找到最优的解决方案或策略，以最大程度地满足任务需求。AIGC 算法具有自适应性，能够根据环境变化和任务要求调整自身的学习策略和行为。通过监测环境变化和反馈信息，AIGC 可以及时调整参数和模型，以适应新的情况并提高性能。

AIGC 算法以其强大的适应性著称。它能够在各种不同的场景中表现出良好的性能，无论是面对静态环境还是动态变化的场景，都能够快速调整策略以应对挑战。这种适应性使得 AIGC 能够在实时决策和应用场景中展现出强大的竞争力，迅速地适应新的情况并做出准确的决策。

AIGC 算法具备快速学习和适应能力。通过不断迭代和调整学习策略，AIGC 能够在短时间内快速学习并适应新的情况。这种快速学习能力使得 AIGC 在面对复杂任务和多变环境时能够迅速找到最优解决方案，有效地应对挑战并取得良好的性能表现。

AIGC 算法还具备全局收敛性。即使在不断学习和优化的过程中，AIGC 仍能够找到最优解决方案。这种全局收敛性保证了算法在长期学习和应用过程中能够持续优化自身，不断提升性能，并在复杂任务和多变环境中取得优异的表现。

3. 限制

虽然 AIGC 算法在适应性、快速学习和全局收敛性方面具有显著优势，但它也存在一些限制和挑战，这些限制可能会影响其在实际应用中的性能表现。AIGC 算法对数据的质量和数量具有一定的依赖性。它需要足够的高质量数据来支持有效的学习和优化过程。如果输入的数据质量不高或者数据量不足，可能会导致 AIGC 算法的性能

下降，甚至无法达到预期的效果。因此，在应用 AIGC 算法时，需要确保提供足够丰富和高质量的数据来支持其学习和决策过程。

AIGC 算法可能会面临较高的计算复杂度，特别是在处理大规模数据或复杂任务时。由于 AIGC 算法通常需要对大量数据进行分析和学习，因此在资源受限的环境下，如计算能力有限或内存受限等情况下，可能会限制其应用范围。为了克服这一问题，需要采用有效的优化和并行计算技术，以提高算法的计算效率，从而更好地适应大规模数据和复杂任务的处理需求。

尽管 AIGC 算法具有全局收敛性，但在某些情况下可能会陷入局部最优解，无法找到全局最优解决方案。这可能会导致算法性能的下降，使得其无法达到预期的效果。为了克服局部最优解的问题，可以采用多种策略，如增加算法的探索能力、调整学习率或采用更复杂的优化方法等，以帮助 AIGC 算法跳出局部最优解并找到更优的全局解决方案。

（二）监控和维护

1. 持续监控模型的性能

基于 AIGC 的预测系统的实时监控和定期评估对于确保系统稳健性和性能优化至关重要。这样的监控和评估机制能够及时发现数据分布的变化以及模型性能的变化，从而及时采取相应的调整和优化措施，保证系统在不断变化的环境中保持高效和准确。

实时监控数据流对于 AIGC 预测系统至关重要。数据的实时监控能够帮助系统捕捉到数据流中的任何变化或异常情况，例如数据分布的突然变化、数据质量的下降或新数据源的加入等。通过实时监控数据流，我们能够及时感知到这些变化，并及时采取相应的措施来应对，例如调整模型参数、更新数据预处理流程或者重新训练模型等，以确保系统能够及时适应新的数据情况并保持预测的准确性。

定期评估还可以帮助我们及时发现模型性能下降的原因，例如数据分布的变化、特征工程的不足或者模型参数设置不当等，从而采取相应的措施进行改进和优化。除了实时监控数据流和定期评估模型，还可以结合使用一些自动化的监控和评估工具来提高效率和准确性。例如，可以使用监控系统自动化地检测数据流中的异常情况，并及时发送警报通知相关人员。同时，可以使用自动化的模型评估工具来定期评估模型性能，并生成详细的报告以供参考和分析。这样的自动化工具能够大大减轻人工的工作负担，提高监控和评估的效率和准确性。

2. 模型维护和更新

随着时间推移和数据的积累，原有的模型可能会逐渐失去对新数据的适应性，导致模型性能下降。通过定期重新训练模型，我们可以利用最新的数据来更新模型参数，从而使模型能够适应数据分布的变化，保持良好的性能。

模型漂移是指模型在训练和测试数据之间的性能差异。在实际应用中，由于数据分布的变化或者模型本身的缺陷，可能会导致模型在测试数据上的表现与训练数据上的表现存在差异，即出现模型漂移。模型漂移可能会导致模型性能的下降，影响系统的准确性和稳定性。监测模型漂移是维持模型性能的关键一环。通过监测模型在测试数据上的性能表现，并与模型在训练数据上的性能进行对比，我们可以及时发现模型漂移的存在。一旦发现模型漂移，我们就可以采取相应的措施来修正模型，以使其重新适应当前的数据分布，从而提高模型的性能和稳定性。

有几种常见的方法可以用来监测和处理模型漂移。其中一种方法是使用监督式的漂移检测技术，通过比较模型在训练数据和测试数据上的性能指标来检测模型漂移的存在。另一种方法是使用无监督的漂移检测技术，通过分析数据分布的变化来检测模型漂移。还有一种方法是使用半监督的漂移检测技术，结合监督和无监督的方法来检测模型漂移。

除了监测模型漂移之外，及时修正模型也是维持模型性能的重要步骤。一旦发现模型漂移，我们可以通过重新训练模型、更新模型参数或者调整模型结构等方式来修正模型，使其重新适应当前的数据分布，从而提高模型的性能和稳定性。

3. 基于 AIGC 的预测系统实现

信用评分模型的输入数据包括借款人的个人信息、财务信息等，这些数据在不断变化和更新，因此监控数据流能够帮助我们及时发现数据分布的变化和模型性能的下降。一旦发现模型性能下降或者数据分布发生变化，我们可以采取相应的措施来维护模型的准确性和稳定性。

通过定期重新训练模型，我们可以利用最新的数据来更新模型参数，使其能够适应数据分布的变化。在重新训练模型时，我们可以使用各种机器学习算法和技术，如深度学习、集成学习等，以确保模型能够充分利用新数据来提高预测性能。利用基于

AIGC 的预测系统来监测信用评分模型的漂移情况是一种有效的方法。

AIGC 算法具有全局适应性和快速学习能力，能够在不断变化的数据环境中及时调整模型参数以适应新的数据分布。通过监测模型在训练和测试数据之间的性能差异，我们可以及时发现模型性能的下降，并采取相应的措施进行修正。例如，在发现模型性能下降时，我们可以触发重新训练模型的流程，利用最新的数据来更新模型参数，以提高模型的预测性能。

除了实时监控数据流和定期重新训练模型外，还可以采取其他措施来维持信用评分模型的准确性和稳定性。例如，可以定期审查模型的特征工程流程，确保模型使用的特征能够充分反映借款人的信用风险。

本章小结

第五章着眼于探讨生成式人工智能在用户行为分析与预测中的应用。第一节详细介绍了用户行为数据的收集与处理，强调了数据质量对于分析预测的重要性。在第二节中，我们深入探讨了 AIGC 在用户行为分析中的模型设计，包括特征提取、模型构建等方面。第三节重点讨论了 AIGC 在用户行为预测中的算法优化，例如如何利用生成模型更准确地预测用户行为。在第四节中，我们介绍了基于 AIGC 的用户行为分析与预测系统的实现，包括系统架构、模型训练和结果展示等方面。通过这一章的总结，读者对 AIGC 在用户行为分析与预测中的应用有了全面的了解，为实践中的应用提供了指导和启示。

第六章　大语言模型在电子商务推荐系统中的应用

第一节　大语言模型及其发展历程

一、大语言模型与 AIGC

人工智能（AI）是指通过计算机科学和机器学习等技术，使计算机系统能够模仿人类智能的能力。AIGC，生成式人工智能，（如 GPT 系列）则是一种特定类型的人工智能系统，其核心是由大量数据训练得到的神经网络模型，能够理解和生成自然语言文本，是人工智能的一个重要分支，大型语言模型是其中最为核心技术之一。

大语言模型以模型规模巨大为最显著的特征。回顾自然语言处理领域，早期的语言模型参数规模大致在千万级别以下。然而，自从 2018 年谷歌发布了基于变换器的双向编码器表示技术（BERT）之后，语言模型的参数规模就开始飞速增长，达到了亿级以上。此后，预训练语言模型的参数规模每年都呈指数级增长，其中最著名的模型之一就是 2020 年 7 月由美国 OpenAI 发布的 GPT-3，其参数规模达到了 1750 亿个。"大型"还指的是对大规模数据进行知识集成学习。这种学习基于大量高性能并行计算芯片 GPU，通过对海量未标记数据进行自监督学习。从早期 BERT 使用的 20GB 数据到 GPT-3 采用的 45TB 数据，学习数据的规模呈现出了爆炸性增长。正是在 GPU 多机多卡的计算能力和海量未标记文本数据的双重支持下，才实现了语言模型规模和性能的飞跃，成为人工智能和自然语言处理领域的最新革命性突破。

大型语言模型的出现不仅仅是参数规模的增长，更是对深度学习与自然语言处理技术的重要演进。它们的出现使得计算机在理解和生成自然语言方面取得了前所未有的进展。这些模型不仅可以用于文本生成、摘要生成、问答系统等传统任务，还可以应用于更广泛的领域，如对话系统、语义理解、情感分析等。大型语言模型还催生了许多相关技术的发展，如零样本学习（zero-shot learning）、多任务学习（multi-task learning）、迁移学习（transfer learning）等。这些技术使得模型可以在不同的任务和领域中进行迁移和泛化，从而进一步提高了模型的适用性和效果。

二、大语言模型的发展历程

（一）第一阶段：大语言模型的崛起

在 2017 年，谷歌公司的研究团队发表了一篇名为《Attention is All You Need》的论文，正是这篇论文介绍了一种全新的神经网络架构——Transformer，开启了大型预训练语言模型的时代。这一架构的快速应用不仅改变了自然语言处理领域，还在整个人工智能领域产生了深远影响。Transformer 架构摒弃了之前神经网络架构在 GPU 芯片并行计算方面的不适用性，极大提高了模型从大规模数据中学习的效率。它的出现直接导致了后续模型规模的迅速增长。

在这之后，基于大规模无标注数据的自监督学习方法得到了广泛应用，BERT、GPT/GPT-2、T5 等一系列大规模预训练语言模型相继问世。这些模型成为了主流人工智能技术和产品的核心基础模型，也成为了国际人工智能前沿研究和应用的热点。以谷歌 2018 年发布的 BERT 模型为例，它包含了 24 层 Transformer 架构和 3.4 亿参数的版本，在著名的通用语言理解评测基准（GLUE）所包含的 8 个任务上获得了平均得分 80.4。这一成绩比当时最好的模型提高了 7.6 分，同时也刷新了自然语言处理挑战任务上的最好成绩（SOTA），如 SQuAD 等。这些大规模预训练语言模型在大数据支持下拥有较大的模型参数规模，具备了较强的通用能力，能够适应和完成多种场景的任务。它们不仅可以用于文本生成、摘要生成、问答系统等传统任务，还可以应用于对话系统、语义理解、情感分析等更广泛的领域。从这一阶段开始，大型语言模型的预训练技术开始分化为两个主要类别，即以 BERT 为代表的面向语言理解的遮蔽语言模型（Masked Language Model，MLM）和以 GPT 为代表的面向语言生成的自回归语言模型（Auto regressive Language Model，ALM）。这一分化直接影响了大型语言模型后续阶段的技术演进路线。

具体而言，BERT 所依托的遮蔽语言模型 MLM 的预训练方法如下所示。给定一个句子 S1，随机选择并遮蔽其中某个词，例如“中国”，得到训练样例 T1。在 T1 中，出现“中国”的位置被遮盖标识符［MASK］取代了。BERT 的 MLM 任务目标是根据 T1 的上下文语境信息，预测被遮盖位置应该是哪个词。判断预测是否准确的标准答案 A1 是原句 S1 中的“中国”。互联网提供了海量的文本大数据，MLM 可以从中自动产生训练样例，不断增强 BERT 对语言的理解能力（图 6-1）。相反，GPT 采用了不同的预训练方法，即自回归语言模型（ALM）。在 ALM 中，GPT 的任务目标是根据前面已经生成的内容，预测和生成下一个词，就像人类说话一样（图 6-2）。对于给定文本，虽然提供了“标准答案”，但并不一定是唯一正确的。例如，对于一个预测任务 T6，预测“大学”“高校”“高等学校”“学府”都可以被认为是正确的。然而，根据给定的文本，只能认定 A6“大学”是准确的，其他预测则会被认为是错误的。大型语言模型的神奇之处在于，尽管每个训练样例的“标准答案”并不完美，但每个样例都是一种“教师”。数以亿计的不完美训练数据可以教会大型语言模型从概率上无限接近优秀的语言能力。这种方法的奇妙之处在于，通过大规模的数据和不完美的“教师”，模型可以逐渐学会解决复杂的语言理解和生成任务。

S1：清华大学是中国最好的大学之一.
➔ T1：清华大学是[MASK] 最好的大学之一　　A1：中国

图 6-1　遮蔽语言模型 MLM 示例

S1：清华大学是中国最好的大学之一.	
➔ T1：[MASK]	A1：清华大学
➔ T2：清华大学 [MASK]	A2：是
➔ T3：清华大学是 [MASK]	A3：中国
➔ T4：清华大学是中国 [MASK]	A4：最好
➔ T5：清华大学是中国最好 [MASK]	A5：的
➔ T6：清华大学是中国最好的 [MASK]	A6：大学
➔ T7：清华大学是中国最好的大学 [MASK]	A7：之一
➔ T8：清华大学是中国最好的大学之一 [MASK]	A8：.

图 6-2　自回归语言模型 ALM 示例

BERT 和 GPT 的预训练任务之间存在明显的差异，这反映了它们在语言理解和语言生成方面的不同假设和优势。BERT 的遮蔽语言模型（MLM）假设文本中的某个词被遮盖，但文本的其他部分已经存在。因此，BERT 可以利用被遮盖词左右的语境信息来预测被遮盖词的内容。与此不同，GPT 的自回归语言模型（ALM）假设文本尚不存在，模型需要从左到右生成文本，因此在生成下一个词时只能考虑到其左侧已生成的信息。这种差异导致了两者在应用领域和任务上的差异。由于 BERT 能够考虑上下文信息，它更适合用于文本语义理解任务，如文本分类、阅读理解等。相比之下，GPT 更适合用于文本生成任务，如对话系统等。这是因为 GPT 能够按照自然语言的顺序生成文本，更符合人类的语言生成方式。相比于 MLM 每次训练只预测一个词，ALM 可以同时预测多个词。这使得在相同的训练次数下，ALM 比 MLM 学习更快，模型更容易收敛。因此，GPT 系列语言模型在参数规模方面具有更好的扩展性。

（二）第二阶段：超大规模语言模型的发展

第二阶段的发展以 OpenAI 在 2020 年发布的 GPT-3（拥有 1750 亿参数）为起点，标志着超大规模预训练语言模型的崭新时代的开启。GPT-3 在知识理解、语言生成和上下文学习等方面展现出了惊人的能力。根据 MIT Technology Review 的报道，基于 GPT-3 提供的 API 生成的博客文章在短时间内迅速传播，并登上了 Hacker News 的头条，而极少有人能意识到这些文章是由机器生成的。这一事件引发了全球范围内众多机构对超大规模预训练语言模型的研究兴趣，包括 Meta、微软、谷歌、清华大学、北京智源人工智能研究院、百度、华为、阿里等，它们纷纷加入到这场模型竞赛中。大型模型参数规模的增长不仅使得模型的能力得到了显著增强，而且呈现出了从量变到质变的增强过程。从量变角度看，大型模型在诸如 GLUE 等评测基准上的性能持续攀升。而从质变角度看，大型模型正在实现从“举十反一”到“举一反三”乃至“无师自通”的能力飞跃。“举十反一”指的是传统机器学习，包括预训练大型模型之前的深度学习模型，需要依赖大量的训练数据才能习得某个特定任务。举例来说，要让模型学会区分猫和狗这两种动物，需要收集成百上千的猫和狗的图片进行训练。同样地，要让模型学会对“国内”和“国际”两类新闻进行分类，也需要成百上千的相应新闻文本作为训练数据。相反，“举一反三”指的是人类只需要通过极少量的训练样例，就能够习得某个特定任务。例如，人类只需要很少量的熊猫图片，就可以建立起对熊猫这种动物的识别能力。这种能力被称为少次学习（few-shot learning），近年来成为了研究的重点。更进一步，“无师自通”指的是人类甚至不需要任何训练样例，就能掌握某种新的能力。举例来说，一名程序员在熟练掌握某个编程语言后，很多时候不需要任何示例代码，光看函数接口就能够使用新的工具包。这种从“举十反一”到“举一反三”再到“无师自通”的能力飞跃，展现了大型预训练语言模型的巨大潜力和革命性影响。它们不仅在自然语言处理领域取得了巨大成功，而且也为人工智能技术的未来发展打开了全新的可能性。

这也代表了人类高级智能水平的认知能力，被命名为零次学习（zero-shot learning）。如表 6-1 所示，以英文-中文机器翻译为例，可以看到，“少次学习”任务仅提供非常少的训练样例（图例中为 3 个），“一次学习”是少次学习的极端特殊情况，即只有一个训练样例，而“零次学习”则只有任务描述，没有任何训练样例。大型语言模型在少次学习和零次学习上的能力飞跃，在 GPT 模型的发展历程中体现得淋漓尽致。GPT-3 的开发团队训练了多个不同参数规模的模型，包括 1.25 亿（Small）、3.5 亿（Medium）、7.6 亿（Large）、13 亿（XL）、2.7B（27 亿）、6.7B（67 亿）、13B（130 亿）和 175B（1750 亿）等多个规模。在评测基准 Super GLUE 上验证了这些模型在少次学习和零次学习上的性能变化。随着 GPT-3 参数规模的增大（从 13 亿、130 亿到 1750 亿），模型的少次学习（包括一次学习）能力有着飞跃式的进步，特别是在 1750 亿参数规模时，甚至具备了一定程度的零次学习能力。这也是 GPT-3 作者在论文题目中强调“Language Models are Few-Shot Learners”（语言模型是少次学习者）的原因。这种能力的提升对于人工智能技术的发展具有重要意义。它意味着大型语言模型不再需要大量的训练数据来学习新的任务，甚至可以在没有任何训练样例的情况下完成任务。这不仅提高了模型的效率和灵活性，也加速了人工智能技术的应用和发展。随着这种能力的不断提升，我们有望看到更多领域的自动化和智能化应用，为人类带来更多便利和创新。

表 6-1　少次学习、一次学习与零次学习的任务区别

	少次学习	一次学习	零次学习
任务描述	Translate English to Chinese:	Translate English to Chinese:	Translate English to Chinese:
任务样例	university=>大学 Beijing=>北京 computer=>计算机	university=>大学	
测试样例	Tsinghua=>	Tsinghua=>	Tsinghua=>

（三）第三阶段：通用大语言模型的进化

大语言模型的第三阶段以 OpenAI 发布的 ChatGPT 为开端，这是一个在 GPT-3 基础模型上引入了代码训练、指令微调和基于人类反馈的强化学习等技术的版本。这些技术进一步增强了大型语言模型的自然交互和人类对齐能力，使其在面对常识性、推理性问题、未知领域和敏感议题时展现出显著的智能化特征。ChatGPT 的发布标志着大型语言模型在实现自然交互和人类对齐方面迈出了重要的一步。通过引入代码训练，ChatGPT 不仅可以处理自然语言，还可以理解和生成代码，为程序员提供了更加高效的编程支持。指令微调技术使得 ChatGPT 可以根据特定任务的指令进行微调，从而更好地适应特定领域的需求。而基于人类反馈的强化学习则使得 ChatGPT 能够通过与人类的交互来不断改进自身，提高与人类的交互能力和智能水平。在 ChatGPT 之后，OpenAI 发布了多模态大型语言模型 GPT-4，这一模型支持同时处理文本和图像等多种模态信息。这种多模态能力将进一步提升模型的认知和推理能力，可能会带来通用人工智能领域的再一次变革。随着大型语言模型技术的不断发展和进步，我们有理由相信，在未来，这些模型将在各个领域发挥越来越重要的作用，为人类带来更多的便利和创新。同时，我们也需要认识到，随着技术的进步，必须谨慎处理人工智能的伦理和社会影响问题，以确保人工智能技术的发展符合人类的利益和价值观。

在前两个阶段，大语言模型的预训练目标主要是优化文本预测或生成中的交叉熵损失函数，以保障生成的文本具有流畅性和可读性。然而，在真实的应用场景中，大型语言模型需要具备与人类交互的能力，能够高效地理解和完成用户的指令，这与既有的预训练目标存在较大的差异。为了弥合这一差异，OpenAI 提出了指令微调和来自人类反馈的强化学习两阶段技术路线。指令微调旨在训练大型语言模型根据人类给定的指令来执行特定任务或生成特定内容的能力。例如，当人类用户发出指令："请写一首关于春天和爱情的现代诗"，大型语言模型会根据人类用户的要求生成一首符合主题"春天和爱情"和风格"现代诗"的诗歌。通过基于指令与回答文本对的有监督微调，指令微调使得大型语言模型能够充分吸收其从大规模语料中学习并掌握的世界知识和常识，生成符合人类用户需求的文本。这样，它能够灵活适应不同的应用场景和用户需求，提高生成内容的质量和多样性。然而，值得注意的是，大型语言模型的预训练语料中也存在许多带有偏见和恶意的言论。因此，尽管指令微调针对人类用户的需求进行了优化，但仍无法完全避免模型生成具有伦理风险的言论。这就需要在指令微调过程中，对生成的文本进行严格的审核和过滤，以减少偏见和恶意内容的生成，并确保模型生成的文本符合伦理和社会价值观。

在基于指令微调的基础上，OpenAI 进一步引入了来自人类反馈的强化学习技术到大型语言模型的训练过程中。这种来自人类反馈的强化学习利用人类标注者对大型语言模型生成内容的打分或排序作为模型的反馈，并据此调整模型参数。为了确保大型语言模型符合伦理规范，OpenAI 为人类标注员设置了三种打分标准，分别是有用（Helpful）、无害（Harmless）、诚实（Honest）。例如，当模型生成的文本中存在性别、种族等偏见或其他有害信息时，模型将根据人类标注员的负面打分或排序接收到负面的反馈，以促使模型避免生成此类文本。通过这种方法，大型语言模型的可靠性和实用性得到了有效提升。通过结合指令微调和来自人类反馈的强化学习两项技术，ChatGPT 在与人类用户对话交互方面展现了卓越表现。例如，在程序调试方面，ChatGPT 可以根据用户提供的程序代码片段回答错误原因或解决方法，并且还会主动提问以获取更多信息并确认理解是否正确。在处理敏感话题方面，ChatGPT 可以根据用户提问时使用的措辞或意图判断是否应该回答。正是因为这种强大的认知与交互能力，ChatGPT 一经发布便迅速引起社会的广泛关注，成为通用人工智能发展历程中的重要里程碑。这种整合了指令微调和来自人类反馈的强化学习技术的大型语言模型，不仅提高了模型的自然语言理解和生成能力，还使其能够更好地适应各种应用场景和用户需求，并且更加符合伦理和社会价值观。随着这些技术的不断完善和应用，我们有望见证更多基于大型语言模型的智能应用在各个领域取得突破性进展，为人类社会带来更多的便利和创新。

三、大语言模型面临的挑战

（一）公平性和偏差

AI 治理与合规领域越发受到关注，尤其是在涉及大型语言模型（GPT）的使用时。这些模型的训练数据可能存在偏差，这种偏差可能导致模型产生不公平或歧视性的结果。因此，AI 治理和合规策略需要着重检测和纠正这些偏差，以确保模型的预测结果是公平且不带偏见的。这些模型，如 GPT 系列，通常是通过大量的文本数据进行预训练的。它们具有深度神经网络架构，能够理解和生成自然语言文本。这使它们成为处理各种任务，如文本生成、翻译、摘要和问答等的强大工具。然而，正是这些模型的巨大能力也带来了一些挑战，其中之一就是潜在的偏差。大型语言模型的训练数据可能来源于互联网上的各种资源，包括网页、社交媒体、新闻文章等。然而，这些数据可能受到多种因素的影响，如作者的偏见、文化背景、地域差异等。因此，模型学习到的知识可能带有这些偏见的痕迹，从而在生成文本或进行预测时表现出不公平或歧视性的特征。为了解决这一问题，AI 治理与合规需要采取一系列措施。是数据采集阶段的监管。

在选择训练数据时，需要考虑到数据的多样性和代表性，以减少偏差的影响。这可能涉及到从不同来源获取数据，确保包含各种文化背景和观点。还可以通过数据预处理和清洗来减少偏见的存在，比如通过移除敏感信息或者对数据进行平衡处理。是模型设计和评估阶段的监管。在设计大型语言模型时，需要考虑到公平性和不偏见性。这可能包括采用多样性的评估指标，如公平性指标或者歧视性检测指标，来评估模型的性能。同时，也需要进行多方面的评估，包括针对不同人群和文化背景的测试，以确保模型在各种情况下都能够表现良好。还需要建立监督机制和反馈环路。这包括建立监督和反馈机制，及时发现和纠正模型中存在的偏差。这可能涉及到建立专门的团队或机构来监督模型的使用，收集用户反馈，并根据需要调整模型。同时，也需要建立透明和负责任的沟通渠道，与用户和利益相关者进行沟通，解释模型的工作原理和决策过程，以增强对模型的信任和接受度。

（二）监管合规

随着大型语言模型（GPT）等人工智能技术的快速发展，对其开发、部署和使用的监管合规问题日益凸显。这些模型的强大功能和广泛应用使其成为了当今科技领域的焦点。然而，与其巨大潜力相伴而生的是种种风险和挑战，包括隐私泄露、数据滥用、信息偏见等。为了应对这些挑战，建立相应的监管框架和合规标准变得至关重要，以确保人工智能技术的发展能够符合法律、道德和伦理要求。这些模型通常由深度神经网络组成，通过海量文本数据进行预训练，具有强大的文本理解和生成能力。它们可以应用于各种任务，如自然语言生成、翻译、问答等，为用户提供了广泛的应用场景。然而，正是由于其强大的功能，大型语言模型的开发、部署和使用可能会带来一系列的风险和挑战，需要相应的监管和合规措施来管理和规范。在制定监管框架和合规标准时，首要考虑的是保护用户的隐私和数据安全。大型语言模型通常需要大量的数据进行预训练和微调，这可能涉及到用户的个人信息和敏感数据。因此，需要建立严格的数据保护政策和隐私规定，限制数据的收集、使用和共享，确保用户的隐私得到充分的保护。同时，还需要采取技术措施，如数据加密、身份验证等，防止数据泄露和滥用的发生。是确保模型的公平性和不偏见性。

大型语言模型可能受到训练数据的影响，从而产生不公平或歧视性的结果。因此，需要建立相应的公平性指标和歧视性检测机制，对模型进行评估和监督，确保其预测结果是公正且不带偏见的。同时，还需要进行多样性测试，考虑不同人群和文化背景的影响，以确保模型在各种情况下都能够表现良好。还需要关注模型的透明度和解释性。大型语言模型通常是黑盒模型，难以解释其决策过程和内部机制。这给用户带来了信任和接受度方面的挑战。因此，需要采取措施来增强模型的解释性，如建立解释性模型、可视化技术等，帮助用户理解模型的工作原理和预测结果，提高对模型的信任和接受度。还需要建立有效的监督和审查机制。这包括建立专门的监管机构或部门，负责监督和审查大型语言模型的开发、部署和使用，及时发现和纠正存在的问题和风险。同时，还需要加强与行业组织、学术界和社会各界的合作，共同推动人工智能技术的发展，确保其符合法律、道德和伦理要求。

（三）解决复杂问题

人工智能（AI）和大型语言模型（GPT）的发展为解决全球性的复杂问题提供了新的机遇和可能性。这些技术能够处理和分析大量的数据，从中提取有用的信息，并为决策者提供洞察和建议，为解决诸如气候变化、粮食安全、医疗保健等重大挑战提供了新的思路和方法。人工智能是一种模拟人类智能的技术，它通过机器学习、深度学习等方法，使计算机系统具有学习、推理、决策等能力。而大型语言模型则是人工智能技术的一种，它具有强大的自然语言处理能力，能够理解和生成自然语言文本。这使得它们成为处理大规模文本数据、从中提取知识和信息的理想工具。在解决全球性的复杂问题方面，人工智能和大型语言模型发挥着重要作用。它们能够处理和分析大量的数据，从中挖掘出隐藏的规律和模式。例如，在气候变化领域，可以利用大型语言模型分析气象数据、气候模型和其他相关数据，预测未来的气候变化趋势，帮助制定应对气候变化的政策和措施。

人工智能和大型语言模型还可以为决策者提供洞察和建议。通过分析历史数据和当前情况，它们能够识别出问题所在，并提出有效的解决方案。比如，在粮食安全领域，可以利用人工智能技术监测作物生长情况、预测产量和供需关系，及时采取措施确保粮食的充足供应。人工智能和大型语言模型还可以帮助加速科学研究和医疗创新。通过分析大量的医疗数据和研究文献，它们能够发现新的药物、诊断方法和治疗方案，为医疗保健领域带来革命性的变革。例如，可以利用大型语言模型分析医学文献，帮助医生诊断疾病、制定治疗方案，提高医疗服务的质量和效率。数据质量和数据隐私是一个重要的问题。要训练一个有效的人工智能模型，需要大量的数据，但是这些数据可能存在质量不一和隐私问题。因此，需要采取相应的措施来确保数据的质量和隐私安全，如数据脱敏、隐私保护技术等。模型的可解释性和可信度也是一个重要的问题。大型语言模型通常是黑盒模型，难以解释其决策过程和内部机制。这给用户带来了信任和接受度方面的挑战。因此，需要采取措施来增强模型的解释性，如建立解释性模型、可视化技术等，帮助用户理解模型的工作原理和预测结果，提高对模型的信任和接受度。

第二节　大语言模型在电子商务中的应用场景与优势

一、大语言模型在电子商务中的应用场景

（一）智能客服与客户支持

大语言模型在电子商务领域的应用场景之一是构建智能客服系统，以提升客户支持和服务体验。智能客服系统利用大型语言模型的自然语言处理和生成能力，能够理解客户的查询、解决问题，并提供个性化的建议，从而提高客户满意度和服务效率。

1. 在线购物平台的客户支持

在这种情况下，客户可能有各种问题，例如产品查询、订单跟踪、退换货政策等。大型语言模型可以被训练成了解平台上的产品信息、服务政策以及常见问题的解决方法。当客户发送查询时，智能客服系统可以利用模型理解客户的意图，并提供相应的回答或解决方案。例如，当客户询问某个产品的规格和价格时，系统可以从数据库中检索相关信息，并通过自然语言生成技术回复客户。如果客户遇到问题，如订单延迟

或商品损坏，系统可以提供相应的解决方案，并指导客户进行后续操作。

2. 个性化推荐和购物建议

基于大型语言模型的智能客服系统可以分析客户的购买历史、偏好和行为，为他们提供个性化的产品推荐和购物建议。通过与客户的交互，系统可以了解客户的喜好、需求和目标，并根据这些信息推荐合适的产品或服务。例如，当客户询问礼物购买建议时，系统可以根据客户提供的信息和购买历史，推荐适合的礼物选项，并提供购买链接和价格信息。智能客服系统还可以通过语音交互提供更加直观和便捷的服务。客户可以通过语音命令或语音输入与系统进行交互，而系统则可以通过语音合成技术生成自然流畅的回复。这种方式不仅提高了用户体验，还能够满足那些不擅长键盘输入或文字交流的用户的需求。

（二）自动化商品描述和评论生成

在电子商务领域，大型语言模型的应用不仅局限于客户支持和服务，还包括自动化商品描述和评论生成，这为商家节省了大量的人力成本，并提高了效率。在电子商务平台上，有数以千计的产品需要进行描述，这包括商品的特性、规格、功能等信息。传统上，商家需要雇佣专业的撰稿人来撰写这些商品描述，这既费时又费力。然而，借助大型语言模型，商家可以轻松地生成商品描述，无需额外的人力投入。模型可以根据产品的特性和规格，以及相关行业的常见描述模板，自动生成符合要求的商品描述。例如，对于一款智能手表，模型可以生成包括品牌、型号、功能、材质等信息的详细描述，并且还能根据产品类别和目标受众进行个性化调整，以提高描述的吸引力和可读性。在电子商务平台上，用户经常会在购买产品后留下评论，这对其他用户的购买决策具有重要影响。然而，许多商家面临的挑战是，生成大量的真实、有吸引力的评论是一项繁琐的任务。大型语言模型可以帮助商家轻松地生成商品评论，无需人工干预。模型可以根据产品的特性、用户的反馈和评论模板，自动生成与产品相关的评论。例如，对于一款新发布的智能手机，模型可以生成包括性能、外观、使用体验等方面的评论，并且还能根据用户的评分和反馈进行个性化调整，以提高评论的准确性和可信度。

（三）虚拟购物助手

在电子商务中，虚拟购物助手是一种非常有前景的应用场景，而大型语言模型的出现为构建这样的虚拟助手提供了重要的技术支持。虚拟购物助手可以为用户提供个性化的购物体验，帮助他们浏览产品、比较价格、下订单等，从而提高用户的满意度和购物效率。在一个典型的购物场景中，用户可能需要浏览各种产品，了解产品的特性、价格和用户评价等信息，然后根据自己的需求做出购买决策。虚拟购物助手可以通过与用户的文字或语音交互，了解用户的偏好、需求和预算，然后为用户提供个性化的购物建议和支持。例如，当用户搜索特定类型的产品时，虚拟购物助手可以根据用户的搜索关键词和历史购买记录，推荐相关的产品，并提供详细的产品信息、价格比较和用户评价等方面的数据。如果用户对某个产品感兴趣，助手还可以帮助用户完成下单和支付流程，从而实现一站式的购物体验。虚拟购物助手可以根据用户的偏好、历史购买记录和行为数据，为用户提供个性化的产品推荐和购物建议。例如，当用户浏览某个产品页面时，助手可以根据用户的兴趣和偏好，推荐与该产品相关的其他产品，或者提供与该产品相匹配的配件或附件。此外，虚拟购物助手还可以通过与用户的交互了解用户的需求和偏好，并根据这些信息为用户提供定制化的购物建议和支持。

二、大语言模型在电子商务中的优势

（一）即时响应和个性化沟通

大型语言模型在电子商务中的应用具有显著的优势，其中即时响应和个性化沟通是最为突出的两个方面。这些优势不仅提高了用户体验，还增强了企业与用户之间的互动和信任度。大型语言模型能够实现即时响应。在电子商务领域，用户可能随时需要获取产品信息、下订单、查询物流状态等服务。传统的客服系统可能存在排队等待和回复延迟等问题，影响了用户体验。而借助大型语言模型，电子商务企业可以建立即时响应的虚拟助手或聊天机器人，为用户提供 24/7 的在线支持。这些虚拟助手可以立即回应用户的查询和问题，无需等待，大大缩短了用户等待时间，提高了用户满意度。此外，大型语言模型能够处理大量并发请求，保持稳定的性能，确保系统的可靠性和稳定性。大型语言模型能够实现个性化沟通。

在电子商务中，个性化服务已成为提升用户体验和品牌忠诚度的重要手段。通过分析用户的历史购买记录、浏览行为、搜索关键词等数据，大型语言模型可以了解用户的偏好、兴趣和需求，从而为用户提供个性化的服务和推荐。例如，当用户浏览某个产品页面时，虚拟助手可以根据用户的兴趣和偏好，推荐与该产品相关的其他产品或优惠活动；当用户提出问题或需求时，助手可以根据用户的语气和表达方式，提供定制化的回答和支持。这种个性化沟通不仅增强了用户体验，还提高了用户对品牌的信任度和忠诚度。大型语言模型还具有处理复杂问题和多轮对话的能力。在电子商务中，用户可能提出各种各样的问题，涉及产品特性、价格、售后服务等方面。传统的客服系统可能无法及时解决复杂问题或进行连续的多轮对话，导致用户体验不佳。然而，借助大型语言模型，企业可以建立智能客服系统，处理复杂问题和多轮对话，为用户提供更加细致和个性化的服务。这种能力不仅提高了用户满意度，还增强了企业的竞争力和品牌形象。

（二）广告推荐

在电商平台中，广告推荐是一种常见的盈利模式，而大语言模型的应用为电商广告推荐带来了前所未有的优势。通过分析用户的行为数据和广告内容，大语言模型能够实现更加精准的广告投放，从而提高广告点击率和转化率，为电商平台和广告主带来更多的商业价值。大语言模型具有强大的语义理解和模式识别能力。它能够理解用户的搜索意图、浏览行为以及购买偏好，从而准确地捕捉用户的需求和兴趣。基于这些数据，大语言模型可以为用户推荐与其兴趣相关的广告内容，提高广告的相关性和吸引力，从而增加用户点击广告的可能性。大语言模型能够实现个性化的广告推荐。通过分析用户的个人资料、历史行为以及社交网络等信息，大语言模型可以为每个用户提供定制化的广告体验，使广告内容更加贴合用户的需求和偏好。这种个性化的广告推荐不仅可以提高用户的点击率，还可以增强用户对广告的认可度和接受度。大语言模型还具有自我学习和不断优化的能力。它可以根据用户的反馈和行为数据不断调整和优化广告推荐策略，使广告投放更加精准和有效。

通过持续地学习用户的反馈和行为，大语言模型可以不断提升广告推荐的准确性和效果，从而最大程度地提高广告点击率和转化率。大语言模型还可以实现多渠道的广告投放。除了在电商平台内部进行广告推荐外，大语言模型还可以通过社交媒体、搜索引擎等外部渠道进行广告投放，实现全方位的广告覆盖。这种多渠道的广告投放不仅可以扩大广告的曝光范围，还可以增加用户的接触机会，提高广告的点击率和转化率。

（三）舆情分析

舆情分析对于电商平台来说至关重要，因为它能够帮助平台及时了解用户的反馈和情绪动态，从而指导平台调整经营策略、改进产品和服务，提升用户体验和品牌形象。在这一过程中，大语言模型发挥着重要的作用，通过分析社交媒体、评论和用户反馈等数据，为电商平台提供更深层次、更准确的舆情分析，帮助平台更好地应对市场变化和用户需求。

大语言模型具有强大的自然语言处理能力，能够深入理解和分析用户在社交媒体、评论和用户反馈中表达的情感和观点。通过对这些数据的深度挖掘和分析，大语言模型可以识别出用户的情绪、态度和意见，帮助电商平台及时了解用户的喜好和不满意之处，以便采取相应的措施加以回应。大语言模型能够实现海量数据的快速处理和分析，为电商平台提供全面、实时的舆情监测和分析服务。无论是来自社交媒体、评论平台还是其他渠道的用户反馈，大语言模型都可以高效地进行数据收集、整理和分析，从而帮助平台及时掌握市场动态和用户情绪，做出及时的调整和优化。大语言模型还能够识别和分析用户的关键词、话题和趋势，为电商平台提供有针对性的舆情分析和预测。通过对用户在社交媒体、评论和用户反馈中提及的关键词和话题进行分析，大语言模型可以帮助平台发现用户的热点话题和关注点，及时跟进和回应，从而提升用户参与度和满意度。大语言模型还能够实现智能化的舆情报告和可视化分析，为电商平台提供直观、易懂的舆情分析结果。通过将复杂的数据和分析结果转化为简洁清晰的图表和报告，大语言模型可以帮助平台领导和决策者更加直观地了解市场情况和用户反馈，为决策提供科学依据和参考。

第三节　大语言模型在个性化推荐系统中的作用与挑战

一、大语言模型在电子商务个性化推荐系统中的作用

（一）理解用户兴趣和需求

电子商务个性化推荐系统利用先进的技术和算法，通过分析用户的搜索历史、浏览行为、购买记录以及与系统交互的自然语言输入，来理解用户的兴趣和需求。其中，大语言模型的应用为这一过程带来了巨大的改进，为推荐系统提供了更加准确、个性化的服务。这些系统通常采用机器学习和数据挖掘技术，通过分析用户的行为数据来识别用户的偏好和兴趣。这些行为数据包括但不限于搜索历史、浏览记录、购买行为、评价和评论等。然后，系统利用这些信息为每个用户生成个性化的推荐列表，推荐与其兴趣相关的产品或服务。然而，要使推荐系统更加准确和智能，就需要利用更加先进的技术和算法，而大语言模型正是其中之一。大语言模型是一种基于深度学习的自然语言处理模型，具有出色的语义理解和生成能力。它可以分析用户的自然语言输入，并从中提取出用户的意图、偏好和需求。通过与用户的交互，大语言模型可以更好地理解用户的需求，并为个性化推荐系统提供更加精准的用户画像。例如，当用户在搜索框中输入“寻找一款轻便耐用的旅行背包”时，大语言模型可以理解用户对轻便和耐用的关注，并根据这些特征为其推荐合适的产品。

大语言模型还可以分析用户的搜索历史和浏览行为，从中挖掘出用户的隐藏兴趣和偏好。通过对用户行为数据的深度学习，大语言模型可以发现用户之间的相似性和相关性，从而为推荐系统提供更加精准的推荐。例如，如果一个用户经常搜索和浏览户外运动装备，那么大语言模型可以推断出该用户对户外活动的兴趣，并为其推荐相关的产品，如登山鞋、帐篷等。大语言模型还可以从用户的购买记录和评价中提取出用户的偏好和口碑。通过分析用户对产品的评价和评论，大语言模型可以了解用户对产品的喜好和不满意之处，从而为其提供更加个性化的推荐。例如，如果一个用户经常购买并高度评价某个品牌的运动鞋，那么大语言模型可以推断出该用户对该品牌的

偏好，并为其推荐该品牌的其他产品。

（二）挖掘商品特征

在电子商务领域，个性化推荐系统的作用日益凸显，而大语言模型的应用为这一领域带来了全新的可能性和优势。通过深度理解商品的描述、属性、评论等信息，大语言模型可以挖掘出商品的特征和关联性，为个性化推荐系统提供更加精准、智能的推荐结果，从而提升用户的购物体验和购买满意度。大语言模型具有强大的语义理解能力，能够深入理解商品的描述、属性和评论等信息。在电商平台上，商品通常会有详细的描述和属性标签，用户也会在评论中表达对商品的看法和体验。通过分析这些信息，大语言模型能够深入理解商品的特征和优劣，从而为个性化推荐系统提供更加准确的商品推荐。大语言模型能够挖掘出商品之间的关联性和相似性。在电商平台上，用户通常会对多个商品进行比较和浏览，而这些商品之间可能存在着一定的关联性和相似性。

通过分析用户的浏览行为和商品的描述信息，大语言模型可以发现商品之间的隐藏关系和相似特征，从而为个性化推荐系统提供更加丰富和多样化的推荐结果。大语言模型还能够根据用户的历史行为和偏好，为个性化推荐系统提供定制化的推荐结果。通过分析用户的购买记录、点击行为和搜索关键词等信息，大语言模型可以深入理解用户的兴趣和偏好，从而为用户推荐与其兴趣相符合的商品。这种个性化的推荐结果不仅可以提高用户的购买意愿和转化率，还可以增强用户对电商平台的粘性和忠诚度。大语言模型还能够实现多维度的个性化推荐。在电商平台上，商品的特征和属性往往是多样化的，用户的需求和偏好也是多样化的。通过综合考虑商品的描述、属性和用户的历史行为等信息，大语言模型可以为用户提供多维度、多样化的个性化推荐结果，满足用户不同的购物需求和偏好。

二、大语言模型在电子商务个性化推荐系统中的挑战

（一）长尾商品推荐

在电子商务平台上，长尾商品指的是销量相对较低但种类繁多的商品，与头部商品相比，长尾商品往往具有更加特殊化的需求和更少的用户行为数据。因此，如何有效地进行长尾商品的个性化推荐成为了电子商务个性化推荐系统面临的一项重要挑

战。在这个挑战中，大语言模型扮演着至关重要的角色，但也面临一些困难和限制。长尾商品的销量相对较低，用户对其的行为数据较少。传统的推荐算法往往依赖于用户的历史行为数据来进行推荐，然而对于长尾商品来说，由于数据稀疏性的问题，传统算法很难从中挖掘出有效的推荐信息。大语言模型通过强大的语义理解能力，可以从用户的自然语言输入中提取出更加丰富的信息，从而弥补了数据稀疏性带来的挑战。例如，当用户在搜索框中输入一些描述性的关键词或短语时，大语言模型可以理解用户的意图，并为其推荐与之相关的长尾商品，即使该商品的销量较低，也能满足用户的特定需求。

长尾商品往往具有更加特殊化的需求，传统的基于协同过滤或内容过滤的推荐算法往往难以满足这些特殊化的需求。大语言模型通过对用户的自然语言输入进行深度分析，可以更好地理解用户的需求和偏好，并为其推荐符合其特殊需求的长尾商品。例如，当用户在评论中提到一些特定的特征或功能时，大语言模型可以从中识别出用户的偏好，并为其推荐具有相似特征或功能的长尾商品，提升个性化推荐的准确度和效果。大语言模型在处理长尾商品推荐时也面临一些挑战和限制。长尾商品的种类繁多，覆盖的领域广泛，因此需要大量的训练数据来支撑模型的学习和推荐。然而由于长尾商品的销量较低，很难获得足够的训练数据，这给大语言模型的训练带来了困难。长尾商品的需求和偏好往往具有较大的个性化差异，这就需要模型具有更强的泛化能力和灵活性，能够适应不同用户的特殊需求。然而，当前的大语言模型虽然在语义理解和生成能力上已经取得了巨大进步，但仍然存在泛化能力和灵活性不足的问题，特别是在面对长尾商品推荐时。

（二）解释性和透明度

解释性和透明度是电子商务个性化推荐系统中面临的重要挑战，而大语言模型作为一种黑盒模型，其内部逻辑复杂，难以解释其推荐结果的原因，这进一步加剧了解释性和透明度的问题。在这种情况下，用户往往难以理解为什么会得到某个推荐，降低了用户对推荐系统的信任度。因此，如何提高推荐系统的解释性和透明度成为了当前亟待解决的问题。大语言模型的内部结构非常复杂，通常由数亿甚至数十亿个参数组成，这些参数经过深度学习算法训练得到，用来捕捉自然语言中的复杂模式和语义信息。由于模型的复杂性和参数数量庞大，人类很难理解模型内部的具体工作原理和决策过程，因此大语言模型被称为黑盒模型。当这样的模型应用于电子商务个性化推荐系统时，用户往往难以理解为什么会得到某个推荐，因为他们无法了解模型是如何基于其行为和偏好数据做出推荐决策的。黑盒模型给解释性和透明度带来了挑战。解释性指的是推荐系统能够清晰地解释其推荐结果的原因，而透明度则指的是推荐系统的决策过程和工作原理能够被用户理解和识别。然而，由于大语言模型是黑盒模型，其推荐结果往往缺乏解释性，用户无法了解为什么会得到某个推荐，这降低了用户对推荐系统的信任度和接受度。此外，黑盒模型还可能导致推荐系统的偏见和不公平现象，因为用户无法了解模型是如何对不同用户和商品进行评估和排序的，从而无法判断推荐结果是否公正和合理。

可以采用可解释性模型来替代黑盒模型。可解释性模型是指能够清晰地解释其推荐结果的模型，如基于规则的推荐系统或基于决策树的推荐系统。虽然可解释性模型可能在准确度上略有损失，但它们能够提供更加透明和可理解的推荐结果，增强用户对推荐系统的信任度。可以采用增强解释性的技术来提高黑盒模型的解释性和透明度。例如，可以通过解释性的可视化工具来展示模型的决策过程和关键特征，帮助用户理解推荐结果的生成逻辑。此外，还可以利用模型解释技术，如局部可解释性模型或 SHAP 等，来解释模型的预测结果，并揭示模型对不同特征的依赖程度。推荐系统的设计和运营者应该更加注重透明度和用户参与度，与用户建立更加密切的沟通和互动。推荐系统可以通过透明的用户界面和用户反馈机制来向用户解释推荐结果的原因，并允许用户参与到推荐过程中，如提供反馈、调整偏好和删除历史数据等，从而增强用户对推荐系统的信任度和满意度。

第四节　大语言模型在电子商务推荐系统中的未来发展方向

一、增强学习

（一）实时策略更新

实时策略更新是推荐系统中的一项重要技术，它利用增强学习等方法，在与用户交互的过程中实时学习和调整推荐策略，以更好地适应用户的兴趣变化和新兴商品，提供更具针对性的个性化推荐。借助大语言模型等先进技术的发展，未来的电子商务推荐系统有望实现更高效的实时策略更新，为用户提供更加个性化和精准的推荐体验。增强学习是一种通过与环境交互来学习最优行为策略的机器学习方法。在推荐系统中，增强学习可以帮助系统根据用户的反馈和行为数据不断调整推荐策略，以提供更加个性化和有效的推荐结果。例如，当用户对某个推荐结果做出积极的反馈时，系统可以通过增强学习算法来加强对该类推荐的权重，从而提高类似推荐的出现频率，进一步增强用户的满意度和体验。大语言模型在实时策略更新中的应用也具有重要意义。大语言模型具有强大的语义理解和生成能力，可以从用户的自然语言输入中提取出丰富的语义信息，帮助系统更好地理解用户的需求和意图。借助大语言模型，推荐系统可以实现更加智能化的实时策略更新，根据用户的自然语言输入和反馈动态调整推荐策略，提供更加个性化和精准的推荐结果。例如，当用户在搜索框中输入一些描述性的关键词或短语时，大语言模型可以帮助系统理解用户的意图，并根据其输入调整推荐策略，为用户提供更加符合其需求的推荐结果。

未来的电子商务推荐系统有望在实时策略更新方面实现更高效的发展。随着大数据和云计算等技术的发展，推荐系统可以更加高效地收集、存储和处理用户行为数据，从而实现更加实时的推荐策略更新。随着深度学习和强化学习等技术的不断进步，推荐系统可以利用更加先进的算法和模型来实现更加智能化和精准的实时策略更新。例如，可以结合深度学习模型和增强学习算法，实现对用户行为数据的端到端建模和学习，从而更好地理解用户的兴趣和需求，并根据其反馈实时调整推荐策略。除此之外，未来的电子商务推荐系统还可以借助自然语言处理技术的进步来实现更加智能化的实时策略更新。随着大语言模型等技术的不断发展，推荐系统可以更好地理解用户的自然语言输入，并根据其语义信息动态调整推荐策略，为用户提供更加个性化和精准的推荐体验。例如，可以利用大语言模型从用户的评论和评价中提取出关键信息，帮助系统更好地理解用户的偏好和需求，从而实现更加智能化的实时策略更新。

（二）个性化调节推荐强度

个性化调节推荐强度是电子商务推荐系统中的一项重要功能，它可以根据用户的偏好和反馈，动态地调整推荐的强度和数量，以满足不同用户的需求和偏好。未来的电子商务推荐系统可以通过结合增强学习、大语言模型等技术，实现更加智能化和精准化的个性化调节推荐强度，为用户提供更加个性化和优质的推荐体验。在传统的推荐系统中，推荐的强度和数量往往是固定的，无法根据用户的偏好和反馈进行动态调整。然而，不同用户的购物习惯和偏好可能有所不同，有些用户喜欢探索新品，希望得到更多的新品推荐；而有些用户则更喜欢稳定购买，更倾向于得到与其历史购买行为相似的推荐。因此，个性化调节推荐强度可以更好地满足用户的个性化需求，提升推荐系统的用户满意度和效果。

未来的电子商务推荐系统可以借助增强学习等技术，实现更加智能化的个性化调节推荐强度。增强学习是一种通过与环境交互来学习最优行为策略的机器学习方法，在推荐系统中可以用来学习用户的偏好和反馈，并根据其学习结果调节推荐的强度和数量。例如，当用户对某个推荐结果做出积极的反馈时，系统可以通过增强学习算法来加强对该类推荐的权重，从而提高类似推荐的出现频率，进一步增强用户的满意度和体验。大语言模型的应用也可以帮助推荐系统实现更加智能化的个性化调节推荐强度。大语言模型具有强大的语义理解和生成能力，可以从用户的自然语言输入中提取出丰富的语义信息，并根据其理解用户的偏好和需求。借助大语言模型，推荐系统可以更好地理解用户的购物习惯和偏好，从而根据其需求调节推荐的强度和数量。例如，当用户在搜索框中输入一些描述性的关键词或短语时，大语言模型可以帮助系统理解用户的意图，并根据其输入调节推荐策略，为用户提供更加符合其需求的推荐结果。未来的电子商务推荐系统还可以结合用户画像和行为分析等技术，实现更加精准的个性化调节推荐强度。通过分析用户的历史购物行为、点击行为、浏览行为等数据，系统可以更好地了解用户的购物偏好和行为习惯，从而根据其个性化需求调节推荐的强度和数量。例如，对于经常购买新品的用户，系统可以提供更多的新品推荐；而对于更倾向于购买稳定商品的用户，则可以减少新品推荐的比例。

二、因果推理

（一）因果关系建模

大语言模型的应用在因果关系建模过程中发挥重要作用，通过分析用户的自然语言输入和推荐结果，帮助推荐系统更准确地建模和理解因果关系。未来的电子商务推荐系统可以借助大语言模型等技术，实现更加精细化和深入的因果关系建模，从而提供更精准的个性化推荐。因果关系建模旨在分析用户的行为动机和推荐结果之间的因果关系，帮助系统更好地理解用户的需求和偏好。通过建立准确的因果关系模型，推荐系统可以更精准地预测用户的行为和偏好，从而提供更符合用户需求的个性化推荐结果，提升用户满意度和体验。大语言模型在因果关系建模中的应用可以带来多方面的好处。大语言模型具有强大的语义理解和生成能力，可以从用户的自然语言输入中提取出丰富的语义信息，并帮助系统更好地理解用户的行为动机和偏好。例如，当用户在搜索框中输入一些描述性的关键词或短语时，大语言模型可以帮助系统理解用户的意图，并根据其输入预测其可能的行为和偏好。

大语言模型可以帮助系统分析用户的反馈和评论，从而更准确地理解用户对推荐结果的态度和偏好。通过分析用户的自然语言反馈，系统可以发现用户的隐藏需求和潜在偏好，从而进一步优化推荐结果。未来的电子商务推荐系统可以借助大语言模型等技术，实现更加精细化和深入的因果关系建模。可以利用大语言模型分析用户的自然语言输入，发现其中的潜在因果关系，并将其纳入因果关系模型中。可以结合用户的历史行为数据和推荐结果，利用机器学习算法构建因果关系模型，从而更准确地预测用户的行为和偏好。未来的发展方向还可以包括结合因果推断和因果机器学习等技术，进一步提高因果关系建模的精确度和效果。因果推断是一种通过观察和干预来推断因果关系的方法，可以帮助系统更准确地识别用户行为和推荐结果之间的因果关系。因果机器学习则是一种利用因果关系建模来优化机器学习模型的方法，可以帮助系统更好地利用因果关系模型来优化推荐结果，提高个性化推荐的准确度和效果。

（二）因果推断和预测

因果推断和预测是推荐系统中利用因果关系模型的重要功能，它可以帮助系统预测不同推荐策略对用户行为的影响，并根据预测结果调整推荐策略，从而更好地适应用户的兴趣变化和新兴商品，提高推荐的准确性和效果。未来的电子商务推荐系统可以借助大语言模型等技术，实现更加精确和智能的因果推断和预测，为用户提供更加个性化和优质的推荐体验。因果推断和预测旨在分析不同推荐策略对用户行为的影响，并预测这些影响的可能结果。通过进行因果推断和预测，推荐系统可以更好地理解不同推荐策略的效果，并根据预测结果调整推荐策略，以提高推荐的准确性和效果。

大语言模型在因果推断和预测中的应用可以带来多方面的好处。大语言模型具有强大的语义理解和生成能力，可以从用户的自然语言输入中提取出丰富的语义信息，并帮助系统更好地理解用户的需求和偏好。通过分析用户的自然语言反馈，系统可以发现用户对不同推荐策略的态度和偏好，从而更准确地预测推荐策略的效果。

大语言模型可以帮助系统模拟不同推荐策略的可能影响，并预测这些影响的可能结果。通过分析用户的历史行为数据和推荐结果，系统可以利用机器学习算法构建因果关系模型，从而预测不同推荐策略对用户行为的影响，并根据预测结果调整推荐策略。未来的电子商务推荐系统可以借助大语言模型等技术，实现更加精确和智能的因果推断和预测。可以利用大语言模型分析用户的自然语言输入，发现其中的潜在因果关系，并将其纳入因果关系模型中。可以结合用户的历史行为数据和推荐结果，利用深度学习和强化学习等技术构建因果推断和预测模型，从而更准确地预测不同推荐策略的效果。未来的发展方向还可以包括结合因果推断和因果机器学习等技术，进一步提高因果推断和预测的精确度和效果。因果推断是一种通过观察和干预来推断因果关系的方法，可以帮助系统更准确地识别不同推荐策略对用户行为的影响。因果机器学习则是一种利用因果关系模型来优化机器学习模型的方法，可以帮助系统更好地利用因果关系模型来预测不同推荐策略的效果，从而提高个性化推荐的准确度和效果。

三、解释性 AI

（一）用户反馈机制

用户反馈机制在电子商务推荐系统中的作用不可小觑。它允许用户对推荐结果提出疑问或反馈意见，从而促进系统与用户之间的有效沟通。建立健全的用户反馈机制有助于增强用户参与感和信任度，提高用户对推荐系统的接受度。未来，随着大语言模型等技术的发展，电子商务推荐系统的用户反馈机制也将变得更加智能化和高效。让我们探讨用户反馈机制的重要性。在传统的推荐系统中，用户通常只是被动地接收推荐结果，缺乏对推荐过程的参与感。而建立用户反馈机制可以让用户更积极地参与到推荐过程中来，他们可以提出对推荐结果的疑问、意见或建议。这样的交互机制有助于推荐系统更好地了解用户的需求和偏好，从而提供更加贴近用户实际需求的推荐结果。建立用户反馈机制可以增强用户对推荐系统的信任度。当用户发现自己的反馈被系统认真对待，并且系统能够根据用户的反馈进行调整和改进推荐策略时，他们会感到自己的意见得到了重视，从而更加信任推荐系统。这种信任感有助于提高用户对推荐系统的满意度，增强用户与系统之间的互动和黏性。

未来，随着大语言模型等技术的发展，电子商务推荐系统的用户反馈机制也将得到进一步的优化和提升。大语言模型具有强大的语义理解和生成能力，可以从用户的自然语言输入中提取出丰富的语义信息。因此，未来的推荐系统可以利用大语言模型分析用户的反馈意见，理解其中蕴含的需求和偏好，并根据其理解调整推荐策略。未来的推荐系统可以借助深度学习和自然语言处理等技术，实现对用户反馈的自动化处理和分析。通过构建智能化的反馈处理系统，推荐系统可以自动识别和分类用户的反馈意见，分析其中的关键信息，并将其转化为系统可以理解的形式。这样的自动化处理可以大大提高反馈处理的效率和准确性，从而及时地响应用户的需求和反馈意见。未来的推荐系统还可以结合增强学习等技术，实现对用户反馈的实时学习和调整推荐策略。通过不断地与用户互动和收集反馈，系统可以更快地适应用户的兴趣变化和新兴商品，提供更具针对性的个性化推荐。这样的实时学习和调整可以使推荐系统更加智能化和高效化，提高推荐的准确性和效果。

（二）教育和培训

随着推荐系统的普及和应用，用户对于推荐结果的信任度和接受度越来越重要。因此，建立起教育和培训机制，使用户能够更好地理解推荐系统的工作原理、推荐结果的逻辑以及对用户个性化推荐的意义，将对提高用户对推荐系统的信任度和接受度起到关键作用。未来的电子商务推荐系统可以通过提供相关的教育资源和培训课程，借助大语言模型等技术，实现更加智能化和个性化的用户教育和培训。推荐系统往往是基于复杂的算法和模型来生成推荐结果的，用户往往难以理解其内部逻辑和推荐结果的生成过程。因此，用户可能会对推荐结果的准确性和可信度产生怀疑，降低对推荐系统的信任度和接受度。通过教育和培训用户，使其能够更好地理解推荐系统的工作原理和推荐结果的逻辑，可以提高用户对推荐系统的信任度和接受度，增强其使用推荐系统的意愿和体验。

未来的电子商务推荐系统可以通过多种方式进行用户教育和培训。可以提供在线教育资源，如视频教程、博客文章、用户手册等，帮助用户了解推荐系统的基本原理、常用算法和推荐结果的生成过程。这些教育资源可以根据用户的需求和兴趣进行个性化推荐，提供更加贴合用户需求的学习体验。可以组织线下培训课程和研讨会，邀请专业人士和领域专家向用户介绍推荐系统的最新技术和发展趋势，分享经验和案例分析，提高用户对推荐系统的认知水平和理解能力。通过与专业人士和领域专家的交流和互动，用户可以更深入地了解推荐系统的工作原理和应用场景，提高其对推荐系统的信任度和接受度。未来的发展方向还可以包括借助大语言模型等技术，实现更加智能化和个性化的用户教育和培训。大语言模型具有强大的语义理解和生成能力，可以根据用户的需求和兴趣提供个性化的教育和培训内容，帮助用户更好地理解推荐系统的工作原理和推荐结果的逻辑。例如，可以根据用户的搜索历史、浏览行为和购买记录，推荐与其兴趣相关的教育资源和培训课程，提供更加个性化和有效的学习体验。

本章小结

本章深入探讨了大语言模型在电子商务推荐系统中的应用。第一节介绍了大语言模型的基本原理与发展历程，从早期的基础模型到如今的 Transformer 架构，突显了其在自然语言处理领域的重要性。在第二节中，我们详细探讨了大语言模型在电子商务中的应用场景与优势，包括智能搜索、自然语言理解等方面的应用。第三节重点讨论了大语言模型在个性化推荐系统中的作用与挑战，如如何处理长尾用户和数据隐私等问题。在第四节中，我们展望了大语言模型在电子商务推荐系统中的未来发展方向，包括模型的进一步优化和应用范围的拓展。通过这一章的总结，读者对大语言模型在电子商务推荐系统中的应用有了全面的了解，为未来的研究和实践提供了指导和启示。

第七章　大语言模型在商品推荐中的算法优化与实现

第一节　大语言模型在商品推荐中的核心算法

一、矩阵分解

矩阵分解是一种用于协同过滤的技术，通过将用户-商品交互矩阵分解为两个低维矩阵来表示用户和商品，从而学习用户和商品之间的隐含特征，以便进行推荐。在商品推荐领域，矩阵分解是一种有效的算法之一，它通过捕捉用户和商品之间的潜在关系，实现个性化推荐。

在商品推荐中，矩阵分解的过程涉及将用户-商品交互矩阵分解为两个低维矩阵：一个表示用户的特征矩阵，另一个表示商品的特征矩阵。这两个矩阵的乘积近似等于原始的用户-商品交互矩阵。通过学习这两个低维矩阵，系统能够理解用户和商品之间的隐含特征，从而更好地进行个性化推荐。大语言模型在商品推荐中的核心算法中，矩阵分解可以与其他算法相结合，以提高推荐的准确性和多样性。例如，可以将矩阵分解与内容过滤算法结合，利用商品的属性、描述等信息来丰富用户和商品的特征表示。同时，可以使用大语言模型生成商品描述，从而帮助丰富商品特征矩阵。此外，矩阵分解还可以与深度学习模型相结合，利用神经网络等模型结构对用户和商品之间的隐含关系进行更复杂的建模。在实际应用中，矩阵分解算法通常需要考虑到数据稀疏性、过拟合等问题。为了解决这些问题，可以采用正则化技术、交替最小二乘法等方法进行优化。此外，还可以利用交叉验证等技术来评估模型的性能，并根据需要进行调参和模型选择。

二、多臂老虎机算法

多臂老虎机算法（Multi-armed Bandit Algorithm）是一种用于解决探索与利用（Exploration-Exploitation）之间的权衡问题的算法。在商品推荐系统中，多臂老虎机算法被广泛应用，其目标是在不同商品之间进行探索和利用的权衡，动态调整推荐策略，以最大化用户的长期收益。

（一）理解多臂老虎机算法

多臂老虎机算法源自于赌博机的比喻，其中每个“臂”代表一个动作（如在推荐系统中选择一种商品），而每个臂的“收益”则代表该动作的效果（如用户的点击率、购买率等）。在多臂老虎机算法中，系统需要在探索新动作和利用已知动作之间进行权衡，以最大化长期收益。算法的核心思想是不断地根据已有数据动态调整推荐策略，以便更有效地探索潜在的高收益动作，并在发现高收益动作后加大利用力度。在初始阶段，系统可能会随机选择动作进行推荐，以探索各个动作的效果。这有助于建立对各个动作的初始估计。在接下来的推荐过程中，系统需要平衡探索新动作和利用已知动作之间的权衡。一种常见的策略是使用 ε-greedy 算法，即在每次选择动作时，以 ε 的概率随机选择一个动作进行探索，以 1-ε 的概率选择当前收益最高的动作进行利用。系统需要根据已有的推荐数据估计每个动作的收益。这可以通过计算每个动作的平均收益或使用其他统计方法来实现。随着推荐数据的积累，系统需要动态调整推荐策略，以反映最新的收益估计。这可以通过逐步减小 ε 的值或其他方法来实现。

（二）多臂老虎机算法在商品推荐中的应用

1. 新商品推荐

当新商品加入系统时，传统的推荐算法常常面临着一种尴尬的情况：由于缺乏历史数据支撑，这些算法往往无法有效地对新商品进行推荐。然而，为了提供全面的服务，推荐系统需要不断地向用户推荐新的商品。在这种情况下，多臂老虎机算法（Multi-armed Bandit Algorithm）就显得尤为重要，它可以通过不断地探索新商品的效果，并逐步学习其收益，从而在发现高收益商品后加大推荐力度。多臂老虎机算法的核心思想源于赌场中的老虎机游戏。在老虎机游戏中，每个拉杆对应一个臂，拉动臂的行为相当于做出一个选择，而每个臂的收益则是从一定的分布中随机产生的。在多臂老虎机问题中，系统面临着一个权衡：应该尽可能地选择收益高的臂，但同时也需要探索其他臂的收益，以便更全面地了解每个臂的潜在价值。在实际的推荐系统中，商品可以被视作老虎机的臂，而用户的点击、购买等行为则是系统从每个臂中获得的收益。多臂老虎机算法通过不断地调整推荐策略，平衡探索与利用，从而逐步学习并优化推荐效果。

在推荐系统中，多臂老虎机算法可以被用于新商品的推荐过程中。当系统收到新商品时，可以将其视为一个新的臂，并根据多臂老虎机算法的策略进行推荐。算法会根据历史数据和当前信息，动态地调整对新商品的推荐力度，以最大化系统的整体收益。在初期阶段，算法可能会采取较高的探索比例，以便快速地了解新商品的潜在价值。随着时间的推移和数据的积累，算法会逐渐增加对收益高的商品的推荐力度，以最大限度地提高系统的整体收益。除了对新商品的推荐外，多臂老虎机算法还可以用于优化推荐系统中的其他方面，例如动态调整推荐策略、优化广告投放、个性化推荐等。通过合理地设计算法，推荐系统可以更好地适应不断变化的用户行为和商品特性，提高推荐效果和用户满意度。在实际应用中，多臂老虎机算法需要考虑多方面的因素，例如探索和利用的平衡、收益估计的准确性、收敛性等。合理地选择算法，并根据具体场景进行调优，可以使得推荐系统在面对新商品等挑战时更具鲁棒性和有效性。

2. 流行度平衡

多臂老虎机算法在推荐系统中的应用不仅可以帮助系统发现潜在的高收益商品，还可以帮助系统在推荐流行商品和长尾商品之间进行平衡。流行商品通常具有高的曝光度和销量，但同时也面临着竞争激烈和同质化的挑战；而长尾商品则具有较低的销量和曝光度，但却可能存在一定的利润空间和差异化优势。在推荐系统中，平衡流行商品和长尾商品的推荐对于提高推荐效果和用户满意度至关重要。多臂老虎机算法通过探索-利用策略，可以在推荐流行商品和长尾商品之间找到最佳的平衡点。在多臂老虎机算法中，系统通常会设置两种类型的臂：一种是用于探索的臂，另一种是用于利用的臂。探索阶段，系统会尝试推荐长尾商品，以发现潜在的高收益商品；而在利用阶段，系统会加大对已知流行商品的推荐力度，以最大化收益。这种探索-利用策略可以帮助系统在不同阶段动态调整推荐策略，从而实现对流行商品和长尾商品的平衡推荐。在探索阶段，多臂老虎机算法会引导系统推荐一些长尾商品，以发现潜在的高收益商品。长尾商品往往具有更多的差异化特性和个性化需求，虽然销量较低，但可能存在一定的利润空间和市场潜力。

通过推荐长尾商品，系统可以吸引用户的注意力，促进用户对长尾商品的购买和消费，从而提高长尾商品的曝光度和销量，实现长尾经济的发展。在利用阶段，多臂老虎机算法会根据历史数据和收益估计结果，加大对已知流行商品的推荐力度，以最大化系统的整体收益。流行商品往往具有较高的曝光度和销量，推荐这些商品可以提高用户的购买转化率和系统的收益。通过加大对流行商品的推荐力度，系统可以更好地满足用户的需求，提高用户的满意度和忠诚度。在实际应用中，多臂老虎机算法可以根据系统的实际情况和用户行为动态调整探索和利用的比例。在系统刚刚上线或者新商品加入时，可以适当增加探索的比例，以发现潜在的高收益商品；而随着系统的成熟和数据的积累，可以逐步增加利用的比例，以最大化系统的整体收益。多臂老虎机算法在探索-利用策略的选择上需要平衡探索的广度和利用的深度。过度的探索可能会导致资源的浪费和推荐效果的下降，而过度的利用则可能会忽视潜在的高收益商品，影响系统的长期发展。因此，在设计推荐系统时，需要综合考虑用户的需求和系统的收益，选择合适的探索-利用策略，实现对流行商品和长尾商品的平衡推荐。

3. 推荐系统评价

多臂老虎机算法的应用不仅局限于推荐系统中的新商品推荐，还可以扩展到推荐系统的评价过程中。通过动态调整推荐策略，并根据收益估计结果评估系统的性能，可以更准确地了解推荐系统的长期收益情况，进而指导系统的优化和改进。在推荐系统中，评估系统性能直接关系到用户体验和系统效果。传统的评价方法往往依赖于离线指标，如准确率、召回率、F1 值等，但这些指标往往难以真实地反映用户的满意度和系统的长期效果。而多臂老虎机算法提供了一种新的思路，可以在更接近实际应用场景的环境中评估推荐系统的性能。多臂老虎机算法可以被用于推荐系统的在线评估过程中。系统会根据当前的推荐策略，向用户推荐商品，并记录用户的点击、购买等行为。然后，通过多臂老虎机算法动态地调整推荐策略，并根据用户行为的反馈来评估系统的性能。

系统会初始化多臂老虎机算法，并设置初始的推荐策略。系统根据当前的推荐策略，向用户推荐商品，并记录用户的反馈。反馈可以包括用户的点击、购买等行为，也可以是用户的满意度评分等信息。根据用户的反馈信息，系统会估计每个推荐策略的长期收益。这可以通过多臂老虎机算法中的收益估计方法来实现，如 UCB 算法、汤普森采样等。根据收益估计结果，系统会动态地调整推荐策略，以使系统的长期收益最大化。系统会根据收益估计结果和实际收益情况，评估系统的性能。这可以通过比较不同推荐策略的长期收益来实现，以及对比系统的实际收益和预期收益。通过以上步骤，推荐系统可以实时地评估自身的性能，并根据评估结果调整推荐策略，以优化系统的长期收益。这种基于多臂老虎机算法的在线评估方法，更贴近实际应用场景，能够更准确地了解系统的真实效果，并及时调整优化策略，提升系统的推荐效果和用户满意度。

（三）大语言模型与多臂老虎机算法的结合

1. 语义相似度计算

语义相似度计算在商品推荐系统中起着重要的作用。通过计算商品之间的语义相似度，系统可以更准确地理解商品之间的关系，从而为用户提供更个性化、精准的推荐服务。大语言模型的引入为商品之间的语义相似度计算提供了新的思路和方法，其强大的语义理解能力可以帮助系统发现潜在的高收益商品，丰富推荐候选集，提高用户的满意度。语义相似度计算的基本思路是将商品表示为语义向量，然后通过计算这些语义向量之间的相似度来衡量商品之间的语义关联程度。大语言模型作为一种强大的语义表示学习工具，可以将商品的文本描述、标题、标签等信息转化为高维度的语义向量，从而捕捉到商品之间的丰富语义信息。大语言模型可以通过预训练的方式学习商品文本数据的语义表示。在预训练阶段，模型会学习到丰富的语义信息，包括词汇之间的语义关联、上下文信息等。然后，在实际应用中，可以将商品的文本信息输入到预训练好的大语言模型中，获取商品的语义向量表示。获取商品语义向量后，可以通过各种相似度计算方法来衡量商品之间的语义相似度。常用的相似度计算方法包括余弦相似度、欧氏距离、曼哈顿距离等。这些方法可以将两个语义向量之间的距离或相似度转化为一个标量值，用来衡量商品之间的语义关联程度。语义相似度计算可以应用于多个场景和任务中，包括商品推荐、搜索排序、广告匹配等。在商品推荐场景中，语义相似度计算可以帮助系统发现与用户历史行为相关的商品，从而提高推荐的准确性和个性化程度。例如，当用户浏览了某个商品时，系统可以根据该商品的语义向量与其他商品的语义向量进行比较，推荐与之语义相似度较高的商品，以丰富用户的推荐候选集。

语义相似度计算还可以用于商品的聚类和分类。通过计算商品之间的语义相似度，可以将相似的商品聚合在一起，形成具有相似特征的商品类别。这有助于系统对商品进行更细粒度的管理和组织，提高系统的可扩展性和效率。需要注意的是，在应用语义相似度计算时，需要考虑到数据的稀疏性和噪声等问题。由于商品文本数据通常是高维稀疏的，模型可能会受到数据稀疏性的影响，导致语义表示不准确。因此，在使用语义相似度计算时，需要对数据进行预处理和特征提取，以提高语义表示的准确性和稳定性。

2. 用户行为建模

用户行为建模通过对用户历史行为序列的分析和建模，可以更好地理解用户的兴趣和偏好，从而提高推荐的准确性和效果。大语言模型的引入为用户行为建模提供了新的思路和方法，其强大的语义理解能力可以帮助系统更准确地理解用户的行为序列，从而更准确地估计每个动作的收益，提高多臂老虎机算法的推荐准确性和效果。用户行为建模的基本思路是通过分析用户的历史行为序列，挖掘其中的规律和模式，以揭示用户的兴趣和偏好。在传统的推荐系统中，常用的建模方法包括用户-商品交互矩阵分解、序列建模、深度学习等。这些方法可以从不同的角度对用户行为进行建模，但往往需要大量的数据和计算资源，并且可能无法充分利用用户行为序列中的丰富信息。大语言模型作为一种强大的语义理解工具，可以帮助系统更准确地理解用户的行为序列。通过将用户的行为序列输入到大语言模型中，系统可以获取每个行为的语义表示，从而捕捉到用户行为序列中的丰富语义信息。这些语义信息包括用户的兴趣、偏好、情感等，可以帮助系统更好地理解用户的行为背后的意图和目的。大语言模型可以通过预训练的方式学习用户行为序列的语义表示。在预训练阶段，模型会学习到丰富的语义信息，包括词汇之间的语义关联、上下文信息等。然后，在实际应用中，可以将用户的行为序列输入到预训练好的大语言模型中，获取每个行为的语义向量表示。

获取用户行为的语义向量后，可以通过各种建模方法对用户行为进行建模。常用的建模方法包括序列建模、图神经网络、注意力机制等。这些方法可以利用用户行为序列中的语义信息，从而更准确地理解用户的行为模式和兴趣演化过程。在多臂老虎机算法中，用户行为建模可以帮助系统更准确地估计每个动作的收益。通过分析用户的历史行为序列，系统可以了解到用户的兴趣和偏好，并据此预测用户对不同商品的偏好程度。然后，系统可以根据用户行为建模的结果，动态调整推荐策略，以最大化系统的整体收益。例如，在探索阶段，系统可以根据用户行为建模的结果，推荐一些与用户历史兴趣相关但尚未尝试过的商品，以探索潜在的高收益商品；而在利用阶段，系统可以根据用户行为建模的结果，加大对已知流行商品的推荐力度，以最大化系统的整体收益。在用户行为建模过程中，需要考虑到用户行为的动态性和多样性。用户的兴趣和偏好可能会随着时间和环境的变化而变化，因此系统需要及时更新用户行为建模的结果，以反映用户最新的行为模式和兴趣变化。

第二节　基于大语言模型的商品推荐系统设计与实现

一、基于大语言模型的商品推荐系统设计

（一）模型选择

在选择适合的大语言模型时，需要考虑推荐系统的具体需求和应用场景，以确保选用的模型能够满足系统的功能要求并提供良好的性能表现。对于电子商务推荐系统而言，常见的需求包括文本生成、情感分析、用户意图理解等功能。GPT 系列。

1. GPT

是由 OpenAI 开发的一系列预训练语言模型，包括 GPT-1、GPT-2、GPT-3 和 GPT-4 等。这些模型在文本生成方面表现优异，能够生成与输入文本相关的连贯和语义合理的文本。在电子商务推荐系统中，GPT 系列模型可用于生成商品描述、用户评论、推荐理由等文本内容，为用户提供更加丰富和个性化的推荐体验。

2. BERT

BERT 是由 Google 开发的一种预训练语言模型，具有强大的文本表示能力和上下文理解能力。在电子商务推荐系统中，BERT 模型可用于情感分析、用户意图理解等任务，帮助系统更准确地理解用户的反馈和需求，从而提供更加个性化和精准的推荐结果。

3. XL Net

XL Net 是由 Google Brain 提出的一种自回归预训练语言模型，结合了自回归和自编码器两种训练方式，在多种 NLP 任务上取得了优异的表现。在电子商务推荐系统中，XL Net 模型可用于文本生成、文本分类等任务，为系统提供更加多样化和丰富的功能支持。

4. RoBERTa

RoBERTa 是 Facebook 提出的一种基于 BERT 的预训练语言模型，通过优化训练策略和参数设置，进一步提升了模型的性能。在电子商务推荐系统中，RoBERTa 模型可用于情感分析、文本分类等任务，帮助系统更准确地理解用户反馈和需求，提高推荐结果的质量和准确性。在选择模型时，需要综合考虑模型的性能、可扩展性、训练资源等因素，并根据具体的业务需求和场景选择合适的模型。有时候，也可以结合多个模型进行集成，以充分利用它们各自的优势，提升推荐系统的性能和效果。自定义模型可以针对特定的任务和数据进行优化，提高模型的性能和适用性。例如，可以使用深度学习模型进行商品推荐、用户行为预测等任务，以提高推荐系统的个性化程度和准确性。在使用预训练模型或自定义模型时，还需要考虑模型的部署和维护成本、数据隐私和安全性等方面的因素。综合考虑这些因素，选择适合的大语言模型将有助于构建高效、稳定和可靠的电子商务推荐系统，为用户提供更加个性化和优质的推荐体验。

（二）模型微调

1. 在预训练模型上继续训练

这种方式是将已有的预训练模型作为初始模型，在电子商务领域的数据上继续进行训练。在进行微调时，可以使用电子商务领域的大规模文本数据进行训练，以使模型更好地理解该领域的语言特点和领域知识。在继续训练的过程中，可以调整学习率、迭代次数等超参数，以及添加特定的任务相关的标签或辅助任务，以促进模型在电子商务任务上的性能优化。在微调过程中，可以针对电子商务推荐任务进行监督学习或无监督学习，具体取决于任务的性质和数据的可用性。例如，可以使用用户的购买历史数据作为标签，进行商品推荐的监督学习；或者使用商品文本描述等数据进行无监督学习，学习商品之间的语义关系和相似性。此外，还可以结合对抗训练、知识蒸馏等技术，提高模型的泛化能力和抗干扰能力，使其在真实场景中的推荐任务中表现更加稳定和可靠。

2. 针对特定任务进行定制化调整

除了在已有的预训练模型上继续训练外，还可以针对电子商务推荐任务的特点进行定制化调整，以进一步提高模型的性能和效果。这种方式通常涉及对模型结构、损失函数、特征提取器等方面进行定制化设计和调整。在模型结构方面，可以根据任务需求和数据特征设计新的网络结构或模型组合，以更好地适应电子商务推荐任务的特点。例如，可以设计具有注意力机制的网络结构，以提取商品之间的重要关系和相似性；或者设计多任务学习的框架，同时考虑多个相关任务，提高模型的泛化能力和推广能力。在损失函数方面，可以根据任务的性质和目标设计适合的损失函数，以最大化模型在电子商务推荐任务上的性能。例如，可以设计特定的损失函数来优化推荐结果的排序效果，提高用户点击率或购买率等关键指标。在特征提取器方面，可以根据电子商务领域的特点和数据特征设计和选择合适的特征提取器，以提高模型对电子商务数据的表示能力和表达能力。例如，可以使用卷积神经网络（CNN）提取商品图像特征，或者使用循环神经网络（RNN）提取商品描述文本特征，从而更好地表征商品信息。

二、基于大语言模型的商品推荐系统实现

（一）用户行为数据的特征表示

用户行为数据包括用户的浏览历史、购买记录、评价等信息，这些信息对于了解用户的兴趣和行为模式至关重要。对于用户的文本数据，如搜索记录、评论等，可以使用词嵌入技术将文本转换为向量表示。词嵌入是一种将单词映射到连续向量空间中的技术，它能够保留单词之间的语义关系。可以使用预训练的词嵌入模型，如Word2Vec、GloVe等，将用户的文本数据转换为固定维度的向量表示。对于用户的序列数据，如浏览历史、购买序列等，可以使用序列表示方法将序列转换为固定长度的向量表示。可以使用循环神经网络（RNN）、长短期记忆网络（LSTM）或者Transformer 等模型来处理用户的序列数据，并将其转换为固定维度的向量表示。除了文本数据外，还可以从用户的行为数据中提取各种特征，如用户的活跃度、购买频率、评价分数等。这些特征可以作为用户的行为特征，与文本数据一起构建用户的特征表示。

（二）商品信息的特征表示

商品信息包括商品的文本描述、类别信息、价格等，这些信息对于理解商品的特点和属性非常重要。对于商品的文本描述信息，可以使用同样的词嵌入技术将文本转换为向量表示。同样可以使用预训练的词嵌入模型，如 Word2Vec、GloVe 等，将商品的文本描述转换为固定维度的向量表示。对于商品的类别信息，可以使用独热编码（One-Hot Encoding）或者嵌入编码（Embedding Encoding）等方法将类别信息转换为向量表示。这样可以将类别信息表示为一个稀疏的高维向量，其中每个维度代表一个类别。对于商品的图片信息，可以使用图像处理技术将图片转换为固定长度的向量表示。可以使用预训练的卷积神经网络（CNN）模型，如 VGG、Res Net 等，将商品图片转换为特征向量，然后将其与其他商品信息进行结合。

（三）电子商务推荐系统中的应用

在电子商务推荐系统中，构建好的用户行为数据和商品信息的特征表示可以用于各种推荐算法中，如基于内容的推荐、协同过滤、深度学习推荐等。这些特征表示能够帮助模型更好地理解用户的兴趣和商品的特点，从而提高推荐系统的推荐准确性和个性化程度。例如，在基于内容的推荐中，可以将用户的特征表示和商品的特征表示通过计算相似度或者使用分类器进行匹配，从而为用户推荐与其兴趣相关的商品。在协同过滤中，可以利用用户的行为特征和商品的特征表示，通过计算用户之间的相似度或者商品之间的相似度，为目标用户推荐与其相似的用户或商品。在深度学习推荐中，可以将用户的特征表示和商品的特征表示输入到深度神经网络中，通过学习用户和商品之间的复杂关系，为用户生成个性化的推荐结果。

第三节　大语言模型在商品推荐中的实际应用案例分析

一、利用大语言模型（如 GPT 系列）在电子商务中实现商品推荐

一家电子商务公司想要提升其商品推荐系统的效果，以提高用户的购买转化率和用户满意度。他们希望利用最新的自然语言处理技术，如大语言模型，来提供更加个性化和精准的商品推荐。

二、解决方案

（一）数据准备

在电子商务领域，商品推荐直接影响着用户的购物体验和平台的盈利能力。通过收集用户的购买历史、浏览记录、搜索关键词等行为数据，以及商品的文本描述、类别信息等，我们可以构建强大的推荐系统，为用户提供个性化的推荐服务。然而，要实现有效的商品推荐，首先需要进行数据预处理和清洗，以确保数据的质量和一致性。数据预处理涉及到处理数据中的异常值、缺失值和噪声，以及对数据进行标准化和归一化等操作，从而使得数据更适合用于模型训练和推荐生成。在清洗用户行为数据时，我们需要检测和处理异常行为，比如用户的点击次数异常高或异常低，以及用户的购买行为与其浏览记录不一致等情况。对于缺失值，我们可以采取填充的方式，比如使用均值、中位数或者根据其他相关特征进行预测填充。此外，对商品文本描述进行文本清洗和标准化也是必不可少的，包括去除停用词、词干提取、词向量化等操作，以提取出关键信息和特征。

利用大语言模型，比如 GPT 系列，在电子商务中实现商品推荐可以通过以下几种方式：利用商品的文本描述信息，使用大语言模型进行文本特征提取和相似度计算，从而推荐与用户喜好相似的商品。通过分析用户过去的购买历史和喜好，可以选择合适的商品描述信息进行推荐。结合用户的行为数据，如购买历史、浏览记录等，使用

大语言模型进行用户和商品之间的关联性学习。基于用户的行为模式和相似用户的行为，推荐与用户兴趣相符的商品。将基于内容的推荐和协同过滤推荐结合起来，利用大语言模型综合考虑用户的个人偏好和行为数据，生成更加准确和个性化的推荐结果。这种方法可以充分利用用户的行为数据和商品信息，提高推荐的精度和覆盖率。利用大语言模型的在线学习能力，不断更新模型参数和推荐结果，实现实时的个性化推荐服务。通过监控用户的实时行为数据，及时调整推荐策略和模型参数，使得推荐结果更加贴合用户的兴趣和需求。利用大语言模型在电子商务中实现商品推荐具有广阔的应用前景和重要意义。通过充分利用用户的行为数据和商品信息，结合大语言模型的强大表征学习能力，可以实现更加精准和个性化的商品推荐服务，提升用户购物体验和电商平台的盈利能力。

（二）语义匹配与推荐计算

在电子商务中，利用大语言模型（如 GPT 系列）进行语义匹配与推荐计算是一种高效且强大的方法，它能够根据用户的搜索查询和商品的文本描述，准确地计算它们之间的语义相似度，并生成个性化的商品推荐列表，以满足用户的需求和提升购物体验。将用户的搜索查询和商品的文本描述输入到微调后的大语言模型中进行语义编码。通过对用户搜索查询和商品描述进行编码，我们可以得到它们在语义空间中的向量表示，这些向量能够捕捉到用户搜索意图和商品的语义信息。利用这些向量计算用户搜索查询与商品描述之间的语义相似度。常用的方法包括余弦相似度、欧氏距离等，这些方法能够衡量两个向量之间的相似程度，从而评估用户搜索意图与商品描述之间的匹配程度。基于语义相似度，我们可以生成个性化的商品推荐列表。

具体而言，我们可以根据用户的搜索查询，从商品库中选取与搜索意图最匹配的商品，然后根据它们与搜索查询的语义相似度进行排序，将相似度高的商品推荐给用户。这样的推荐列表能够更好地满足用户的需求，提高用户对推荐结果的满意度。除了基于搜索查询的推荐，我们还可以结合用户的历史行为数据，如购买历史、浏览记录等，以及商品的其他信息，如类别、价格等，来进一步优化推荐结果。通过综合考虑多种因素，我们可以生成更加个性化和精准的商品推荐，提升用户购物体验。大语言模型还具有在线学习的能力，可以根据用户的反馈不断调整推荐策略，实现实时的个性化推荐服务。通过监控用户的行为数据和推荐结果的效果，我们可以不断优化推荐算法，提高推荐的准确性和效果。

（三）实时推荐与反馈

在电子商务中，实时推荐与反馈系统可以不断地为用户提供个性化的商品推荐服务，并利用用户对推荐结果的反馈信息来优化推荐算法和模型，从而提高推荐的准确性和效果。在在线上环境中部署推荐系统，该系统可以实时地监控用户的行为，并根据用户的实时行为数据生成个性化的商品推荐。

在这个过程中，大语言模型（如 GPT 系列）可以发挥重要作用，它可以对用户的搜索查询、浏览记录等行为数据进行实时分析和处理，从而为用户提供更加准确和个性化的推荐结果。一旦用户开始与推荐系统进行交互，比如浏览推荐商品、点击商品详情、加入购物车等行为，系统就会收集用户的反馈信息，并及时更新推荐结果。这些反馈信息包括但不限于用户的点击行为、购买行为、喜爱商品的行为等，这些信息能够反映用户对推荐结果的满意度和偏好，为优化推荐算法提供了重要的参考依据。利用大语言模型，我们可以对用户的反馈信息进行实时分析和处理，从而优化推荐算法和模型。例如，通过分析用户的购买历史和点击行为，我们可以识别用户的偏好和兴趣领域，然后根据这些信息调整推荐策略，提供更加相关和个性化的推荐结果。同时，还可以利用大语言模型对商品的文本描述进行语义分析，从而提取出关键信息和特征，进一步优化推荐结果。除了基于用户行为数据的实时推荐，我们还可以结合其他信息，如商品的热度、库存情况、价格等，来优化推荐结果。通过综合考虑多种因素，我们可以生成更加全面和精准的推荐结果，提高用户的购物体验和满意度。收集用户的反馈信息也有助于评估推荐系统的性能和效果，我们可以根据用户的满意度和购买转化率等指标来评估推荐算法和模型的表现，并不断改进和优化系统，以适应不断变化的市场需求和用户偏好。

三、成果与效果

通过引入大语言模型（如 GPT 系列），我们的电子商务公司成功地提升了商品推荐系统的效果，为用户提供了更加个性化、精准的商品推荐，从而显著提高了用户的购买转化率和满意度。这一改进不仅带来了销售额和用户留存率的显著提升，同时也让我们的推荐系统在业界获得了认可和肯定。引入大语言模型为我们的商品推荐系统注入了强大的语义理解和语境把握能力。通过对用户的搜索查询、浏览记录以及商品描述等信息进行深度分析，大语言模型可以准确地理解用户的需求和偏好，并将其转化为具体的推荐结果。这使得我们的推荐系统能够更好地捕捉到用户的兴趣点，从而提供更加符合用户期望的个性化推荐。大语言模型的引入使得我们能够更加细致地理解用户和商品之间的关系。通过语义匹配和推荐计算，我们可以准确地评估用户搜索意图与商品描述之间的相似度，从而为用户提供更加精准的商品推荐。这种个性化推荐能够大大提高用户的购买体验和满意度，促使用户更加愿意购买我们推荐的商品。

实时推荐与反馈系统的建立使得我们能够不断优化推荐算法和模型。通过收集用户的反馈信息，我们可以及时调整推荐策略，优化推荐结果，从而进一步提升推荐系统的效果和性能。这种不断迭代和优化的过程，使得我们的推荐系统能够不断适应用户的需求和市场变化，保持领先地位。通过引入大语言模型，我们的推荐系统取得了令人瞩目的成果与效果。用户得到了更加个性化、精准的商品推荐，大大提高了用户的购买转化率和满意度。公司的销售额和用户留存率也得到了显著提升，为公司的长期发展奠定了坚实的基础。最重要的是，我们的推荐系统的效果和性能得到了业界的认可和肯定，使得我们在竞争激烈的电子商务市场中脱颖而出，成为用户信赖和选择的首选平台。

第四节　大语言模型在商品推荐中的性能评估与优化策略

一、大语言模型在商品推荐中的性能评估

（一）准确性评估

在评估商品推荐系统的性能时，我们可以采用多种方法来分析用户的满意度和购买行为，以评估推荐的准确性和商业效果。其中，用户调查或反馈、点击率和购买转化率是常用的评估指标，可以帮助我们全面了解推荐系统的表现。

通过用户调查或反馈收集用户对推荐结果的满意度和购买行为的反馈信息。通过

直接询问用户的意见和体验，我们可以了解用户对推荐结果的认可程度和满意度。此外，还可以收集用户的购买行为数据，比如用户是否购买了推荐的商品，以及购买的数量和频率等信息。通过分析这些反馈信息，评估推荐系统的准确性和商业效果，了解推荐结果是否符合用户的期望和需求。分析用户对推荐结果的点击率和购买转化率来评估推荐的准确性和商业效果。点击率指的是用户点击推荐结果的比例，购买转化率指的是用户通过推荐结果进行购买的比例。通过分析这些指标，我们可以了解推荐系统的推荐能力和商业价值。如果推荐结果的点击率和购买转化率较高，说明推荐系统能够准确地理解用户的需求并提供符合用户兴趣的推荐结果，从而带来了商业价值和利润。

（二）多样性评估

在评估推荐系统的性能时，除了考虑准确性和商业效果外，多样性也是一个重要的指标。多样性评估可以帮助我们了解推荐系统覆盖的商品种类和范围，确保推荐结果能够展现出丰富的多样性和广度，让用户能够看到不同类型和风格的商品，从而提高用户的购物体验和满意度。

可以通过分析推荐结果中的商品种类和类别信息来评估推荐系统的多样性。我们可以统计推荐结果中不同类别商品的数量和比例，以了解推荐系统覆盖的商品种类和范围。如果推荐结果中的商品种类较为丰富，覆盖了多个领域和类别，说明推荐系统具有较好的多样性。可以使用多样性度量指标来量化推荐结果的多样性。常用的多样性度量指标包括覆盖率、多样性得分等。覆盖率指标衡量了推荐结果中出现的不同商品数量与总商品数量的比例，多样性得分则综合考虑了推荐结果中商品之间的差异性和相关性，从而评估推荐结果的多样性程度。可以通过用户反馈和行为数据来评估推荐结果的多样性。通过收集用户的点击行为、购买行为以及对推荐结果的满意度反馈等信息，我们可以了解用户对推荐结果的接受程度和偏好，从而评估推荐系统的多样性和效果。

二、大语言模型在商品推荐中的优化策略

（一）数据质量优化

在进行数据质量优化的过程中，清洗用户行为数据和商品数据是至关重要的一

环。这项工作不仅能够消除数据中的异常值和重复数据，还能够确保数据的准确性、完整性和一致性，为后续的分析和应用提供可靠的基础。同时，对数据进行标注和补充也是必不可少的步骤，它能够丰富数据特征，提升数据的可用性和应用价值。

清洗用户行为数据和商品数据是数据质量优化的首要任务。在清洗用户行为数据时，我们可以通过识别和处理异常值，比如过度频繁的行为或者不合理的时间戳，来确保数据的准确性和真实性。同时，去除重复数据也是必要的，因为重复数据会对分析结果产生不良影响，并浪费存储空间。在清洗商品数据时，我们可以检查商品信息的完整性，比如确保每个商品都有唯一的标识符、名称、描述等关键信息，并去除重复的商品信息，以确保数据的一致性和可靠性。

对数据进行标注和补充也是数据质量优化的重要环节。通过给商品添加标签、类别等信息，我们可以丰富商品的特征，提升商品的描述能力和分类准确度。例如，对于电商平台的商品数据，我们可以根据商品的特性和属性，为其添加相应的标签，比如颜色、尺寸、品牌、材质等，从而提高商品的搜索可达性和推荐精准度。同时，我们还可以通过数据补充的方式，填补数据的缺失值，比如通过外部数据源获取缺失的商品信息，从而提升数据的完整性和可用性。

在数据质量优化的过程中，语言模型在商品推荐中的优化策略也发挥着重要作用。语言模型可以通过分析用户的搜索行为、浏览历史等数据，识别用户的偏好和兴趣，从而为用户提供个性化的商品推荐。例如，语言模型可以根据用户的搜索关键词和浏览记录，推测用户的需求和喜好，然后向用户推荐与其兴趣相关的商品。此外，语言模型还可以利用商品的标签、描述等信息，进行语义分析和相似度匹配，从而提升商品推荐的准确度和多样性。通过不断优化语言模型的算法和参数，我们可以进一步提升商品推荐的效果，满足用户的个性化需求，提升用户的购物体验。

（二）模型优化与调参

选择适合业务需求的大语言模型是优化推荐系统的关键一步。不同的业务场景可能需要不同类型的语言模型，比如对于电商平台来说，需要考虑用户的搜索行为、购买历史等信息，因此可以选择适合处理文本数据和序列数据的语言模型，比如 GPT 系列模型。而对于社交媒体平台来说，可能需要考虑用户的社交关系、兴趣标签等信息，因此可以选择适合处理图数据的语言模型，比如 Graph Neural Networks。

一旦选择了合适的语言模型，接下来就是对模型进行调参和优化，以提升模型的性能和准确度。调参和优化的过程涉及到调整模型的超参数、损失函数、优化器等，以及对数据进行预处理和特征工程，以提升模型的泛化能力和适应性。例如，可以通过交叉验证等技术，选择合适的超参数组合，以及通过数据增强、正则化等方法，减少模型的过拟合风险，提升模型的泛化能力。除了对单一模型进行调参和优化，还可以结合多种推荐算法和模型，进行模型集成，以提高推荐系统的稳定性和准确性。模型集成可以通过投票、加权平均等方式，将多个模型的预测结果进行组合，从而降低单一模型的误差，提升整体的预测性能。例如，可以结合基于内容的推荐算法和协同过滤算法，利用它们各自的优势，提升推荐系统的覆盖率和精准度。

在模型优化和调参的过程中，语言模型在商品推荐中的优化策略也是至关重要的。语言模型可以通过分析用户的搜索行为、浏览历史等数据，识别用户的偏好和兴趣，从而为用户提供个性化的商品推荐。例如，语言模型可以根据用户的搜索关键词和浏览记录，推测用户的需求和喜好，然后向用户推荐与其兴趣相关的商品。此外，语言模型还可以利用商品的标签、描述等信息，进行语义分析和相似度匹配，从而提升商品推荐的准确度和多样性。通过不断优化语言模型的算法和参数，我们可以进一步提升商品推荐的效果，满足用户的个性化需求，提升用户的购物体验。

（三）特征工程和表示学习

在商品推荐系统中，特征工程和表示学习可以帮助我们从原始数据中提取有意义的特征，并将其转化为模型可以理解和处理的形式，从而提高推荐系统的性能和准确度。特别是在利用大语言模型进行商品和用户表示学习时，特征工程和表示学习的优化策略更加关键，可以有效地提升特征的表达能力和泛化性，从而实现更精准的商品推荐。

常见的与商品推荐相关的特征包括商品描述、商品类别、商品标签、商品属性等，以及用户行为数据，如用户的点击行为、购买行为、浏览历史等。这些特征可以帮助我们理解商品的属性和用户的兴趣，从而为推荐系统提供更多的信息。特征提取可以通过各种方法实现，比如利用词袋模型、TF-IDF、Word2Vec 等技术从商品描述中提取关键词或特征向量；而对于用户行为数据，则可以利用统计方法或序列建模方法提取用户的行为特征。在特征选择方面，可以使用相关性分析、信息增益、主成分分析等方法来选择最具代表性和区分性的特征，以减少特征维度和降低模型的复杂度。在特征提取和选择的基础上，利用大语言模型进行商品和用户的表示学习是一种有效的方法。大语言模型可以通过学习商品描述、用户行为等文本数据，从而学习到商品和用户的语义表示，提高特征的表达能力和泛化性。例如，可以利用预训练的语言模型，如 BERT、GPT 等，对商品描述进行编码，得到商品的语义向量表示；同时，也可以对用户行为序列进行编码，得到用户的兴趣向量表示。这样一来，我们就可以将原始的文本数据转化为高维度的语义向量表示，从而更好地捕捉商品和用户之间的关系。

本章小结

本章聚焦于大语言模型在商品推荐中的算法优化与实现。第一节介绍了大语言模型在商品推荐中的核心算法，包括模型选择、数据预处理等关键步骤。在第二节中，我们详细探讨了基于大语言模型的商品推荐系统设计与实现，涉及模型训练、推荐结果生成等方面。第三节重点分析了大语言模型在商品推荐中的实际应用案例，通过案例分析展示了其效果和应用场景。在第四节中，我们介绍了大语言模型在商品推荐中的性能评估与优化策略，包括模型性能指标、系统调优等方面。通过这一章的总结，读者对大语言模型在商品推荐中的算法优化与实现有了全面的了解，为未来的研究和实践提供了指导和启示。

第八章　大语言模型在用户行为分析与预测中的应用

第一节　大语言模型在用户行为数据分析中的模型设计

一、兴趣建模

（一）向量空间建模

向量空间建模是一种常见且有效的方法，用于将用户的行为序列映射到向量空间中，并据此分析用户的兴趣和偏好。这种方法可以帮助系统更好地理解用户行为数据，从而实现个性化推荐和精准营销。大语言模型的引入为用户行为数据分析提供了新的思路和方法，其强大的语义理解能力可以帮助系统更准确地理解用户行为序列，从而设计更加有效的向量空间模型。在向量空间建模中，每个用户都被表示为一个向量，其维度对应于用户行为数据中的特征。通常情况下，用户行为数据可以包括浏览历史、购买记录、搜索关键词等信息。这些信息可以被转化为向量形式，以便系统能够对用户行为进行数学建模和分析。

大语言模型可以帮助系统更准确地将用户行为序列映射到向量空间中。通过将用户的行为序列输入到大语言模型中，系统可以获取每个行为的语义表示，从而捕捉到用户行为序列中的丰富语义信息。这些语义信息可以包括用户的兴趣、偏好、情感等，可以帮助系统更好地理解用户的行为模式和行为背后的意图。一旦将用户行为序列映射到向量空间中，系统就可以利用聚类算法来识别具有相似兴趣的用户群体。聚类算法可以将用户向量划分为不同的群体，每个群体代表了一个用户兴趣领域。常用的聚类算法包括 K 均值聚类、层次聚类等。这些算法可以根据用户向量之间的相似度或距离来将用户划分为不同的群体，从而实现对用户兴趣的精细化划分和分析。例如，在K均值聚类算法中，系统首先需要指定聚类的数量K，然后根据用户向量之间的相似度来将用户划分为K个不同的群体。每个群体代表了一个用户兴趣领域，系统可以根据每个群体中的用户行为特征来分析用户的兴趣和偏好。通过向量空间建模和聚类算法，系统可以实现对用户行为数据的深入分析和挖掘。例如，系统可以识别具有相似兴趣的用户群体，并据此进行个性化推荐和精准营销。另外，系统还可以发现用户之间的关联和相似性，从而实现社交网络推荐和用户群体分析等应用。在向量空间建模和聚类算法的应用过程中，系统需要考虑到数据的稀疏性和噪声等问题。由于用户行为数据通常是高维稀疏的，因此系统需要对数据进行预处理和特征提取，以提高向量空间模型的准确性和稳定性。

（二）兴趣领域识别

兴趣领域识别是推荐系统中的重要任务之一，它通过分析用户的行为序列来识别用户的主要兴趣领域，从而实现更精准的个性化推荐。在实际应用中，通过对用户行为数据进行深入分析和挖掘，可以发现用户的潜在兴趣，并据此对用户进行兴趣领域的识别。大语言模型的引入为兴趣领域识别提供了新的思路和方法，其强大的语义理解能力可以帮助系统更准确地识别用户的兴趣领域。在兴趣领域识别过程中，首先需要对每个识别出的用户群体进行代表性行为序列的分析。这可以通过对用户行为数据进行聚类得到的每个群体的代表性行为序列进行提取和分析。代表性行为序列可以是用户的浏览历史、购买记录、搜索关键词等信息，这些信息可以帮助系统揭示用户的兴趣和偏好。

可以使用分类算法对用户群体进行标记，标记出每个群体的主要兴趣领域。常用的分类算法包括朴素贝叶斯、支持向量机等。这些算法可以根据用户的行为特征来对用户进行分类，从而识别出每个群体的主要兴趣领域。例如，在朴素贝叶斯算法中，系统首先需要根据用户行为特征构建一个特征向量，该特征向量包括用户的浏览历史、购买记录、搜索关键词等信息。然后，系统可以利用朴素贝叶斯算法对用户进行分类，从而识别出每个群体的主要兴趣领域。在支持向量机算法中，系统可以利用用户行为数据构建一个特征空间，并将用户行为序列映射到该特征空间中。然后，系统可以利用支持向量机算法对用户进行分类，从而识别出每个群体的主要兴趣领域。通过兴趣领域识别，系统可以更好地理解用户的兴趣和偏好，从而实现更精准的个性化推荐。例如，在推荐系统中，系统可以根据用户的兴趣领域向用户推荐相关的商品、文章、视频等内容，以提高推荐的准确性和效果。在兴趣领域识别过程中，系统需要考虑到数据的稀疏性和噪声等问题。由于用户行为数据通常是高维稀疏的，因此系统需要对数据进行预处理和特征提取，以提高分类算法的准确性和稳定性。

（三）模型评估和优化

通过对建立的模型进行评估，可以全面地检验其对用户行为的预测效果，从而发现模型存在的问题并进行优化，以提高系统的推荐准确性和效果。大语言模型在用户行为数据分析中的模型设计可以为模型评估和优化提供新的思路和方法，其强大的语义理解能力可以帮助系统更准确地理解用户的行为，从而改进推荐模型的设计和性能。在模型评估过程中，可以使用交叉验证等方法来评估模型的泛化能力。交叉验证是一种常用的评估方法，它将数据集划分为训练集和测试集，并多次重复实验，每次使用不同的训练集和测试集来评估模型的性能。通过交叉验证可以更全面地评估模型的性能，并减少因数据划分不均匀而引起的评估误差。除了定量评估指标之外，还可以使用定性评估方法来评估模型的预测效果。定性评估方法包括用户调查、用户反馈等，通过收集用户的意见和建议，可以了解用户对推荐结果的满意度和期望，从而发现模型存在的问题并进行改进。

在模型评估的基础上，可以针对模型存在的问题进行优化。模型优化的方法包括调整模型参数、尝试不同的算法或模型架构等。通过调整模型参数，可以优化模型的学习效果，从而提高模型的性能。尝试不同的算法或模型架构可以帮助开发人员发现更适合问题的解决方案，从而进一步提升系统的推荐准确性和效果。例如，可以尝试使用不同的深度学习模型来建立推荐系统，如基于卷积神经网络（CNN）或循环神经网络（RNN）的推荐模型。

这些深度学习模型可以利用大语言模型提取的语义信息，从而更准确地捕捉用户的行为模式和兴趣特征，提高推荐的准确性和效果。还可以尝试结合多种不同的推荐算法来构建混合推荐系统。混合推荐系统可以利用不同算法的优势，从而提高推荐的准确性和效果。例如，可以将基于协同过滤的推荐算法与基于内容的推荐算法相结合，从而兼顾推荐的准确性和多样性。在模型优化过程中，需要根据实际情况综合考虑模型的复杂度、计算资源等因素，并选择适合问题的解决方案。此外，模型优化是一个持续的过程，需要不断地监控模型的性能，并根据实际情况进行调整和改进，以实现最优的推荐效果。

二、情感分析

（一）文本预处理

文本预处理在用户行为数据分析中起着至关重要的作用。通过对用户评论等文本数据进行预处理，可以有效地减少噪音，提取文本的关键信息，从而为后续的文本分析和挖掘提供更可靠的基础。

文本预处理的主要步骤包括去除停用词、标点符号、数字等，以及进行词干化或词形还原等操作。停用词是指在文本中频繁出现但缺乏实际含义的词语，如“的”“了”“是”等，通常需要从文本中去除以减少噪音。标点符号和数字也属于噪音，对于大多数文本分析任务而言，它们通常并不提供有用的信息。因此，在文本预处理过程中，通常会去除停用词、标点符号和数字，以保留文本中的实质性内容。词干化和词形还原是将词语转化为其基本形式的过程，可以帮助将文本中的不同形式的词语归并为同一个词条，从而减少词汇的数量并提取文本的本质信息。

在进行文本预处理时，大语言模型可以发挥重要作用。它具有强大的语义理解能力，能够更好地理解文本内容，并根据上下文提取出更加准确的关键信息。因此，在文本预处理的过程中，可以结合大语言模型对文本进行语义分析，从而更加有效地去除噪音，提取关键信息。例如，在去除停用词的过程中，大语言模型可以根据上下文理解停用词是否具有实际含义，从而更加准确地判断是否需要保留。在词干化或词形还原的过程中，大语言模型可以根据上下文理解词语的含义，并准确地将不同形式的词语归并为同一个词条。大语言模型还可以帮助解决一些文本预处理中的挑战，如处理拼写错误、识别命名实体等。通过结合大语言模型在文本预处理中的应用，可以提高文本数据的质量和可用性，为后续的文本分析和挖掘提供更可靠的基础。

（二）情感分析模型建立

在用户行为数据分析中，情感分析是一项重要的任务，可以帮助企业更好地了解用户对产品、服务或内容的态度和情感倾向。利用大语言模型（如 GPT）来建立情感分析模型是一种有效的方法，可以借助其强大的语义理解能力来提取文本的情感信息，并输出情感极性以及情感程度的概率分布。在训练过程中，可以采用交叉熵损失函数作为模型的目标函数，并使用梯度下降等优化算法进行参数优化。

在模型设计过程中，大语言模型在用户行为数据分析中发挥着重要作用。它具有强大的语义理解能力，能够更好地理解文本内容，并提取出关键信息。在情感分析模型中，可以利用大语言模型提取文本的语义特征，从而更准确地预测文本的情感极性和程度。例如，在情感分析模型中，可以将预训练的 GPT 模型作为基础模型，并在其上添加全连接层或其他神经网络层来进行情感分类任务。通过在大规模文本数据上进行预训练，GPT 模型已经学习到了丰富的语义信息，可以帮助提取文本的情感特征，并进行情感分类。可以结合其他技术来提高情感分析模型的性能。例如，可以结合注意力机制来更好地捕捉文本中的关键信息，或者结合多任务学习来同时预测情感极性和情感程度等。

（三）情感分类

情感分类是一项重要的任务，在用户行为数据分析中具有广泛的应用。通过对用户评论等文本数据进行情感分类，可以帮助企业更好地了解用户对商品或服务的态度和情感倾向，从而指导产品改进、营销策略调整等决策。利用大语言模型（如 GPT）在用户行为数据分析中的模型设计，可以构建一个强大的情感分类模型，从而实现自动识别用户情感的目标。

在情感分类模型的设计过程中，大语言模型在用户行为数据分析中发挥着重要作用。它具有强大的语义理解能力，能够更好地理解文本内容，并提取出关键信息。在情感分类模型中，可以利用大语言模型提取文本的语义特征，从而更准确地预测文本的情感极性。例如，在基于 GPT 的情感分类模型中，可以将 GPT 模型作为特征提取器，利用其对文本语义的理解能力来提取文本的语义特征。然后，可以将提取出的语义特征输入到一个全连接层或其他神经网络层中，以进行情感分类任务。

（四）情感趋势分析

情感趋势分析是一项关键的任务，在用户行为数据分析中具有重要意义。通过分析用户情感倾向的趋势，企业可以了解用户对商品或服务的整体满意度、喜好程度以及可能存在的问题或不满意之处，从而及时调整产品策略、改进服务质量，提升用户满意度和忠诚度。在进行情感趋势分析时，可以结合时间序列分析方法，观察情感倾向随时间的变化，发现可能的趋势和变化规律。对每条评论进行情感分类，识别用户对商品或服务的情感倾向。可以利用情感分类模型，将每条评论划分为正面、负面或中性情感类别，并将情感分类结果与时间信息一起记录。利用时间序列分析方法，观察情感倾向随时间的变化趋势。可以使用统计方法（如移动平均、趋势分解等）或机器学习方法（如时间序列预测模型）来分析情感趋势，发现可能的趋势和变化规律。

通过对情感趋势的分析，可以了解用户对商品或服务的整体满意度、喜好程度以及可能存在的问题或不满意之处。根据情感趋势分析的结果，及时调整产品策略、改进服务质量，以提升用户满意度和忠诚度。例如，如果发现情感趋势呈现负向变化，可能意味着用户对某个方面的不满意，企业可以针对性地改进相关产品或服务，并及时向用户传递积极的反馈和解决方案。

在进行情感趋势分析时，大语言模型可以发挥重要作用。它具有强大的语义理解能力，能够更好地理解文本内容，并提取出关键信息。在情感趋势分析中，可以利用大语言模型提取文本的语义特征，从而更准确地分析用户的情感倾向。例如，可以利用大语言模型提取评论中的关键词语和短语，分析用户对不同方面的情感倾向，从而更深入地理解用户的需求和偏好。

（五）反馈和调整

反馈和调整是用户行为数据分析中的重要环节，通过及时的反馈和调整，企业可以根据情感分析的结果，调整产品或服务策略，以满足用户的需求和期望，提高用户满意度。对于负面情感倾向较强的评论，及时回应并采取措施改进，是提升用户体验的关键。对情感分析的结果进行解读和分析。对于每一条用户评论，根据情感分类的结果，判断用户的情感倾向是正面、负面还是中性，并分析用户提出的具体问题或不满意之处。

根据情感分析的结果，制定相应的改进策略。对于正面情感倾向的评论，可以进一步挖掘用户的喜好和需求，提出相应的增值服务或产品优化建议。对于负面情感倾向的评论，需要针对性地分析问题根源，并提出改进方案。对于负面情感倾向较强的评论，需要及时回应并采取措施改进。可以通过在线客服、社交媒体等渠道，向用户表达关注并解决问题。及时的回应和处理可以有效缓解用户的不满情绪，增强用户对企业的信任和满意度。持续监测用户反馈和情感分析结果，不断优化产品或服务策略。可以利用时间序列分析等方法，观察情感趋势的变化，及时调整策略。同时，还可以采用 A/B 测试等方法，评估改进策略的效果，进一步优化用户体验。

在进行反馈和调整时，大语言模型在用户行为数据分析中发挥着重要作用。它具有强大的语义理解能力，能够更好地理解用户反馈的内容，并提取出关键信息。在解读情感分析结果和制定改进策略时，可以利用大语言模型提取文本的语义特征，帮助理解用户的需求和期望。

第二节　大语言模型在用户行为预测中的算法优化

一、迁移学习

迁移学习是一种利用已有知识来解决新任务的方法，在用户行为预测中具有重要意义。通过利用已有的大语言模型在其他任务上学到的知识，可以通过迁移学习的方式将这些知识应用于用户行为预测任务中，从而提高模型的性能和泛化能力。在这一过程中，大语言模型在用户行为预测中发挥着关键作用，通过算法优化可以进一步提高模型的效果。

（一）迁移学习的优势和应用

迁移学习是一种强大的机器学习技术，通过利用已有任务上的大量数据和经验来训练模型，从而在新任务上减少所需的标注数据量，提高数据的利用效率。这种方法已经被广泛应用于各种领域，包括自然语言处理、计算机视觉和推荐系统等。在自然语言处理领域，已有的大型语言模型如 BERT、GPT 等已经在多个任务上进行了训练，并展现出了强大的泛化能力。这些模型通过在大规模文本数据上进行预训练，学习到了丰富的语言表示，能够理解和处理各种语言结构和语义关系。因此，利用这些预训练模型作为基础，可以在用户行为预测任务中取得显著的效果。

在用户行为预测任务中，我们通常需要根据用户的历史行为数据来预测其未来的行为，比如用户的购买偏好、点击行为等。传统的方法通常需要大量的特征工程和手工设计，而且对于不同的任务和领域需要重新设计和调整。但是，利用预训练的语言模型，我们可以将这些任务转化为文本分类或序列标注等问题，并利用已有的预训练模型来进行微调，从而加速模型的训练和部署。通过迁移学习，我们可以将已有模型在大规模文本数据上学到的语言表示能力迁移到用户行为预测任务中，提高模型的泛化性能。而且，由于预训练模型已经包含了丰富的语言知识和经验，因此可以减少在用户行为预测任务上的训练时间和计算资源消耗，加速模型的部署和应用。利用迁移学习，我们还可以将不同任务之间的知识进行共享和转移，从而进一步提高模型的性能和效率。比如，我们可以将在一个任务上学到的模型参数和表示结构应用到另一个相关任务上，从而加速模型的收敛和提高泛化能力。

（二）迁移学习的方法

1. 特征提取器方法

这是迁移学习中最常见的方法之一。在这种方法中，预训练的大型语言模型（如BERT、GPT 等）被视为一个强大的特征提取器，将其输出作为用户行为预测模型的输入特征。例如，在用户行为预测任务中，可以将文本数据输入到预训练模型中，并利用模型的隐藏表示来表示文本信息。然后，这些表示可以作为新任务模型的输入，进行微调以适应具体的用户行为预测任务。

2. 模型微调方法

在这种方法中，预训练的语言模型作为新任务模型的初始参数，然后在新任务的数据集上进行微调。微调过程中，模型的参数会根据新任务的损失函数进行调整，以更好地适应新任务的特性。这种方法可以在较小的数据集上取得较好的效果，因为预训练模型已经学习到了丰富的语言表示，可以提供良好的初始参数。

3. 模型融合方法

在这种方法中，预训练的语言模型与用户行为预测模型进行融合，构建一个集成模型。融合可以通过各种方式进行，例如将两个模型的输出进行简单的加权平均或使用更复杂的集成方法，如 Stacking 或 Boosting。通过融合不同模型的预测结果，可以提高整体的预测性能，尤其是当单个模型在某些方面表现不佳时。

4. 迁移策略设计

设计合适的迁移策略非常重要，它可以根据新任务的特点和已有知识的相关性选择合适的预训练模型和迁移方法，以最大程度地提高模型性能。例如，如果新任务与预训练模型的任务相似，那么可以选择直接微调预训练模型。如果两个任务之间存在一定的差异，可以选择将预训练模型作为特征提取器，然后在新任务上训练一个新的模型。另外，还可以通过调整预训练模型的层数、冻结部分层等方式进行迁移策略的设计。

（三）算法优化和大语言模型的作用

对大型语言模型进行模型压缩和加速，提高迁移学习过程中的计算效率和速度，降低资源消耗。通过算法优化，使大语言模型能够更好地适应用户行为预测任务的特点和领域需求，提高模型的适用性和性能。根据用户行为预测任务的特点和需求，选择合适的预训练模型，如 BERT、GPT 等，并结合任务的复杂度和数据规模进行选择。设计合适的迁移学习策略，包括特征提取、微调、模型融合等方法，根据任务的特点和需求进行选择。对预训练模型进行领域自适应和模型优化，使其更好地适应用户行为预测任务的特点和领域需求，提高模型的性能和泛化能力。

二、模型集成

模型集成是一种有效的策略，通过将多个不同结构或参数设置的模型集成在一起，综合利用它们的预测结果，可以提高整体的预测性能。在用户行为预测中，利用大语言模型在模型集成中发挥关键作用，通过算法优化可以进一步提高预测的准确性和效果。

（一）模型集成的优势和应用

模型集成是一种有效的机器学习技术，通过结合多个模型的预测结果，可以减少单个模型的过拟合风险，提高整体的泛化能力。在实际应用中，不同结构或参数设置的模型可能各自具有不同的优势和局限性，通过模型集成可以充分利用它们的优势，从而提高整体的预测准确性。这种方法在各种领域，尤其是在金融、医疗、电商等行业中都有着广泛的应用。模型集成通常包括两个阶段：训练阶段和预测阶段。在训练阶段，我们会使用不同的模型或者同一模型的不同版本，基于训练数据进行训练，得到多个模型的预测结果。在预测阶段，我们会结合多个模型的预测结果，通过投票、加权平均等方式来得到最终的预测结果。这样的做法可以有效地减少单个模型的过拟合风险，提高整体的泛化能力，从而得到更加稳健和可靠的预测结果。模型集成的优势在于可以充分利用不同模型的优势，弥补各个模型的局限性，从而提高整体的预测准确性。

不同的模型可能具有不同的假设和学习能力，通过结合多个模型的预测结果，可以综合考虑各个模型的优势，得到更加全面和准确的预测结果。不同的模型可能在不同的数据子集或特征空间上表现更好，通过模型集成可以有效地利用这种多样性，提高整体的泛化能力。模型集成还可以通过降低模型的方差和偏差，进而提高预测的稳定性和可靠性。在实际应用中，模型集成有多种形式，包括 Bagging、Boosting、Stacking 等。其中，Bagging（Bootstrap Aggregating）通过对训练数据进行有放回抽样，训练多个模型，并对它们的预测结果进行平均或投票来得到最终的预测结果；Boosting 通过迭代地训练多个弱分类器，并根据它们的预测结果对训练数据进行加权，从而提高整体的预测准确性；Stacking 则通过训练一个元模型来结合多个基模型的预测结果，从而进一步提高预测的准确性。

（二）模型集成的方法

模型集成是一种强大的机器学习技术，通过结合多个模型的预测结果，可以提高整体的预测准确性和稳定性。在实际应用中，有多种方法可以实现模型集成，包括多数投票、加权平均、元模型等。

多数投票是一种简单而有效的模型集成方法。在多数投票中，每个基础模型对样本进行预测后，最终的预测结果是根据多数投票来决定的。即对每个样本的预测结果进行统计，选择获得最多票数的类别或数值作为最终的预测结果。多数投票方法适用于分类和回归问题，在处理分类问题时特别常见。它简单直观，易于理解和实现，对各个基础模型的性能要求相对较低，但在处理类别不平衡或模型差异较大的情况下可能效果不佳。

加权平均是另一种常见的模型集成方法。在加权平均中，给每个基础模型分配一个权重，根据模型的性能和可信度来确定权重的大小，然后对各个模型的预测结果进行加权平均，得到最终的预测结果。加权平均方法能够充分考虑各个模型的贡献，对性能较好的模型赋予较大的权重，从而提高整体的预测准确性。这种方法适用于各种类型的问题，尤其在处理模型差异较大或类别不平衡的情况下效果显著。

元模型是一种更加复杂和高级的模型集成方法。在元模型中，首先利用各个基础模型的预测结果作为新的特征，然后再训练一个元模型来对这些新特征进行预测，得到最终的预测结果。元模型可以是任意类型的机器学习模型，如逻辑回归、支持向量机、神经网络等。它能够充分利用各个基础模型的优势，提高预测的准确性和泛化能力，尤其在处理模型差异较大或非线性关系的问题时效果显著。

（三）算法优化和大语言模型的作用

在机器学习中，模型的性能评估和比较是至关重要的，而大语言模型的应用可以为这一过程带来全新的可能性和优势。通过利用大语言模型进行特征工程，可以提取出丰富的语义特征，从而改进模型的预测能力。同时，利用大语言模型进行模型融合，将其预测结果与其他模型的结果结合起来，可以提高整体的预测准确性。

大语言模型在特征工程中的应用是非常重要的。传统的特征工程通常依赖于人工选择和设计特征，但这种方法可能会忽略掉数据中潜在的丰富信息。相比之下，大语言模型能够通过学习海量文本数据，自动提取出丰富的语义特征，从而为模型提供更加丰富和有意义的输入。例如，通过将文本数据输入到预训练的大语言模型中，可以得到每个文本的语义表示，作为新的特征输入到模型中，从而提高模型的泛化能力和预测准确性。

利用大语言模型进行模型融合可以进一步提高整体的预测准确性。在模型融合中，我们可以将大语言模型的预测结果与其他模型的结果结合起来，通过投票、加权平均等方式得到最终的预测结果。由于大语言模型具有强大的语义理解能力，它的预测结果往往能够提供额外的信息和见解，从而帮助改善整体的预测性能。例如，在一个分类问题中，我们可以使用多个不同类型的模型进行预测，然后将它们的预测结果与大语言模型的结果结合起来，得到更加准确和可靠的最终预测结果。利用大语言模型进行模型选择和调参也是一种有效的方法。传统的模型选择和调参通常依赖于人工的试错和经验，而这种方法可能会耗费大量的时间和精力。相比之下，大语言模型可以通过学习大规模数据，自动发现数据中的模式和规律，从而为模型选择和调参提供更加科学和有效的方法。例如，我们可以使用大语言模型对各种模型的性能进行评估和比较，选择最适合数据的模型，并优化模型的参数设置，以提高整体的预测性能。

第三节　基于大语言模型的用户行为分析与预测系统实现

一、基于大语言模型的用户行为分析

（一）用户信息检索行为逻辑的改变：从“减法”到“加法”

大型语言模型（LLM）的出现确实改变了用户信息检索行为逻辑，从传统的“减法”到现在的“加法”思维方式。在传统的关键词搜索中，用户需要通过提炼自身的信息需求，将其总结成数个关键词，以提高检索的查全率和查准率，从而实现信息的准确获取。然而，LLM 的出现使得用户不再局限于关键词搜索，而是可以直接通过自然语言提出更为具体和复杂的问题，从而获取更加个性化和准确的检索结果。这种变化体现在用户在信息检索过程中更多地采用了“做加法”的思维方式，即通过不断追问、限定范围等方法来获取最佳的检索结果。传统的关键词搜索中，用户往往需要通过不断精炼关键词来缩小检索范围，以获取更为准确的结果。这种方式需要用户具有一定的信息检索技能，需要花费较多的时间和精力在构建检索策略上。而在 LLM 的搜索中，用户可以直接通过自然语言提出问题，无需将其转化为关键词，系统可以直接理解用户的意图并生成相应的检索结果。这使得用户不再需要花费时间在构建检索策略上，而是可以直接专注于问题的内容和表达方式，从而更加高效地获取到所需的信息。

LLM 回复的质量很大程度上取决于用户提问的水平。用户提出的问题越具体和详细，系统生成的检索结果也会越准确和详尽。例如，向 ChatGPT 提出简单的关键词

“哥伦布”和更为具体和复杂的问题“请你扮演一位历史老师，现在需要你向学生们介绍一下哥伦布，时长大约 3 分钟”，两者所得到的检索结果完全不同，后者的结果更加详细和侧重于历史教学的内容。因此，用户检索的关键点不再是如何构建检索策略，而是如何正确高效地向模型提问，这也是用户信息检索行为逻辑发生变化的体现之一。随着自然语言处理技术的不断进步和 LLM 的广泛应用，用户可能会逐渐习惯使用自然语言来表达问题，而不再依赖于简单的关键词搜索。这意味着关键词搜索的地位可能会逐渐下降，用户在信息检索过程中更多地采用自然语言的方式，这将对传统以“构建检索策略”“提高查全率和查准率”为培养目标的信息检索课程产生一定程度的冲击。未来的信息检索课程可能会更加注重培养学生的自然语言处理能力和问题表达能力，使他们能够更加灵活和高效地利用 LLM 进行信息检索和获取。

（二）用户信息检索行为重点的改变：从“找到”到“甄别”

大型语言模型（LLM）作为一站式检索平台确实具有得天独厚的优势，然而其训练目的是为用户提供完整的自然语言处理服务，这使得 LLM 具有创造性，信息检索只是其中的一个衍生功能。由于 LLM 的信息输出并不完全按照狭义信息检索的“比较-匹配”模式，因此用户在使用 LLM 进行检索时需要考虑信息的真实性和可靠性，这将成为用户关注的新重点。由于大多数 LLM 的训练数据集主要来自于互联网的开源数据，如维基百科、新闻文章、书籍、网页、论坛、社交媒体等，缺乏高质量的专业学术文献等语料库进行训练，因此在面对一些专业领域的问题时，LLM 的回答可能会显得捉襟见肘、缺乏深度，甚至存在胡编乱造的情况。研究表明，像 ChatGPT-3 这样的模型在面对一些特定领域的问题时的正确率较低，而提供的参考信息能够在互联网中被验证的比例也不高。因此，用户在使用 LLM 进行专业领域的信息检索时需要保持谨慎，对检索结果进行甄别。

LLM 会根据用户的倾向、喜好以及对话记录调整其生成内容，以迎合用户表达出的检索需求。这意味着即使 LLM 生成的内容并不完全符合事实，但也可能被用户误解或误用。用户需要意识到 LLM 并非完全客观和中立的信息提供者，而是受到用户输入和上下文影响的。因此，用户在使用 LLM 进行检索时需要审慎对待结果，并在必要时进行进一步的验证和查证。随着 LLM 在工作生活中的普及，人工智能生成内容（AIGC）的比例将会越来越多。尽管 AIGC 内容通常具有逻辑条理和清晰结构，但在内容真实性方面存在一定的挑战。即使内容完全虚构，也很可能被识别力不高的用户误用。因此，用户在检索信息时需要学会识别基于 AIGC 生成的虚假信息，并尽量避免误用。

（三）用户信息检索行为期望的改变：从“准和全的线索”到“好和快的产品”

随着大型语言模型（LLM）的普及和应用，用户对信息检索行为的期望正在发生改变，从追求“准和全的线索”转变为追求“好和快的产品”。LLM 的能力使得用户可以直接获得撰稿、翻译、咨询、答疑等立即可用的信息产品，这使得检索结果对于用户的需求“直接可用性”变得至关重要。未来，用户期望信息检索系统不仅提供可靠的参考信息，还能够直接输出更加智能化、知识化和个性化的服务，满足用户对信息获取的更高级需求。

LLM 已经在一些领域展现出了巨大的应用潜力，比如传媒、教育、信息服务等领域。在传媒领域，LLM 被用于内容总结、标题生成、底稿撰写等工作；在教育领域，LLM 被用于问题回答、对话练习、写作辅助等工作；在信息服务领域，LLM 被用于文献内容挖掘、知识服务、智慧图书馆建设等工作。随着 LLM 在信息检索领域的普及，用户对检索结果的期望将逐渐提高，他们希望得到直接可用的信息或知识产品，而不仅仅是参考信息的查全率和查准率。未来，用户可能会要求信息检索系统提供更加智能化、知识化和个性化的服务，包括问题答疑、程序代码修改、实时教学等要求。他们可能希望信息检索系统直接输出检出文献的摘要合集、研究方法比较、思维导图、可视化图表等产品，而不仅仅是文献的标题和摘要。LLM 的即时响应和“类人化”特性也会让用户对响应时间和个性化定制的要求更加苛刻。然而，LLM 在数据可靠性、知识产权归属、技术伦理建设等方面存在一些问题和挑战，这也导致了信息用户对 LLM 普及的态度呈现两极化趋势。因此，未来如何解决这些问题和挑战，提升 LLM 的质量和可信度，将成为 LLM 发展亟须解决的问题之一。

二、基于大语言模型的用户预测系统实现

（一）模型选择与训练

1. 数据特点和任务需求分析

分析任务的具体需求和数据特点，包括数据的类型、数据量、数据分布等。不同的任务可能需要不同类型的数据预处理和模型设计。确定任务的输入和输出，以及需要预测的目标变量。例如，如果任务是文本分类，则输入可能是用户的文本信息，输出是用户的分类标签。

2. 模型设计和训练

根据任务需求设计模型结构和输入输出层。对于基于大语言模型的用户预测系统，通常需要在模型的基础上添加额外的全连接层或其他特定层来实现预测任务。使用监督学习或强化学习等方法进行模型训练。监督学习适用于有标注数据的任务，而强化学习适用于需要模型与环境进行交互学习的任务。使用历史数据对模型进行训练。通过将历史数据输入到模型中，利用反向传播算法来更新模型参数，从而使模型能够学习到数据中的模式和规律。

（二）隐私保护与合规性

1. 数据加密和匿名化

在互联网时代，大量的个人数据被收集、传输和存储，因此保护这些数据的安全性和隐私性至关重要。为此，采取加密和匿名化的措施对用户数据进行处理是一种有效的方式，可以最大程度地降低数据被不法分子获取的风险，同时保护用户的隐私。通过加密算法，可以将用户数据转换为一种不易被理解的形式，即使数据在传输或存储过程中被拦截或窃取，也难以解密和获取其中的内容。

常用的加密算法包括对称加密和非对称加密。对称加密使用相同的密钥对数据进行加密和解密，而非对称加密则使用公钥和私钥进行加密和解密，更加安全。通过采用合适的加密算法，可以有效保护用户数据的机密性，防止未经授权的访问。对于不需要直接识别用户身份的数据，采取匿名化处理是非常重要的。匿名化处理通过删除

或替换个人身份信息，或者使用哈希函数等方式，将用户数据转换为匿名化的形式，以保护用户的隐私。匿名化处理可以有效降低数据被恶意利用或者误用的风险，同时保护用户的个人隐私不受侵犯。然而，在进行匿名化处理时，需要注意确保匿名化后的数据仍然能够保持数据的有效性和可用性，以免影响数据的分析和应用。除了加密和匿名化处理，还需要在数据传输和存储过程中采取其他安全措施，以确保用户数据的安全性。例如，使用安全的传输协议（如 HTTPS）来加密数据传输通道，限制数据访问权限，建立严格的访问控制机制等。同时，定期进行安全审计和漏洞扫描，及时发现和修补潜在的安全漏洞，也是确保用户数据安全的重要手段。

2. 数据访问权限控制

数据访问权限控制这种机制不仅包括对系统内部人员的权限管理，还包括对外部访问者的权限控制，以确保用户数据在任何情况下都受到保护。

针对系统内部人员，建立严格的数据访问权限管理机制是必不可少的。这包括对员工进行身份验证，并根据其职责和需要，分配适当的数据访问权限。身份验证可以通过多种方式实现，包括密码、双因素认证、生物识别等。通过这些方式，可以确保只有合适的人员能够访问特定的用户数据，从而降低内部人员滥用权限的风险。

对外部访问者的权限控制也同样重要。外部访问者可能包括合作伙伴、第三方服务提供商或其他机构的人员。针对这些访问者，需要建立严格的访问控制列表，并且对其进行身份验证和授权，以确保他们只能够访问他们需要的数据，而不是所有的用户数据。这可以通过建立安全的 API 接口、使用访问令牌或者其他身份验证机制来实现。在建立数据访问权限管理机制时，还需要考虑到数据的敏感程度和重要性。对于特别敏感的数据，可以采取更严格的访问控制策略，例如实施更复杂的身份验证机制或者限制访问时间和地点。同时，需要定期审查和更新访问权限，确保只有需要访问数据的人员才能够持续获取权限，避免权限滥用或者泄露。通过实时监控数据访问行为，可以及时发现异常活动，并采取相应的措施进行处理。同时，定期进行数据访问审计，可以帮助识别潜在的安全风险和漏洞，并及时修复，确保数据安全性和隐私性得到持续保障。

3. 合规性与法律法规

在全球范围内，各国和地区都出台了针对个人数据保护的法律和政策，其中包括欧洲的《通用数据保护条例》（GDPR）、美国的《加州消费者隐私法》（CCPA）等，这些法规都对企业和组织在处理用户数据时提出了严格的要求和规定。遵守数据保护法律和隐私政策的要求意味着企业和组织在收集、存储和处理用户数据时需要尊重用户的权利和隐私。

根据这些法律和政策，用户拥有知情权、访问权、修改权、删除权等一系列权利，企业和组织需要尊重并保护这些权利。例如，在收集用户数据之前，必须经过用户的明确同意，并在数据收集过程中提供清晰的隐私政策说明，告知用户数据的用途、存储期限、共享情况等信息。此外，用户有权随时访问自己的数据，修改不准确的数据，或者要求删除自己的数据，企业和组织需要提供便捷的途径让用户行使这些权利。遵守数据保护法律和隐私政策的要求也包括对数据处理过程的透明和责任。企业和组织需要确保数据的安全性和机密性，采取合理的技术和组织措施保护用户数据免受未经授权的访问、泄露或篡改。同时，必须建立完善的数据管理和监控机制，对数据处理过程进行审计和记录，确保数据处理行为符合法律法规和隐私政策的要求。如果发生数据泄露或违规行为，企业和组织需要及时通知相关用户，并采取必要的措施进行处理和修复，承担相应的责任和义务。

在全球化的背景下，许多企业和组织可能需要将用户数据传输到其他国家或地区进行处理，这涉及到跨境数据流的法律法规和政策要求。企业和组织在进行跨境数据传输时，必须确保目标国家或地区的数据保护法律和政策与原始数据所在地的要求相符合，并采取适当的措施保护数据的安全性和隐私性。

4. 安全技术和监控措施

通过网络防火墙、入侵检测系统、安全审计等技术工具的使用，可以及时发现和阻止潜在的安全威胁，提高系统的安全性和稳定性。同时，建立数据监控和审计机制，对系统中的数据流动和访问进行实时监控和记录，可以帮助及时发现异常行为，并采取相应的应对措施，确保用户数据的安全和隐私得到有效保护。

网络防火墙是保护网络安全的重要工具之一。网络防火墙可以监控网络流量，根据预先设定的规则对流量进行过滤和管理，阻止恶意攻击、未经授权的访问以及其他安全威胁。通过配置适当的防火墙规则，可以限制网络访问权限，防止未经授权的人员或恶意软件进入系统，从而提高系统的安全性。

入侵检测系统（IDS）和入侵防御系统（IPS）可以帮助及时发现和阻止网络中的

入侵行为。入侵检测系统通过监控网络流量和系统日志，识别潜在的入侵行为，并向管理员发出警报，以便及时采取措施应对。而入侵防御系统则可以根据检测到的入侵行为自动采取阻止或应对措施，提高系统对安全威胁的响应速度和效率。

安全审计是确保系统安全的重要手段之一。通过对系统中的数据流动和访问进行实时监控和记录，可以及时发现异常行为，并对可能的安全威胁进行分析和调查。安全审计还可以帮助识别系统中存在的安全漏洞和弱点，为进一步加强安全防护提供参考和支持。

第四节　大语言模型在用户行为分析与预测中的实际案例应用分析

一、大语言模型在用户行为分析中的实际案例应用分析

（一）用户搜索行为分析

用户的搜索行为分析在搜索引擎和电商平台等领域具有重要意义，这些数据可以帮助平台理解用户的偏好、需求和意图，从而优化搜索结果、个性化推荐和广告投放等服务。大型语言模型在用户行为分析中发挥着关键作用，它可以帮助理解搜索关键词的语义和含义，从而更好地理解用户的搜索意图和行为模式。

1. 案例一：搜索意图理解

在电商领域，提升搜索结果的准确性和相关性对于提升用户体验和增加购买转化率至关重要。利用大型语言模型分析用户搜索行为，理解搜索关键词的语义和意图，是实现这一目标的有效方法之一。

假设有一家名为“Outdoor Gear”的电商平台，专注于户外运动装备的销售。他们希望通过提升搜索结果的准确性和相关性，来更好地满足用户的需求，提高用户的满意度和购买转化率。当用户在平台上输入搜索关键词时，如“夏季户外运动装备”，大型语言模型可以帮助平台理解这个搜索查询的语义和意图。模型可以分析关键词中的各个部分，比如“夏季”“户外运动”“装备”，并推断用户可能正在寻找夏季户外

运动所需的装备，如帐篷、睡袋、登山鞋等。这种语义理解和意图识别的能力使得平台能够更加准确地把握用户的需求。基于对用户搜索行为的分析和理解，平台可以向用户提供个性化的产品推荐。例如，当用户搜索“夏季户外运动装备”时，平台可以根据该搜索查询推荐与夏季户外运动相关的产品，如防晒服、露营用品、户外餐具等。

这种个性化推荐可以提高用户对搜索结果的满意度，增加其对相关产品的购买意愿。大型语言模型还可以帮助平台优化搜索结果的排序，使得与用户搜索查询最相关的产品能够排在前面。通过分析用户搜索行为和产品信息，模型可以确定哪些产品与特定搜索查询最为相关，从而将这些产品在搜索结果中排名靠前。这样的优化可以提高用户对搜索结果的满意度，并促使其更快地找到并购买他们感兴趣的产品。

2. 案例二：关键词关联性分析

在搜索引擎领域，理解搜索关键词之间的关联性是提供准确搜索结果的关键。通过大型语言模型的帮助，搜索引擎可以分析搜索关键词之间的语义和关系，从而更好地满足用户的搜索需求。

假设有一家名为“Gadget Hub”的电商平台，主要销售电子产品。他们希望通过提升搜索结果的准确性和相关性，来更好地满足用户的需求，提高用户的满意度和购买转化率。当用户在平台上输入搜索关键词时，如“手机”，大型语言模型可以帮助平台理解这个搜索查询的语义。模型可以识别出“手机”这个关键词的主题和范围，从而确定用户可能正在寻找的产品类别。这种语义理解的能力使得平台能够更准确地把握用户的需求。通过分析用户搜索行为和大型语言模型的输出，平台可以发现搜索关键词之间的关联性。以“手机”为例，模型可以识别出与手机相关的其他关键词，如“充电宝”“手机壳”“手机配件”等。通过分析这些关键词之间的关系，平台可以了解用户可能对哪些附属产品感兴趣，从而提供更加全面和相关的搜索结果。基于对用户搜索行为和关键词关联性的分析，平台可以为用户提供个性化的搜索结果展示。例如，当用户搜索“手机”时，平台可以将与手机相关的充电宝、手机壳、手机配件等产品展示在搜索结果的首要位置，以满足用户的需求。这种个性化的搜索结果展示可以提高用户对搜索结果的满意度，增加其对相关产品的购买意愿。

（二）用户点击和购买行为分析

用户的点击和购买行为在电商平台上扮演着至关重要的角色，它们不仅反映了用户的购买意图和偏好，还提供了宝贵的数据用于个性化推荐、营销策略优化等方面。大型语言模型在分析用户点击和购买行为时发挥着关键作用，它可以帮助企业深入理解用户的购买动机和决策过程，从而优化产品推荐、改善用户体验，提高销售转化率。

1. 案例一：购买意图识别

在电商行业，识别用户的购买意图是提高销售转化率和用户满意度的关键一步。利用大型语言模型进行用户行为分析，可以帮助电商平台更准确地理解用户的购买动机和偏好，从而提供个性化的推荐和优惠，促使用户完成购买行为。

假设有一家名为“Sports Gear”的电商平台，主要销售运动用品。他们希望通过分析用户的购买行为，识别用户的购买意图，从而提高销售转化率。电商平台收集用户在网站上的点击行为数据，包括用户浏览的产品页面和浏览时长。利用大型语言模型，平台可以分析用户点击商品的行为，并根据点击频率和浏览时长等指标来判断用户对特定商品的兴趣程度。例如，如果一个用户频繁点击运动鞋的产品页面，浏览时长较长，那么可以推断出该用户对运动鞋的购买意图较强。除了点击商品外，用户将商品添加到购物车也是重要的购买行为。电商平台可以通过大型语言模型分析用户添加到购物车的行为数据，了解用户的购买意图。如果一个用户添加多款运动鞋到购物车，表明他对这些运动鞋有一定的购买兴趣，进一步强化了他对运动鞋的购买意图。用户最终的购买行为是最直接的购买意图的表现。电商平台可以通过大型语言模型分析用户的购买行为数据，了解用户的购买偏好和动机。例如，如果一个用户最终购买了他之前频繁点击和添加到购物车的运动鞋，那么可以确认该用户对运动鞋的购买意图是较强的。基于对用户购买意图的识别，电商平台可以向用户提供个性化的推荐和优惠。例如，针对购买运动鞋的用户，可以推荐与运动鞋相关的其他商品，如运动服装、运动器材等。同时，平台还可以给予这些用户针对性的优惠和折扣，激励他们完成购买行为，提高销售转化率。

2. 案例二：购买决策分析

在电商领域，理解用户的购买决策过程是至关重要的。大型语言模型可以帮助企业深入分析用户的点击和购买行为，揭示用户购买决策背后的意图和动机，从而为企业提供指导性的数据分析和决策支持。

假设有一家名为“Tech Wonder”的电商平台，主要销售电子产品。他们希望通过分析用户的购买决策过程，了解用户的购买动机，从而提高销售转化率和用户满意度。电商平台收集用户在网站上的点击行为数据，包括用户点击的产品页面和浏览时长。利用大型语言模型，平台可以分析用户的点击行为，了解用户对不同产品的兴趣程度和关注点。例如，如果一个用户频繁点击某款智能手机的产品页面，并花费较长时间浏览产品特性和功能，那么可以推断出该用户对这款手机有较高的兴趣和购买意愿。除了点击行为外，用户最终的购买行为也是重要的数据来源。电商平台可以通过大型语言模型分析用户的购买行为数据，了解用户的购买偏好和决策过程。例如，如果一个用户在浏览了多款智能手机后最终选择了一款，并完成了购买，那么可以推断出该用户在多种选择中做出了决策，并认定这款手机符合自己的需求。用户在购买决策过程中往往会参考其他用户的评价和反馈。电商平台可以通过大型语言模型分析用户在产品评论区域的浏览行为，了解用户对产品的信任度和满意度。例如，如果一个用户在点击某款产品后频繁浏览其他用户的评价和反馈，那么可以推断出该用户对产品的信任度和满意度比较关注，可能会更加倾向于购买。基于对用户购买决策过程的分析，电商平台可以加强产品的品牌建设和用户评价的管理。通过提升产品的品牌声誉和用户评价的质量，平台可以增强用户对产品的信任感，进而促进购买决策的形成。例如，平台可以加强对产品的质量管控，提供优质的客户服务和售后支持，以提升用户对产品的信任度和满意度。

3. 案例三：购买意向预测

在电商行业，预测用户的购买意向是提高销售转化率和优化营销策略的关键一环。利用大型语言模型进行用户行为分析，结合其他行为数据和用户信息，可以帮助企业更准确地预测用户的购买意向，从而采取有针对性的营销策略。

假设有一家名为“Fashion Trend”的时尚电商平台，他们希望通过分析用户的点击和购买行为，预测用户的购买意向，从而提高销售转化率。电商平台收集用户在网站上的点击行为数据，包括用户浏览的产品页面、点击路径和停留时间等。利用大型语言模型，平台可以分析用户的点击行为，并根据点击路径和停留时间等指标来判断用户对特定商品的兴趣程度。例如，如果一个用户在浏览了多款女士连衣裙后，停留时间较长且频繁点击相关商品页面，那么可以推断出该用户对女士连衣裙的购买意向较强。用户的历史购买记录也是预测购买意向的重要依据。电商平台可以通过大型语言模型分析用户的购买历史数据，了解用户的购买偏好和行为模式。例如，如果一个用户经常购买女士连衣裙或相关配饰，那么可以推断出该用户对时尚女装的购买兴趣较大，可能会对新款产品有购买意向。除了点击和购买行为外，还可以结合其他行为数据和用户信息来预测购买意向。例如，可以分析用户的搜索历史、浏览习惯、地理位置等信息，了解用户的兴趣爱好和购买偏好。同时，还可以考虑用户的个人信息，如年龄、性别、职业等，对购买意向进行更精准的预测。基于对用户购买意向的预测，电商平台可以采取有针对性的营销策略，吸引用户完成购买行为。例如，针对对女士连衣裙有购买意向的用户，平台可以发送个性化的推荐邮件或短信，提供定制化的优惠券或折扣码，以促使用户完成购买。同时，还可以通过定制化的广告和促销活动，引导用户进入购买决策的最后阶段，提高销售转化率。

4. 案例四：购买行为分析与个性化推荐

在电商行业，通过对用户的点击和购买行为进行深入分析，结合大型语言模型的技术，企业可以构建用户画像，并为用户提供个性化的商品推荐和购物体验。

假设有一家名为“Home Style”的家居电商平台，他们希望通过分析用户的点击和购买行为，为用户提供个性化的家居产品推荐，提高用户的购买满意度和购买频次。电商平台收集用户在网站上的点击行为数据，包括用户浏览的产品页面和浏览时长。利用大型语言模型，平台可以分析用户的点击行为，并根据点击路径和浏览时长等指标来判断用户对特定商品的兴趣程度。例如，如果一个用户频繁点击家居装饰品或家居配件的产品页面，浏览时长较长，那么可以推断出该用户对家居装饰和配饰的兴趣较大。除了点击行为外，用户的购买行为也是重要的数据来源。电商平台可以通过大型语言模型分析用户的购买行为数据，了解用户的购买偏好和行为模式。例如，如果一个用户购买了多款家居装饰品或配饰，那么可以推断出该用户对家居产品的购买意向较强。

二、大语言模型在用户行为预测中的实际案例应用分析

（一）用户流失预测

用户流失预测在网站和应用运营中至关重要，它可以帮助企业及时发现潜在流失用户，并采取措施留住他们，从而提高用户留存率和客户忠诚度。大型语言模型在用

户流失预测中发挥着重要作用，它可以分析用户的活动轨迹和行为模式，识别出潜在的流失风险，为企业提供预警和建议。

1. 案例一：用户活跃度分析

假设一个社交媒体应用想要提高用户的留存率，通过分析用户的活跃度来预测用户是否可能流失。利用大型语言模型，应用可以分析用户的活动轨迹和行为模式，包括登录频率、发帖数量、点赞和评论次数等指标。例如，当一个用户在过去几周内的活跃度明显下降，很少登录、发帖或与其他用户互动时，模型可以认为该用户可能存在流失风险。基于这样的分析，应用可以采取措施，如发送个性化的提醒和推送消息，鼓励用户重新参与到社交活动中，提高用户的留存率。

2. 案例二：访问频率分析

在电商领域，用户的访问频率通常与其购买意愿和忠诚度密切相关。大型语言模型可以分析用户的访问频率和购买行为，从中识别出潜在的流失用户。例如，当一个用户在过去几个月内的访问频率明显下降，很少浏览产品页面或进行购买行为时，模型可以认为该用户可能存在流失风险。基于这样的分析，电商平台可以针对性地向该用户发送优惠促销活动或个性化推荐，吸引其重新访问并购买产品，提高用户的留存率。

3. 案例三：交互行为分析

在游戏应用中，用户的交互行为通常可以反映出其对游戏的兴趣程度和忠诚度。大型语言模型可以分析用户在游戏中的交互行为，如游戏时长、游戏等级、游戏成就等指标，从中识别出潜在的流失用户。例如，当一个用户在过去几天内的游戏时长明显减少，很少参与游戏活动或提升游戏等级时，模型可以认为该用户可能存在流失风险。基于这样的分析，游戏开发者可以采取措施，如推送新的游戏活动、更新游戏内容等，吸引用户重新参与到游戏中，提高用户的留存率。

4. 案例四：用户行为序列分析

大型语言模型还可以分析用户行为的序列模式，从中发现用户流失的规律和趋势。例如，模型可以分析用户在网站或应用中的访问路径、点击流、购买流程等，发现用户流失的关键节点和转化率。基于这样的分析，企业可以针对性地优化用户体验和服务流程，减少用户流失的可能性。比如，如果模型发现大量用户在注册后未完成首次购买，可以针对注册用户提供优惠券或新用户专享活动，鼓励其完成购买行为，提高留存率。

（二）用户行为路径预测

用户行为路径预测在网站和应用的运营中具有重要意义，它可以帮助企业了解用户的兴趣和偏好，预测用户未来可能的行为路径，从而提供个性化的服务和推荐，提高用户的参与度和留存率。大型语言模型在用户行为路径预测中扮演着关键角色，它可以分析用户的点击轨迹、浏览历史等信息，从中挖掘用户的行为模式和趋势，为企业提供预测和建议。

1. 案例一：页面内容优化

在内容发布平台，如新闻网站或社交媒体应用中，用户的行为路径预测可以帮助优化页面内容，提高用户的参与度和留存率。利用大型语言模型，平台可以分析用户的点击轨迹、阅读历史、点赞和评论等信息，了解用户的兴趣和偏好。例如，当一个用户在过去一段时间内频繁点击某个栏目或关注某个话题，模型可以推测出该用户对该栏目或话题感兴趣。基于这样的预测，内容发布平台可以调整页面布局、优化内容推荐，提高用户的参与度和留存率。

2. 案例二：用户流失预防

通过分析用户的行为路径，还可以预测用户可能的流失风险，并采取措施防止用户流失。利用大型语言模型，企业可以分析用户的活跃度、访问频率、交互行为等指标，识别出潜在的流失用户。例如，当一个用户在过去一段时间内的活跃度明显下降，很少访问或与平台互动时，模型可以认为该用户可能存在流失风险。基于这样的预测，企业可以采取措施，如发送个性化的提醒和优惠券，激励用户重新参与到平台活动中，降低用户流失率。

本章小结

本章深入研究了大语言模型在用户行为分析与预测中的应用。第一节介绍了大语言模型在用户行为数据分析中的模型设计，探讨了如何利用模型进行用户行为数据的特征提取和分析。在第二节中，我们重点讨论了大语言模型在用户行为预测中的算法优化，包括如何利用模型进行用户行为的预测和建模。第三节着重介绍了基于大语言模型的用户行为分析与预测系统的实现，包括系统架构设计和模型训练等方面。在第四节中，我们通过实际案例分析了大语言模型在用户行为分析与预测中的应用效果和实际应用场景。通过这一章的总结，读者对大语言模型在用户行为分析与预测中的应用有了全面的了解，为未来的研究和实践提供了指导和启示。

第九章　大语言模型与遗传算法（GA）的融合应用

第一节　大语言模型与遗传算法的融合设计

一、算法融合

（一）基本思想

1. 遗传计算优化

自然界中的进化机制一直以来都是人类探索和模仿的对象之一。遗传算法（GA）是一种受自然选择和遗传机制启发的优化技术，通过模拟生物进化的过程，对解空间中的候选解进行进化和优化，以寻找最优解或接近最优解的解决方案。在人工智能领域，人们不断探索如何将遗传算法与其他技术结合，以应对更加复杂和多样化的问题。其中，基于人工智能和遗传算法的融合算法就是一种典型代表。融合算法是一种将遗传算法与人工智能技术相结合的优化方法，其核心思想是通过模拟自然界的进化过程，结合人工智能的学习和推理能力，对解空间进行全面搜索和优化。相比传统的遗传算法，融合模型具有更强的适应性和智能化，能够更好地适应复杂、高维度的问题，并且在搜索过程中更快地收敛于最优解。

在融合模型中，候选解被编码成染色体，并通过交叉、变异等遗传操作来产生新的解。与此同时，利用人工智能技术，如大语言模型（Large Language Models），对候选解进行评估和选择，从而引入了更多的智能和灵活性。大语言模型是一种基于深度学习的模型，具有强大的语言理解和生成能力，能够理解和生成自然语言文本。大语言模型可以用来评估候选解的质量，指导遗传算法的进化过程。

随机生成一组初始候选解作为种群的初始种群。每个候选解都被编码成染色体，并使用大语言模型评估其质量。利用大语言模型对种群中的每个候选解进行评估，计算其适应度值。适应度值反映了候选解的优劣程度，可以是针对特定问题的目标函数值或其他衡量标准。根据候选解的适应度值，采用轮盘赌等选择策略选择部分优秀的候选解作为父代，用于进行遗传操作。包括交叉和变异操作。交叉操作模拟生物的基因交换过程，将父代染色体的部分基因进行交换组合生成新的子代染色体；变异操作则模拟基因突变过程，随机改变染色体中的部分基因。通过遗传操作生成一组新的候选解，再次利用大语言模型评估其质量。检查是否满足终止条件，如达到最大迭代次数或找到满意的解决方案。输出优化过程中得到的最优解或接近最优解的解决方案。通过以上步骤，融合算法能够有效地实现对解空间的全面搜索和优化，充分利用遗传算法的并行性和全局搜索能力，同时结合了大语言模型的智能评估能力，使得算法在解决复杂问题时表现更加出色。

2. 大语言模型引导

大语言模型（LLM）的崭新应用领域之一是在遗传算法（GA）优化中发挥其引导作用。LLM 是一种基于深度学习的模型，经过大规模训练，能够理解和生成自然语言文本。其丰富的语义信息和特征表示能力为遗传计算提供了一种全新的优化路径。在传统的 GA 中，候选解的评估和选择往往依赖于特定的目标函数或评价指标，而引入 LLM 后，可以基于对文本数据的理解和分析，为优化过程提供更加有效的搜索方向和评估标准，从而增强了算法的智能化和适应性。LLM 可以通过对文本数据的学习和理解，为 GA 提供更加准确和全面的评估指标。传统的评价指标可能只能覆盖部分问题的特征，难以全面反映候选解的质量。而 LLM 能够从文本数据中抽取出丰富的语义信息，可以更好地捕捉到问题的复杂性和多样性，为候选解的评估提供更加全面的视角。例如，在优化文本生成任务时，LLM 可以评估生成文本的流畅性、连贯性和语义相关性，从而更准确地判断候选解的优劣。

LLM 还可以为 GA 提供更加有效的搜索方向。在传统的 GA 中，遗传操作往往是基于随机性的，可能会导致搜索过程陷入局部最优或收敛速度较慢的问题。而引入 LLM 后，可以利用其对文本数据的理解，指导遗传操作的进行，使得搜索过程更加有针对性和高效率。例如，在优化自然语言处理任务时，LLM 可以分析候选解的语义结构和语法规则，为遗传操作提供合理的变异和交叉策略，从而增加了搜索的广度和深度，提高了优化的效率和性能。LLM 还可以通过生成新的候选解来丰富 GA 的解空间。传统的 GA 中，候选解的生成往往依赖于人工设计的编码方式，可能存在信息丢失或冗余的问题。而 LLM 具有生成文本的能力，可以直接生成新的候选解，并且保留了原始数据的丰富语义信息，从而丰富了解空间，增加了优化的可能性。例如，在优化文本摘要生成任务时，LLM 可以生成多样化和语义丰富的摘要内容，为 GA 提供更多的选择空间，从而提高了优化的效果和效率。

3. 融合策略设计

设计合适的融合策略，将遗传计算和大语言模型相结合，需要充分利用它们各自的优势，使它们能够互相协作，共同完成优化任务。初始种群的生成仍然采用传统的随机方式，即随机生成一组初始的候选解作为初始种群。这些候选解可以根据问题的特点进行编码，并确保覆盖了解空间的广泛范围。在传统的适应度函数的基础上，将大语言模型的输出作为适应度函数的一部分。

具体来说，可以利用大语言模型对候选解进行评估，得到每个候选解的语义相似度或语法正确性等指标，将其作为适应度函数的一部分，以更全面地评价候选解的优劣。例如，对于文本生成任务，可以利用大语言模型评估生成文本的流畅性和语义相关性。在遗传操作中，可以结合大语言模型的特征提取能力，引入更多的智能化因素。例如，在交叉操作中，可以利用大语言模型对候选解的语义信息进行分析，从而引导交叉操作生成更具有语义一致性的新候选解；在变异操作中，可以利用大语言模型的语法知识，保证变异后的候选解仍然是合法的解。

在整个进化过程中，不断利用大语言模型对候选解进行评估和指导，使得遗传算法能够更加智能地探索解空间。通过不断地演化和迭代，逐步优化候选解的质量，直至达到满意的优化效果。在优化过程中，可以结合大语言模型的输出信息，设定合适的收敛和终止条件。例如，当连续多代的种群适应度值趋于稳定时，或者当大语言模型的评估结果达到预设的阈值时，可以判断优化过程已经收敛，终止优化算法。通过以上融合策略，遗传计算和大语言模型能够相互协作，共同完成优化任务。遗传计算通过不断的进化和优化，探索解空间中的潜在解，并利用大语言模型的输出信息指导优化过程，从而实现更加高效和准确的优化。这种融合策略能够充分发挥遗传计算和大语言模型的优势，为复杂问题的优化提供了一种全新的解决思路。

（二）可能的实现方式

1. 适应度函数设计

设计适当的适应度函数是融合遗传计算和大语言模型的关键一步。适应度函数应该能够充分利用大语言模型的输出，将其与预期结果进行比较，并据此计算出候选解的适应度分数，从而指导遗传算法的进化和优化过程。

让我们回顾一下大语言模型的基本特征和能力。大语言模型是基于深度学习的模型，通过大规模文本数据的训练，具有强大的语言理解和生成能力。它能够理解自然语言文本的语义和语法结构，并生成与给定文本相关的连贯、流畅的新文本。因此，在设计适应度函数时，我们可以利用大语言模型对生成文本的评估结果来评价候选解的质量。

假设我们要解决的问题是文本生成任务，例如生成指定主题的新闻摘要。候选解是一段文本，我们希望通过遗传算法优化这段文本，使其符合预期的摘要要求。在这种情况下，大语言模型可以用来评估候选解的流畅性、连贯性和语义相关性。我们需要选择一个适当的大语言模型，如 GPT 系列模型或 BERT 等，来评估候选解的质量。然后，将候选解输入到大语言模型中，生成一段与候选解相关的文本。根据生成文本与预期结果之间的相似度来计算候选解的适应度分数。

使用语义相似度度量（如 BLEU、ROUGE 等）来评估生成文本与预期结果之间的语义相似度。利用大语言模型的困惑度（perplexity）或其他语言模型评价指标来评估生成文本的流畅性和连贯性。如果任务涉及特定主题，可以使用主题模型或领域知识来评估生成文本与指定主题的相关性。综合考虑以上因素，可以设计一个综合评价候选解质量的适应度函数。例如，可以将语义相似度、流畅性和连贯性等指标进行加权组合，得到候选解的综合适应度分数。在遗传算法的进化和优化过程中，适应度函数的计算将指导选择、交叉和变异等遗传操作的进行。具体来说，优质的候选解将有更高的适应度分数，从而更有可能被选择为父代，参与交叉和变异操作，产生下一代的候选解。通过不断地进化和优化，候选解的质量将得到提升，最终达到满意的优化效果。

2. 进化过程引导

在遗传算法的进化过程中，利用大语言模型的语义信息对候选解进行评估和引导。例如，可以根据语言模型对文本数据的理解，设计一些启发式规则或约束条件，以指导遗传算法的搜索方向。

3. 交叉和变异操作

在遗传算法中，交叉和变异操作是至关重要的步骤，它们决定了新一代候选解的生成方式。结合大语言模型的特征表示，设计更加有效的交叉和变异操作，可以确保新生成的候选解保持语义一致性和有效性。这种融合策略可以通过基于语言模型的相似度度量或语义约束来实现。

交叉操作旨在将两个父代候选解的信息结合起来，产生新的子代候选解。在结合大语言模型的特征表示时，利用大语言模型计算两个父代候选解之间的语义相似度。可以使用诸如余弦相似度或其他语义相似度度量方法。然后，选择语义相似度较高的一部分基因来自其中一个父代，另一部分基因来自另一个父代，以此作为交叉的依据。这样可以确保新生成的子代候选解在语义上与父代候选解相似，从而保持语义一致性。将父代候选解拆分成多个子句或短语，并通过大语言模型对这些子句进行语义分析。然后，根据语义相似度选择相似的子句进行交叉，产生新的子代候选解。这样可以确保交叉操作不会破坏候选解的整体语义结构。设计一些规则或约束条件，确保交叉操作生成的子代候选解在语义上与父代候选解保持一致。例如，可以限制交叉操作只在语义相似性较高的部分进行基因交换，而保留语义相似性较低的部分。

变异操作旨在通过随机改变候选解的某些部分来增加多样性。在结合大语言模型的特征表示时，可以考虑以下几种方式：利用大语言模型的语法知识，确保变异操作生成的新基因仍然是合法的解。例如，可以基于语言模型的生成能力，随机替换候选解中的一部分词语，保持句子的语法正确性。变异操作应该尽量保留候选解的语义信息。可以通过与大语言模型计算语义相似度，选择合适的替换词语或短语，确保新生成的候选解在语义上与原始候选解相似。在变异操作中，可以根据大语言模型计算出的语义相似度，有针对性地选择需要变异的部分。例如，优先选择语义相似度较低的部分进行变异，以增加多样性。

二、融合算法的模型设计

（一）工作流程

1. 初始化种群

在融合算法的模型设计中，初始时随机生成一组候选解（即模型结构和参数配置），作为种群的初始个体，是整个优化过程的起点。这组候选解将在遗传算法的引导下不断进化和优化，以寻找最优的模型结构和参数配置。初始时，种群中的每个个体代表着一个模型结构和参数配置的候选解。这些候选解可以是一个神经网络的结构和初始化参数，也可以是其他机器学习模型的结构和超参数配置。

初始时，这些候选解是随机生成的，可能包含了各种不同的结构和参数组合，涵盖了解空间的广泛范围。在种群的每个个体中，模型结构和参数配置都可以用一种统一的编码方式来表示，以便于遗传算法的操作和优化。例如，可以使用基因型编码来表示神经网络的层数、每层神经元的数量、激活函数的选择以及各种超参数的设定。这种编码方式能够将模型结构和参数配置转化为遗传算法能够操作的形式，从而实现对模型的进化和优化。

在遗传算法的进化过程中，候选解的适应度将通过大语言模型进行评估。大语言模型能够理解和生成自然语言文本，并且具有强大的语言理解能力。因此，它可以用来评估候选解的质量，指导遗传算法的进化和优化过程。在评估阶段，可以将每个候选解表示的模型结构和参数配置输入到大语言模型中，生成相应的描述文本。然后，利用大语言模型对生成文本的语义相关性、流畅性和连贯性等方面进行评估，得到每个候选解的适应度分数。这些适应度分数将作为遗传算法选择、交叉和变异操作的依据，从而引导优化过程朝着更优的方向发展。在遗传算法的迭代过程中，种群中的个体将不断交叉、变异，产生新的候选解，并经过大语言模型的评估，选择适应度高的个体作为下一代种群的父代。随着迭代的进行，种群中的个体将逐步进化和优化，最终找到最优的模型结构和参数配置，以解决特定的问题或任务。

2. 迭代优化

在融合算法的模型设计中，迭代优化是通过不断重复适应度评估和进化算法优化的过程，直到达到停止条件为止。在每一次迭代中，种群中的个体将根据适应度函数的评价结果进行进化，同时利用大语言模型的语义信息引导进化过程。迭代优化是一种重复迭代的过程，通过不断评估和优化候选解，逐步寻找最优解。在融合算法的模型设计中，迭代优化是一种基于遗传算法的进化过程，通过选择、交叉和变异等操作，不断优化种群中的个体。迭代优化的起点是初始种群的生成。初始时，种群中的个体是随机生成的候选解，代表了不同的模型结构和参数配置。然后，利用适应度函数和大语言模型的评价结果，对种群中的个体进行评估，确定每个个体的适应度分数。

在每一次迭代中，种群中的个体将根据适应度函数的评价结果进行进化。利用选择操作，根据适应度分数选择出适应度较高的个体作为下一代种群的父代。然后，通过交叉和变异等操作，产生新的子代个体，并替换原有的个体，以逐步优化种群。在这个过程中，大语言模型的评价结果将直接影响个体的选择和优化，使得优化过程更加智能和准确。在每一次迭代中，都会进行适应度评估和进化算法优化的过程。适应度评估通过大语言模型对候选解的语义相关性、流畅性和连贯性等方面进行评估，得到每个候选解的适应度分数。然后，根据适应度分数进行选择、交叉和变异等操作，产生新的个体，并替换原有的个体，以进化种群。迭代优化将持续进行，直到达到停止条件为止。停止条件可以是达到最大迭代次数、适应度分数达到预设阈值或者种群适应度趋于稳定等。一旦满足停止条件，迭代优化过程将结束，最终的种群中的个体将代表了优化过程中找到的最优解或者接近最优解的解决方案。

3. 最终模型选择

在融合算法的模型设计中，遗传算法的最终目标是通过优化过程寻找最适合解决特定问题的模型结构和参数配置。在最后一代中，选择适应度最高的个体作为最终的用户行为预测模型是非常关键的一步。在遗传算法的最后一代中，种群中的个体经过了多次进化和优化，已经具备了相当高的适应度。这些个体代表了不同的模型结构和参数配置，经过了遗传算法的筛选和优化，拥有了较好的性能和泛化能力。

在选择最终模型时，我们将从这些优秀的个体中挑选出适应度最高的个体作为最终的用户行为预测模型。为了选择最终模型，我们需要对最后一代种群中的个体进行适应度评估，并选择适应度最高的个体作为最终模型。在适应度评估中，我们将利用大语言模型对每个个体进行评估，以获取每个个体的语义相关性、流畅性和连贯性等评价结果。这些评价结果将直接影响个体的适应度分数，反映了个体在解决特定问题上的优劣程度。一旦完成适应度评估，我们将从最后一代种群中选择适应度最高的个体作为最终模型。这个个体将被认为是在给定问题上表现最优秀的模型结构和参数配置，具备最好的性能和泛化能力。这个最终模型将成为用户行为预测任务的解决方案，可以用于实际的应用和部署。选择最终模型时，我们需要考虑多个因素，包括适应度分数、语言模型评价结果以及模型的复杂度等。虽然适应度分数是最直接的评价指标，但我们也需要考虑模型在实际应用中的表现和泛化能力。因此，在选择最终模型时，需要综合考虑多个因素，选择最适合特定问题和应用场景的模型。

（二）大语言模型与 GA 的互动

1. 适应度函数设计

在融合算法的模型设计中，适应度函数的设计至关重要，它将大语言模型提取的语义特征与用户行为预测任务的目标联系起来，以评估每个候选解的预测能力。适应度函数的设计是基于大语言模型提取的语义特征与用户行为预测任务的目标之间的关系。

在用户行为预测任务中，我们希望模型能够准确地预测用户的行为，例如用户的点击、购买或评分行为等。因此，适应度函数应该测量模型的预测准确性、泛化能力以及其他与任务相关的指标。大语言模型具有强大的语言理解能力，能够理解和生成自然语言文本。因此，我们可以将候选解表示的模型结构和参数配置输入到大语言模型中，获取其在语义上的评估结果。这些评估结果将作为适应度函数的一部分，反映模型对输入数据的理解程度。适应度函数可以测量模型的预测准确性，也可以考虑模型的泛化能力。泛化能力是指模型在未见过的数据上的预测性能，是衡量模型通用性和稳健性的重要指标。我们可以利用交叉验证等技术，将数据集划分为训练集和测试集，在训练集上训练模型，在测试集上评估模型的泛化能力，并将其作为适应度函数的一部分。适应度函数还可以考虑模型的复杂度和资源消耗等因素。在实际应用中，我们希望模型能够在保持预测性能的同时尽可能简单和高效。因此，适应度函数可以引入模型的复杂度指标，如参数数量、计算复杂度等，以平衡模型的预测性能和复杂度之间的关系。

2. 模型结构调整

在融合算法的模型设计中，进化算法可以根据大语言模型提供的语义信息来调整模型的结构和参数配置，以更好地适应任务的需求和数据的特点。模型结构调整是指根据任务需求和数据特点对模型的结构和参数配置进行优化和调整。

在传统的机器学习方法中，通常需要手动设计模型的结构和调整参数配置，这需要大量的经验和专业知识。然而，在融合算法的模型设计中，我们可以利用进化算法和大语言模型的语义信息，实现自动化的模型结构调整，提高模型的性能和泛化能力。大语言模型具有强大的语言理解能力，能够理解和生成自然语言文本。我们可以将大语言模型的语义表示与模型结构进行对齐，通过进化算法优化模型的结构，使其更好地适应任务的需求和数据的特点。例如，可以根据大语言模型提取的语义特征，调整神经网络的层数、每层神经元的数量、激活函数的选择等，以提高模型的性能和泛化能力。进化算法可以根据大语言模型提供的语义信息来调整模型的参数配置，大语言模型能够理解和生成自然语言文本，具有丰富的语义信息。我们可以利用大语言模型的语义表示来指导参数配置的优化，使模型更好地适应任务的需求和数据的特点。例如，可以根据大语言模型提供的语义信息，调整模型的学习率、正则化参数、优化算法等，以提高模型的性能和泛化能力。进化算法还可以利用大语言模型提供的语义信息来进行模型结构搜索和超参数优化。模型结构搜索是一种自动化的方法，用于搜索最优的模型结构，以适应特定的任务和数据。通过结合大语言模型的语义信息，进化算法可以搜索出更适合解决问题的模型结构，并优化模型的超参数配置，使其性能更优越。

（三）优势与应用

1. 结合了全局搜索与局部优化

在融合算法的模型设计中，结合了全局搜索与局部优化的思想。通过遗传算法进行全局搜索，而大语言模型提供了局部优化的语义信息，使模型更具针对性和准确性。

全局搜索是指在解空间中搜索最优解的过程，通常涉及遍历多个可能的解，并通过评估函数来确定最优解。融合模型利用遗传算法作为一种全局搜索的方法，通过选择、交叉和变异等操作，搜索解空间中的候选解，以寻找最优解或接近最优解的解决方案。遗传算法具有一定的随机性，能够在解空间中进行较为全面的搜索，但也容易陷入局部最优。局部优化则是在已有解的附近进行进一步优化，通常是通过优化算法对解进行微调，以进一步提高解的质量。大语言模型提供了丰富的语义信息，能够对候选解进行更深层次的理解和分析，提供更加精准的优化指导。因此，大语言模型可以用于局部优化，提供针对性的优化建议，使得模型更具准确性和针对性。

使用融合模型进行全局搜索，通过遗传算法在解空间中搜索候选解。这个阶段主要是通过选择、交叉和变异等操作，生成新的个体，并逐步优化种群。融合算法能够在解空间中进行较为全面的搜索，找到一组较优的候选解。大语言模型能够对候选解的语义信息进行深入理解和分析，提供更加精准的优化指导。这个阶段主要是利用大语言模型的语义信息，对候选解进行进一步的微调和优化，使得模型更具准确性和针对性。

2. 适用于复杂任务和大规模数据

这种模型设计旨在应对复杂的用户行为预测任务，并且能够有效处理大规模的文本数据，充分发挥大语言模型的潜力。通过融合模型，我们可以设计出适用于复杂任务和大规模数据的模型，提高预测准确性和泛化能力。对于复杂的用户行为预测任务，我们需要一个能够处理多种类型行为的模型，同时考虑到用户的个性化特征和环境因素。融合模型提供了一种全局搜索的方法，能够在解空间中搜索到一组较优的候选解。通过遗传算法的选择、交叉和变异等操作，我们可以不断优化模型的结构和参数配置，使其能够更好地适应复杂任务的需求。而大语言模型则能够提供丰富的语义信息，帮助模型理解和分析文本数据，从而更好地预测用户的行为。针对大规模的文本数据，我们可以充分利用大语言模型的语义理解能力。大语言模型能够处理海量的文本数据，提取其中的语义特征，并为模型提供丰富的语义信息。这些语义信息可以帮助模型更好地理解文本数据，提高预测的准确性和泛化能力。

通过融合算法的模型设计，我们能够有效处理大规模文本数据，为用户行为预测任务提供更加准确和可靠的预测结果。在模型设计中，我们可以采用端到端的深度学习模型，将大语言模型作为特征提取器，并结合融合模型的结构优化和参数调整。我们可以使用大语言模型对文本数据进行表示学习，提取其中的语义特征。然后，将这些语义特征输入到深度学习模型中，进行用户行为的预测。在训练过程中，我们可以利用融合算法对模型的结构和参数进行优化，使其能够更好地适应任务的需求和数据的特点。针对复杂任务和大规模数据，我们可以采用分布式计算的方法，利用大规模计算资源加速模型的训练和优化过程。通过将模型训练过程分布到多台计算机上，并利用并行计算的方法进行加速，我们能够更快地完成模型训练，并处理更大规模的数据集。这种分布式计算的方法可以充分利用现有的计算资源，提高模型训练的效率和速度。

3. 高效的模型优化

融合模型作为一种进化算法，具有自动调整模型结构和参数配置的能力，极大地减少了人工调参的需求，从而提高了模型设计的效率和性能。结合大语言模型，我们可以进一步优化模型设计，实现高效的模型优化。融合算法进行全局搜索，能够在解空间中搜索到一组较优的候选解。遗传算法利用选择、交叉和变异等操作，不断进化和优化种群，以寻找最优解或接近最优解的解决方案。相比于传统的人工调参方法，融合算法能够自动调整模型的结构和参数配置，减少了人工调参的需求，提高了模型设计的效率。结合大语言模型的语义信息，我们可以进一步优化模型的设计。大语言模型能够提供丰富的语义信息，帮助模型理解和分析文本数据，提高预测的准确性和泛化能力。

在模型优化过程中，我们可以利用大语言模型提取的语义特征，指导融合模型搜索更加准确和针对性的解，从而进一步提高模型的性能和泛化能力。在模型设计中，我们可以将大语言模型作为特征提取器，并结合融合算法进行模型的结构优化和参数调整。我们可以使用大语言模型对文本数据进行表示学习，提取其中的语义特征。然后，我们可以将这些语义特征输入到模型中，进行用户行为的预测。在训练过程中，我们可以利用融合算法对模型的结构和参数进行优化，使其能够更好地适应任务的需求和数据的特点。我们还可以采用分布式计算的方法，利用大规模计算资源加速模型的训练和优化过程。通过将模型训练过程分布到多台计算机上，并利用并行计算的方法进行加速，我们能够更快地完成模型训练，并处理更大规模的数据集。这种分布式计算的方法可以充分利用现有的计算资源，提高模型训练的效率和速度。

第二节　基于融合模型的电子商务推荐系统设计与实现

一、系统主要功能

（一）构建用户-商品图谱

电子商务推荐系统的核心在于准确地匹配用户和商品，以提高用户满意度和平台盈利。为了应对图谱的复杂性和规模，我们将介绍如何利用分布式图计算框架，如 Apache Spark Graph X 或 Graph Frames，来处理大规模的用户-商品关系数据。同时，结合人工智能生成内容与大语言模型，构建电子商务推荐系统，实现推荐算法与图数据库的融合应用，以提高推荐效果和用户体验。将用户和商品作为图谱的节点，用户和商品具有唯一的标识符，以便于在图数据库中进行索引和查询。用户与商品之间的交互行为作为图谱的边，如购买、浏览、收藏等，不同的交互行为可以赋予不同的权重，以反映用户对商品的喜好程度。

Spark Graph X 是一个分布式图计算框架，适用于处理大规模图数据，支持图计算算法的并行执行，具有良好的扩展性和性能。Graph Frames 是基于 Spark 的图处理库，提供了简单易用的 API，支持图查询、图算法等功能，适用于构建用户-商品图谱并进行相关分析。将用户-商品关系数据导入图数据库中，构建用户-商品图谱。

利用大语言模型和人工智能生成内容，设计个性化推荐算法，结合图数据库中的用户-商品图谱，生成个性化推荐结果。通过 A/B 测试等手段评估推荐算法的效果，不断优化和调整推荐模型，提高推荐准确度和用户满意度。利用人工智能生成内容和大语言模型生成具有个性化特色的推荐内容，吸引用户注意力，提高推荐点击率和转化率。通过大语言模型自动生成商品描述、推荐理由等内容，减少人工成本，提高推荐系统的效率和自动化程度。

（二）大语言模型的应用

用户通过搜索查询、商品描述以及评价等文本信息表达了他们的需求和偏好。利用预训练的大型语言模型（如 GPT）来理解这些文本信息，提取关键信息，理解用户意图，并将其转化为对商品的推荐已成为电商企业提升销售额和用户满意度的重要手段之一。当用户在电商平台上输入搜索查询时，他们往往表达了对某种商品或服务的需求。通过语言模型，我们可以深入理解用户的搜索意图，从而更精准地推荐相关商品。例如，用户搜索“耳机”，语言模型可以分析其搜索查询，并识别出用户可能对不同类型的耳机感兴趣，如降噪耳机、运动耳机、无线耳机等。根据搜索查询的内容，系统可以向用户推荐与其搜索意图最相关的商品，提高用户满意度和购买转化率。商品描述和评价是用户了解和选择商品的重要依据。语言模型可以帮助电商企业从海量的商品描述和评价中提取关键信息，深入理解商品的特点和用户的反馈。例如，通过分析商品描述，系统可以识别出商品的品牌、型号、功能特点等关键信息；通过分析用户评价，系统可以了解用户对商品的满意度、使用体验以及存在的问题和需求。这些信息可以帮助系统为用户提供个性化的推荐，增强用户对推荐结果的信任和接受度。

语言模型的另一个重要功能是将用户的搜索意图和购买偏好转化为对商品的推荐。通过深度理解用户输入的文本信息，系统可以准确把握用户的需求和偏好，并向用户推荐最符合其意图的商品。例如，当用户搜索“耳机”时，系统可以根据用户的搜索历史、购买记录以及其他行为数据，推荐与其偏好最匹配的耳机产品，提高用户购买的可能性和满意度。为了提升推荐系统的效果，我们可以结合语言模型与其他技术手段，如协同过滤、深度学习等，构建更加精准和个性化的推荐模型。例如，可以利用语言模型提取的关键信息和用户行为数据构建用户画像，从而更好地理解用户的兴趣和偏好；可以将语言模型应用于搜索排序和推荐排序，提升推荐结果的相关性和可信度；可以将语言模型应用于生成商品描述和评价，提高商品信息的质量和可用性。通过不断优化推荐算法和提升用户体验，电商企业可以实现更好地服务用户，提升销售额和市场竞争力。

（三）实时推荐与批量推荐

电子商务推荐系统在满足用户个性化需求和提升销售额方面发挥着关键作用。为了更好地适应不同场景下的需求，推荐系统往往采用了实时推荐和批量推荐相结合的策略。实时推荐主要通过流处理技术来处理实时产生的用户行为数据，即时更新推荐结果。以 Apache Flink 为例，其架构包括以下组件：使用 Apache Kafka 作为消息队列，将实时产生的用户行为数据发送到 Flink 的数据流中。Flink 提供了丰富的流处理算子，可以实时处理数据流，如窗口计算、状态管理等。在实时推荐中，可以使用 Flink 来实时分析用户行为，更新用户的实时偏好和推荐结果。将预训练的大型语言模型（如 GPT）与 AIGC 相结合，构建实时推荐模型。通过 Flink 调用模型服务，实时生成推荐结果，并返回给用户。批量推荐主要通过离线分析和推荐计算来生成长期推荐结果。Apache Spark 架构包括以下组件：将历史用户行为数据存储在分布式文件系统（如 HDFS）或对象存储中，以便后续的离线分析和处理。使用 Spark 进行离线数据分析和推荐计算。可以采用批量处理的方式，对历史数据进行离线分析，提取用户偏好和商品特征，计算商品相似度和用户兴趣度等指标。使用离线数据训练推荐模型，如协同过滤模型、深度学习模型等。通过对历史数据的分析和挖掘，不断优化推荐模型，提升推荐效果。将生成的长期推荐结果存储在数据库或分布式文件系统中，供实时推荐系统调用。

实时推荐和批量推荐可以相互补充，共同构建一个完整的推荐系统。具体集成方式包括：实时推荐系统可以将用户实时行为数据反馈到批量推荐系统，用于更新历史数据和重新训练推荐模型。实时推荐系统可以定期从批量推荐系统获取最新的长期推荐结果，并将其与实时用户行为数据相结合，生成最终的实时推荐结果。实时推荐系统可以采用增量更新的方式，根据用户实时行为和最新的推荐模型，动态调整推荐结果，提升推荐准确度和实时性。基于 AIGC 与大语言模型的推荐系统实现可以采用以下步骤：收集用户行为数据，并存储在分布式存储系统中，如 HDFS 或对象存储。使用离线数据训练 AIGC 模型和大型语言模型，不断优化模型效果。基于 Flink 构建实时推荐服务，通过调用 AIGC 模型和大型语言模型，实时生成推荐结果。基于 Spark 构建批量推荐服务，定期对历史数据进行离线分析和推荐计算，生成长期推荐结果。将实时推荐结果与长期推荐结果相结合，不断优化推荐系统的效果和性能。

（四）推荐结果生成与排序

在电子商务推荐系统中，推荐结果的生成与排序是影响用户体验和推荐效果的关键环节。当用户发起推荐请求时，系统首先利用大型语言模型理解用户的需求。通过分析用户输入的文本信息，如搜索查询、商品描述等，系统可以深入理解用户的需求和偏好。例如，当用户搜索“运动耳机”时，系统可以推断用户可能对耐用性、音质、舒适度等方面有较高的要求。同时，系统还可以结合用户的历史行为数据，如购买记录、浏览记录等，分析用户的偏好和行为特征，从而更精准地生成推荐结果。基于 AIGC 生成的商品描述和用户评论等内容，结合用户的需求和偏好，系统可以生成推荐结果。具体实现步骤包括：根据用户的需求和偏好，从商品库中匹配出与用户需求相关的商品。

利用大型语言模型生成商品描述、用户评论等内容。通过对商品属性、用户评价等信息的分析，生成符合用户需求的商品描述和评论内容。将生成的商品描述和评论内容与商品信息进行组合，形成最终的推荐结果。根据用户的历史行为数据和个人偏好，为用户个性化地排序推荐结果。根据商品的属性、销量、评价等特征，为用户推荐相关性高、质量好的商品。结合实时用户行为数据，动态调整推荐结果的排序，提升推荐的实时性和准确性。基于 AIGC 与大型语言模型的推荐系统实现可以采用分布式计算技术，如 Spark、TensorFlow 等。系统架构包括实时推荐和批量推荐两部分：使用流处理技术（如 Apache Flink、Apache Kafka Streams 等）处理实时产生的用户行为数据，即时更新推荐结果，并根据用户特征和商品特征进行实时排序。定期对历史数据进行离线分析和推荐计算，生成长期推荐结果，并根据用户特征和商品特征进行离线排序。

二、系统架构设计

采用分布式系统架构，将系统拆分成多个模块，每个模块负责不同的功能，如数据存储、特征提取、模型训练等，以提高系统的并发处理能力和可扩展性。将系统拆分成多个微服务，每个微服务独立部署、独立维护，便于系统的水平扩展和灵活部署，同时降低系统耦合度，提高系统的可维护性和可拓展性。选择适合实时推荐的计算框架，如 Apache Flink、Apache Storm 等，以支持实时数据流处理和实时推荐结果生成。

（一）实时性优化

采用流式数据处理技术，实时处理用户行为数据和商品信息，及时更新用户画像和推荐模型，以保证推荐结果的实时性和准确性。设计高效的实时特征提取算法，从海量的用户行为数据中提取用户特征，为实时推荐提供支持。设计高效的实时推荐算法，结合用户实时行为和个性化偏好，动态生成实时推荐结果，提高用户体验。

（二）扩展性优化

采用水平扩展的方式，通过增加服务器节点来扩展系统的处理能力，以应对用户规模的增长和访问峰值的波动。引入负载均衡机制，将请求均匀分发到不同的服务器节点上，避免单点故障和系统瓶颈，提高系统的稳定性和可靠性。采用自动化的弹性伸缩策略，根据系统负载情况自动增加或减少服务器节点数量，以适应动态的用户访问需求。采用数据备份与恢复机制，定期备份系统关键数据，并在发生故障时快速恢复数据，以保障数据的安全性和可靠性。设计容错重试机制，对系统中的关键操作进行事务处理和重试机制，以应对网络故障、服务器宕机等异常情况，保障系统的稳定性和可用性。建立完善的数据监控与分析系统，实时监控系统运行状态和用户行为数据，及时发现和解决问题，持续优化系统性能和用户体验。采用 A/B 测试技术，对系统的功能和算法进行评估和比较，根据用户反馈和数据分析结果，持续优化和升级系统，提高推荐准确性和用户满意度。

第三节　模型融合在电子商务推荐系统中的性能评估与优化

一、模型融合在电子商务推荐系统中的性能评估

（一）多样性

在电子商务推荐系统中，推荐结果的多样性不仅仅是推荐算法的性能指标，更是用户体验和满意度的重要保障。多样性指的是推荐的商品具有一定的差异性，而不是过于集中在某一类商品上。当用户在电商平台上浏览商品时，他们希望能够看到各种类型的产品，以满足不同的需求和偏好。因此，推荐系统应该能够提供多样性的推荐

结果，以增强用户的购物体验。评估推荐结果的多样性可以使用多种指标，其中覆盖率是一个常用的度量标准之一。覆盖率指标衡量了推荐系统是否能够涵盖到平台上的各种商品，而不是只推荐热门或相似的商品。通过计算推荐结果中包含的不同商品数量与总商品数量的比例，可以得出覆盖率的值。较高的覆盖率意味着推荐系统能够提供更多样化的推荐结果，从而增强用户的选择性和满意度。然而，单一指标的评估往往不能完全反映推荐系统的性能，因此在实际应用中，还需要综合考虑其他因素。例如，推荐结果的个性化程度、准确性、实时性等都会影响用户的购物体验。

在评估推荐系统性能时，需要综合考虑多个指标，并根据具体应用场景进行权衡和优化。为了进一步提升推荐系统的多样性，可以采用一些策略和技术。例如，基于内容的推荐算法可以根据商品的属性和特征来推荐相关但不完全相同的商品，从而增加推荐结果的多样性。协同过滤算法可以利用用户行为数据来发现用户之间的相似性，然后向用户推荐他们可能感兴趣但尚未了解的商品，从而扩展用户的选择范围。另外，深度学习和自然语言处理技术也可以用于提取商品之间的语义信息，从而更好地理解和满足用户的需求。

（二）新颖性

在电子商务推荐系统中，新颖性是另一个至关重要的性能指标。它反映了推荐系统是否能够给用户推荐他们之前未曾接触过的商品，从而提升用户的购物体验和满意度。新颖性不仅可以增加用户的购买兴趣，还可以扩展用户的消费领域，促进平台销售额的增长。因此，评估推荐系统的新颖性对于提升电商平台的竞争力和盈利能力具有重要意义。评估推荐系统的新颖性通常可以通过分析推荐结果中新商品的比例来进行。这里所谓的新商品是指用户之前未曾浏览、购买或者与之相关的商品。通过计算推荐结果中新商品的数量与总商品数量的比例，可以得出新颖性的指标。较高的新颖性意味着推荐系统能够给用户推荐更多未曾接触过的商品，从而增加用户的购物体验和选择性。然而，提高推荐系统的新颖性并不是一件容易的事情。传统的推荐算法往往倾向于给用户推荐热门或者与其过去行为相关的商品，这样容易导致推荐结果缺乏新颖性。

可以引入基于内容的推荐算法。这种算法可以根据商品的属性和特征来推荐与用户之前喜好不同但可能感兴趣的商品，从而增加推荐结果的新颖性。其次，协同过滤算法也可以通过挖掘用户之间的相似性来扩展用户的选择范围，从而提高推荐系统的新颖性。此外，深度学习和自然语言处理技术可以用于理解用户的隐含需求和偏好，从而更好地挖掘和推荐新颖的商品。除了算法和技术方面的优化，还可以结合人工智能与大语言模型等先进技术来进一步提升推荐系统的新颖性。通过分析用户的历史行为数据和个人特征，可以更好地理解用户的兴趣和偏好，从而给用户推荐更加个性化和新颖的商品。另外，可以利用自然语言处理技术来分析商品的描述和评论，从而挖掘出更多具有新颖性的商品。

（三）覆盖率

1. 覆盖率的定义

覆盖率是指推荐系统能够覆盖到的物品范围。高覆盖率意味着推荐系统能够推荐更多不同类型的物品，从而满足更广泛的用户兴趣。在电子商务推荐系统中，物品覆盖率指的是推荐系统能够覆盖到的所有物品的比例。如果推荐系统能够推荐的物品种类较多，物品覆盖率就会较高。用户覆盖率指的是推荐系统能够覆盖到的所有用户的比例。如果推荐系统能够满足更多用户的兴趣需求，用户覆盖率就会较高。

2. 覆盖率的评估方法

在评估推荐系统的性能时，覆盖率是一个重要的指标，它反映了推荐系统能够覆盖到多少用户或物品。覆盖率的评估方法可以分为两种：随机抽样和统计推荐系统能够覆盖到的所有用户或物品的数量。这两种方法各有优缺点，可以根据具体情况选择合适的评估方法。

随机抽样方法是一种简单直接的评估方法。它通过从推荐系统生成的推荐结果中随机抽样一定数量的用户或物品，然后计算这些样本覆盖到的用户或物品的数量，最后将其与总用户或物品数量进行比较，得到覆盖率。这种方法的优点是简单易行，计算效率高，可以快速得到一个近似的覆盖率值。然而，随机抽样的样本选择可能会影响评估结果的准确性，因为抽样的样本可能不够代表性，无法全面反映推荐系统的覆盖情况。

统计推荐系统能够覆盖到的所有用户或物品的数量是一种更全面客观的评估方

法。这种方法通过对整体数据进行统计，计算推荐系统能够覆盖到的所有用户或物品的数量，然后将其与总用户或物品数量进行比较，得到覆盖率。这种方法的优点是能够全面客观地反映推荐系统的覆盖情况，不受样本选择的影响。然而，这种方法需要对整体数据进行统计，计算复杂度较高，需要消耗大量的计算资源和时间。针对这两种评估方法的特点，可以根据具体情况选择合适的方法。如果时间和计算资源有限，且只需要快速得到一个近似的覆盖率值，那么随机抽样方法是一个不错的选择。但需要注意的是，随机抽样的样本选择应该尽可能具有代表性，以确保评估结果的准确性。如果需要更全面客观地评估推荐系统的覆盖情况，可以选择统计推荐系统能够覆盖到的所有用户或物品的数量的方法，尽管这种方法的计算复杂度较高，但可以得到更准确的评估结果。

3. 影响覆盖率的因素

影响推荐系统覆盖率的因素是多方面的，包括推荐算法的设计、数据稀疏性以及个性化推荐的需求等。推荐算法的设计决定了推荐系统对不同类型物品的推荐能力。一些算法可能更偏向于推荐热门物品，因为这些物品具有更高的流行度和曝光度，易于被推荐。而另一些算法可能更注重推荐长尾物品，即那些不那么热门但可能符合个性化兴趣的物品。不同的推荐算法会对覆盖率产生不同程度的影响。

如果推荐系统的数据较为稀疏，即用户-物品交互数据较少，那么推荐系统可能无法覆盖到所有用户或物品。在数据稀疏的情况下，推荐系统可能会出现冷启动问题，即难以对新用户或新物品进行准确的推荐，从而影响覆盖率。个性化推荐系统往往更加注重满足用户个性化的兴趣需求，而不是简单地推荐热门物品。这种个性化推荐可能会导致推荐系统覆盖率的降低，因为它更注重于向用户推荐与其兴趣相关的物品，而不是尽可能地覆盖所有物品。推荐系统的设计往往受到业务目标的影响。有些推荐系统可能更注重于提高用户的购买转化率或点击率，而另一些推荐系统可能更注重于提高用户的满意度和忠诚度。不同的业务目标可能会导致不同的推荐策略，进而影响覆盖率。

4. 融合模型在覆盖率上的影响

融合模型在推荐系统的覆盖率上发挥了重要作用。大型语言模型的引入为推荐系统提供了更丰富的语义信息，使其能够更好地理解用户的搜索查询、商品描述和评价等文本信息，从而扩大了推荐物品的覆盖范围。模型的融合则可以实现个性化推荐与全局推荐的结合，既满足用户个性化的兴趣需求，又能覆盖到更多不同类型的物品。大型语言模型能够从海量的文本数据中学习到丰富的语义信息，包括词义、句法结构、语境等。这些信息使得模型能够更深入地理解用户的搜索查询、商品描述和评价等文本信息，从而更准确地判断用户的兴趣和偏好。

通过结合大型语言模型，推荐系统能够更全面地捕捉用户的需求，从而扩大了推荐物品的覆盖范围。传统的个性化推荐算法往往倾向于推荐与用户历史行为相关的物品，而忽视了一些潜在的、用户尚未接触过的物品。模型的融合能够克服这一限制，实现个性化推荐与全局推荐的结合。通过结合用户的历史行为和大型语言模型的全局信息，推荐系统能够更好地发现与用户兴趣相关但用户尚未接触过的物品，从而提高了推荐系统的覆盖率。

二、模型融合在电子商务推荐系统中的性能优化

（一）在线学习和增量更新

引入在线学习技术和增量更新机制是推荐系统优化的关键步骤，这两项技术的应用能够使得推荐系统更加智能、适应性更强，并且保持模型的时效性和准确性。在电子商务推荐系统中，这两项技术的结合可以帮助系统实时地根据用户的行为和反馈数据进行调整和优化，从而提高推荐的准确性和用户满意度。引入在线学习技术能够使得推荐系统能够动态地根据用户的实时反馈和行为数据进行调整和优化。在线学习是一种持续更新模型的方法，它能够在系统运行过程中不断地接收新的训练样本，并即时地更新模型参数，以适应用户行为的变化。通过在线学习，推荐系统可以实时地捕捉到用户的兴趣变化和偏好演化，从而能够更准确地进行个性化推荐。这种实时的模型更新机制使得推荐系统能够更好地适应用户的实时需求，提高了推荐的精准度和实用性。实现增量更新机制能够快速地将新的用户行为数据和模型更新应用到推

荐系统中，保持推荐模型的时效性和准确性。增量更新是一种高效的模型更新方法，它能够只更新发生了变化的部分，而不需要重新训练整个模型。通过增量更新机制，推荐系统可以及时地将新的用户行为数据融入到模型中，并快速地调整推荐策略，以反映用户的最新偏好和趋势。这种快速的模型更新机制保证了推荐系统的时效性，使得系统能够在不断变化的环境中保持高效运行，并且保持推荐的准确性和有效性。结合在线学习技术和增量更新机制，可以实现推荐系统的动态调整和优化，使得系统能够及时地适应用户的变化需求，并保持推荐的准确性和实用性。这种实时的模型更新和调整机制使得推荐系统能够更好地满足用户的个性化需求，提高了用户的购物体验和满意度。因此，在电子商务推荐系统中，引入在线学习和增量更新技术是非常重要的，可以有效提高推荐系统的性能和效果，为用户提供更好的购物服务。

（二）自适应学习

通过自适应学习，推荐系统可以根据用户的反馈和行为动态地调整 AIGC（人工智能与大语言模型的融合）和大语言模型的参数，以适应用户兴趣的变化。这种机制能够使得推荐系统更加智能、灵活，并且能够更好地捕捉到用户的偏好和行为模式，从而提高推荐的准确性和个性化程度。自适应学习机制的实现涉及到多个方面。推荐系统需要能够实时地收集和分析用户的行为数据和反馈信息。这些信息包括用户的浏览历史、购买记录、评价和喜好等。通过对这些数据进行分析，推荐系统可以了解到用户的兴趣和偏好，并且及时地更新模型参数。推荐系统需要建立起一个动态的参数调整机制。这个机制可以根据用户的行为和反馈信息，动态地调整 AIGC 和大语言模型的参数。例如，当用户对某一类商品表现出较高的兴趣时，推荐系统可以增加相应商品类别的权重，以提高相关商品的推荐概率。反之，当用户对某些商品表现出较低的兴趣时，系统可以减少相应商品类别的权重，以减少不相关商品的推荐概率。推荐系统还需要考虑到用户的长期和短期兴趣变化。为了更好地适应用户的兴趣变化，推荐系统可以采用加权滑动平均等方法来平衡用户的长期和短期兴趣，从而更准确地进行个性化推荐。

本章小结

第九章着眼于大语言模型与遗传算法的融合应用。在第一节中，我们探讨了大语言模型与遗传算法的融合设计，涉及到如何整合两种模型以提升推荐系统的性能和效果。第二节着重介绍了基于融合模型的电子商务推荐系统设计与实现，包括系统架构设计、模型训练和推荐结果生成等方面。在第三节，我们讨论了模型融合在电子商务推荐系统中的性能评估与优化策略，包括模型性能指标评估和系统调优等方面。通过这一章的总结，读者对A大语言模型与遗传算法的融合应用有了全面的了解，为未来的研究和实践提供了指导和启示。

第十章　未来电子商务推荐系统发展趋势与展望

第一节　电子商务推荐系统发展趋势预测

一、跨平台推荐

未来的电子商务推荐系统将更多地跨越多个平台，不仅仅局限于电子商务网站，而是在社交媒体、移动应用和智能设备等各种平台上实现推荐服务，以满足用户在不同场景下的购物需求。这一趋势源于消费者行为的多样化和数字化进程的加速，预示着推荐系统将成为未来数字生活中不可或缺的一部分。

在社交媒体领域，电商推荐系统将与社交平台相结合，通过用户的社交行为和兴趣爱好，为用户提供个性化的商品推荐。例如，社交媒体平台可以根据用户的点赞、评论和分享等行为，推荐相关的购物链接或商品广告，将社交互动与购物体验融合在一起。

在移动应用方面，随着移动互联网的普及和手机用户数量的增加，电商推荐系统也将更加注重移动端的应用。通过移动应用，推荐系统可以基于用户的地理位置、移动行为和偏好，为用户提供与所处环境相关的个性化推荐，例如附近商家的优惠信息或特定地点的购物推荐。

智能设备的普及也将为电子商务推荐系统带来新的发展机遇。智能音箱、智能手表、智能电视等智能设备将成为推荐系统的新渠道，用户可以通过语音指令或屏幕显示获得个性化的商品推荐，进一步提高购物的便捷性和智能化程度。

二、社交化推荐

（一）社交网络整合的必要性

电子商务推荐系统是一种利用用户的历史行为数据和个人偏好，为其提供个性化商品推荐的技术。随着社交网络的普及和用户活跃度的增加，社交网络数据已成为推荐系统中不可或缺的重要信息来源。社交网络整合可以丰富推荐系统的数据源。传统的电子商务推荐系统主要依赖于用户的浏览历史和购买记录，但这些数据往往不能完全反映用户的兴趣和偏好。通过整合社交网络数据，可以获取用户在社交平台上的点赞、评论、分享等行为数据，这些数据更加直接地反映了用户的真实兴趣和社交关系，能够为推荐系统提供更加准确的个性化推荐。社交网络整合可以拓展推荐系统的推荐内容。社交网络上的用户生成的内容丰富多样，涵盖了各个领域的信息，例如用户发布的动态、图片、视频等。将社交网络中的内容整合到推荐系统中，可以为用户提供更加多样化和丰富的推荐内容，满足用户不同方面的需求和兴趣。

社交网络整合还可以提高推荐系统的用户参与度和粘性。通过引入社交网络元素，推荐系统可以实现用户之间的信息共享和交流，例如用户可以在推荐商品上进行评论、点赞，还可以将喜欢的商品分享给好友，从而增强用户的参与度和社交体验。这种社交互动不仅可以提高用户的满意度和忠诚度，还可以促进用户生成更多的行为数据，为推荐系统的进一步优化提供更多的信息支持。然而，要实现社交网络与电子商务推荐系统的有效整合，还需克服一些挑战。首先是数据隐私和安全问题，社交网络数据涉及用户的个人信息和隐私，需要采取有效的措施保护用户数据的安全和隐私。其次是数据的稀疏性和噪声问题，社交网络数据往往存在数据稀疏和噪声较大的特点，需要通过数据清洗和挖掘技术来提取有效信息。另外，还需要解决跨平台数据整合和标准化的问题，不同社交网络平台的数据格式和接口不同，需要统一的数据整合和处理标准。

（二）推荐系统的挑战与机遇

推荐系统在电子商务领域扮演着至关重要的角色，而随着技术的发展和用户行为的变化，推荐系统也面临着一系列的挑战和机遇。推荐系统面临的挑战之一是数据稀疏性和冷启动问题。传统的推荐系统主要依赖于用户的历史行为数据进行推荐，然而新用户或者少有行为记录的用户会面临冷启动问题，而且即使是有一定行为记录的用户，数据也可能会存在稀疏性，即用户行为数据不足以支撑准确的推荐。社交网络信息的整合可以为解决这一挑战提供新的思路，通过分析用户在社交网络上的社交关系、兴趣爱好等信息，可以弥补用户行为数据的不足，从而提高推荐的准确性和个性化程度。推荐系统需要应对的挑战是数据质量和噪声问题。社交网络数据通常会包含大量的噪声和无效信息，例如虚假账号、刷粉行为等，这些噪声数据会影响推荐系统的性能和效果。因此，推荐系统需要采用有效的数据清洗和过滤技术，将有效信息从噪声中筛选出来，确保推荐系统的数据质量和准确性。用户希望能够了解推荐系统是如何推荐某一内容给他们的，而传统的推荐算法往往是黑盒模型，缺乏可解释性。

社交网络信息的整合可以为推荐系统增加可解释性，例如通过展示用户的社交圈子中的其他用户对某一商品的评价或推荐，可以增强用户对推荐结果的信任和理解。推荐系统也面临着诸多机遇。随着社交网络的普及和用户活跃度的增加，社交网络数据已经成为推荐系统中不可或缺的重要信息来源。通过整合社交网络数据，推荐系统可以获取更多维度的用户行为数据，从而为推荐算法提供更多的特征和信息，提高推荐的准确性和个性化程度。社交网络整合还可以为推荐系统带来更多的创新和差异化。例如，可以基于用户在社交网络上的社交关系和兴趣爱好构建社交网络图谱，通过分析用户之间的社交关系和信息传播路径，可以实现更精准和有效的推荐。社交网络整合还可以促进推荐系统与其他应用场景的融合，例如社交电商、社交媒体等。通过整合社交网络数据，推荐系统可以实现与社交电商平台的深度融合，为用户提供更加丰富和个性化的购物体验，促进电子商务行业的发展和创新。

（三）社交网络信息的利用方式

社交网络信息的利用方式在电子商务推荐系统中具有重要意义，它不仅能够为推荐系统提供更多维度的用户数据，还可以帮助系统更全面地了解用户，提高推荐的准确性和个性化程度。

社交网络信息可以用于构建用户的社交图谱。社交图谱是由用户之间的社交关系、社交圈子和社交行为构成的网络结构，它反映了用户在社交网络中的活动和关系。通过分析用户的社交图谱，推荐系统可以了解用户的社交圈子和社交关系，发现用户与其他用户之间的关联性和相似性，从而更准确地了解用户的兴趣和偏好。推荐系统可以通过分析用户的社交行为来挖掘用户的潜在兴趣。社交网络上的用户行为数据包括点赞、评论、分享、关注等，这些行为反映了用户的兴趣爱好、偏好和行为习惯。

推荐系统可以通过分析用户的社交行为数据，发现用户的潜在兴趣和关注点，从而为用户提供更有针对性和个性化的推荐。社交网络信息还可以用于实现用户间的信息传播和影响力分析。推荐系统可以分析用户在社交网络上的信息传播路径和影响力，了解用户对于某一内容的态度和影响力大小，从而为推荐系统的推荐策略和算法提供参考和优化方向。个性化社交推荐是指根据用户的社交关系和社交行为为用户推荐适合他们社交圈子的内容或商品。推荐系统可以通过分析用户的社交图谱和社交行为，为用户提供与其社交圈子相关的个性化推荐，从而增强用户的社交体验和参与度。

（四）未来的发展趋势预测

电子商务推荐系统将更加深度地整合社交网络信息。随着社交网络的普及和用户活跃度的增加，社交网络已经成为了人们获取信息、交流互动的主要平台。推荐系统将会更加主动地利用社交网络数据，包括用户的社交关系、社交行为、社交圈子等，来丰富用户画像，挖掘用户潜在的兴趣和偏好，从而提升推荐的准确性和个性化程度。

推荐系统将加强对用户行为的实时分析和个性化推荐。未来的推荐系统将更加注重对用户行为的实时监测和分析，以及对用户兴趣和偏好的实时更新。通过实时响应用户行为和动态调整推荐策略，推荐系统能够更加准确地把握用户的需求和偏好，为用户提供更加个性化和及时的推荐服务。

推荐系统将注重用户体验的改善和优化。未来的推荐系统将不仅仅关注推荐的准确性，还会更加重视用户体验的改善和优化。推荐系统将会通过提供更加直观、个性化的推荐界面、优化推荐结果的展示方式、增强用户的参与度和互动性等方式，提升用户的满意度和粘性，增强用户对推荐系统的信任和认可。未来的推荐系统还将积极推动电子商务行业的发展和壮大。推荐系统作为电子商务的重要组成部分，将会通过提供更加个性化、精准的推荐服务，推动用户消费行为的增长和转化率的提升，促进电子商务平台的业绩和规模的持续增长。

第二节　基于人工智能的电子商务创新应用前景

一、智能客服和虚拟购物助手

在当今数字化时代，电子商务行业正处于快速发展的阶段。人工智能（AI）技术的飞速发展为电子商务带来了前所未有的机遇和挑战。智能客服和虚拟购物助手作为AI技术在电子商务领域的创新应用，正在成为提升用户体验、提高销售转化率和降低运营成本的关键利器。

（一）智能客服：个性化服务的重要组成部分

智能客服是一种基于人工智能技术的客户服务系统，通过自然语言处理和机器学习技术，实现了对用户问题的智能识别和回答。智能客服可以根据用户的提问内容和历史交互数据，为用户提供个性化、即时的服务，解决用户问题，满足用户需求。在电子商务领域，智能客服已经成为了提高客户服务效率和质量的重要手段。

1. 自然语言处理技术在智能客服中的应用

自然语言处理（NLP）技术是实现智能客服的关键技术之一。NLP技术可以将用户输入的自然语言文本转换成计算机可理解和处理的形式，实现对用户问题的理解和分析。在智能客服中，NLP技术可以用于识别用户问题的意图和关键信息，从而帮助智能客服系统快速准确地回答用户问题。

2. 机器学习技术在智能客服中的应用

机器学习技术在实现智能客服方面发挥着至关重要的作用。智能客服系统通过机器学习算法，可以根据用户的历史交互数据和反馈信息，不断优化自身的回答模型，提高对用户问题的准确性和适用性。利用监督学习算法训练智能客服系统对用户问题进行分类和归类是一种常见的方法。通过收集和标记大量的用户问题和对应的答案，可以构建一个监督学习模型，用于自动识别用户问题的类别或主题。例如，可以将用户问题分为产品咨询、订单查询、售后服务等类别，并为每个类别训练一个分类器。当用户提出问题时，智能客服系统可以利用训练好的模型自动识别问题的类别，并选择相应的答案或服务方案，从而提高响应速度和服务效率。利用强化学习算法优化智能客服系统的回答策略是另一种重要的方法。强化学习是一种通过与环境进行交互学习最优策略的算法，它可以帮助智能客服系统不断调整和优化自己的回答策略，以提高用户满意度和服务质量。例如，智能客服系统可以利用强化学习算法学习在不同情境下如何选择最合适的回答方式，如何处理用户的负面情绪和投诉，以及如何主动引导用户进行购买和交易等。

通过不断与用户进行交互和学习，智能客服系统可以逐步提升自身的智能水平，为用户提供更加个性化和优质的服务体验。机器学习技术还可以用于优化智能客服系统的知识库和答案生成模型。通过分析用户的历史交互数据和反馈信息，智能客服系统可以发现用户经常提出的问题和关注的话题，从而优化知识库中的内容和答案生成模型，使其更加贴近用户的实际需求和关注点。例如，可以利用自然语言处理技术和文本生成模型生成丰富、流畅且具有针对性的答案，以应对用户的各种问题和需求。

（二）虚拟购物助手：个性化推荐的强大助手

虚拟购物助手是一种基于人工智能技术的虚拟形象或机器人，可以通过语音或文字与用户进行交互，并根据用户的需求和偏好，为用户提供个性化的商品推荐和购物指导。虚拟购物助手可以通过自然语言处理和机器学习技术，实现对用户需求的理解和分析，从而为用户提供更加个性化、精准的购物体验。

1. 自然语言处理技术在虚拟购物助手中的应用

虚拟购物助手需要能够理解用户的自然语言输入，并根据用户的提问和反馈信息进行合适的回答和推荐。通过自然语言处理技术，虚拟购物助手可以实现对用户输入的语音或文字进行分词、语义理解和意图识别，从而帮助用户更快速地找到想要的商品。

2. 机器学习技术在虚拟购物助手中的应用

随着人工智能技术的不断发展和应用，虚拟购物助手在电子商务领域的应用前景越来越广阔。虚拟购物助手是一种基于人工智能的应用程序，它能够理解用户的自然语言输入，并根据用户的提问和反馈信息进行合适的回答和推荐。通过自然语言处理技术，虚拟购物助手可以实现对用户输入的语音或文字进行分词、语义理解和意图识别，从而帮助用户更快速地找到想要的商品。虚拟购物助手可以大大提升用户的购物体验。传统的电子商务平台通常需要用户在搜索框中输入关键词或者浏览页面来寻找所需商品，这可能需要用户花费大量时间和精力。而虚拟购物助手通过自然语言处理技术，可以实现对用户语音或文字输入的理解和分析，从而更加智能地为用户提供商品推荐、购物指导等服务，极大地节省用户的时间和精力。虚拟购物助手可以帮助电子商务平台实现个性化推荐和精准营销。通过分析用户的语音或文字输入，虚拟购物助手可以了解用户的兴趣偏好、购买习惯等信息，从而为用户提供个性化的商品推荐和营销服务。例如，当用户询问某种商品时，虚拟购物助手可以根据用户的历史购买记录和偏好，向其推荐相似或相关的商品，提高用户的购买满意度和转化率。

虚拟购物助手还可以帮助电子商务平台提高客户服务质量。通过语音或文字交互，虚拟购物助手可以及时回答用户的疑问和解决用户的问题，提供24小时不间断的在线客服服务，极大地提升了用户的满意度和忠诚度。与传统的人工客服相比，虚拟购物助手不受时间和地点的限制，可以随时随地为用户提供帮助，提高了客户服务的效率和效果。虚拟购物助手还可以为电子商务平台提供数据分析和洞察。通过分析用户的语音或文字输入，虚拟购物助手可以了解用户的需求和偏好，发现潜在的市场趋势和机会，为电子商务平台的业务决策提供数据支持和参考。例如，通过分析用户的询问和反馈信息，虚拟购物助手可以发现用户的热点关注和疑问，为电商平台提供改进产品和服务的建议。

二、智能物流和配送

（一）智能物流与配送：优化供应链管理的关键利器

1. 智能物流：实时监控与优化

智能物流是一种基于物联网和人工智能技术的物流管理方式，通过实时监控和数据分析，实现对物流过程的智能化管理和优化。在电子商务领域，智能物流可以帮助电商企业实现对订单、库存、运输等物流环节的精细化管理，提高物流效率，降低成本，提升用户体验。

2. 物联网技术在智能物流中的应用

物联网技术是实现智能物流的关键技术之一。通过在物流设备、货物、运输工具等物体上植入传感器和芯片，可以实现对物流环节的实时监控和数据采集。例如，可以利用传感器监测货物的温湿度、位置和运输状态，实时反馈给物流系统，帮助企业及时发现和解决物流问题。

（二）人工智能技术在智能物流中的应用

人工智能技术是实现智能物流优化的重要手段。通过机器学习和数据挖掘技术，可以分析历史物流数据，发现规律和趋势，优化物流路线和运输方案。例如，可以利用机器学习算法预测货物的运输需求和到达时间，调整物流计划，提高物流效率。

1. 智能配送：提高速度与准确性

物联网技术在智能物流中的应用正逐渐成为现实，并且对电子商务行业带来了巨大的创新和改变。通过在物流设备、货物、运输工具等物体上植入传感器和芯片，物联网技术实现了对物流环节的实时监控和数据采集。这种实时监控和数据采集能力为电子商务企业提供了更高效、更安全和更可靠的物流服务，进一步提升了用户的购物体验和满意度。物联网技术可以实现对货物的实时监测和追踪。通过在货物上植入传感器和芯片，可以实时监测货物的位置、温度、湿度、运输状态等信息。这使得物流企业可以全程追踪货物的运输路径和状态，及时发现和解决可能出现的问题，如货物丢失、损坏或延误等，从而提高了物流的可视性和可控性。

物联网技术可以优化物流配送路线和计划。通过收集和分析货物运输过程中的数据，物流企业可以了解货物的运输情况和运输需求，优化物流配送路线和计划，减少运输时间和成本，提高运输效率和服务质量。例如，可以根据货物的实时位置和交通情况，动态调整配送路线和车辆调度，以避免拥堵和延误，提高货物的及时性和准确性。

物联网技术还可以提升物流仓储管理效率。通过在仓库设备和货架上植入传感器和芯片，可以实时监测货物的存放位置和数量，提高仓储管理的精准度和效率。物流企业可以根据实时数据对货物进行快速定位和管理，减少货物丢失和误放，提高仓库空间利用率和货物周转率。物联网技术还可以实现智能供应链管理。通过物联网技术连接供应链各个环节的设备和系统，实现供应链信息的实时共享和智能协同，从而提高供应链的透明度、灵活性和响应速度。例如，可以利用物联网技术实现对原材料、生产过程和产品销售情况的实时监控和管理，及时调整生产计划和供应链策略，以满足市场需求和客户需求的变化。

2. 智能路由规划

通过分析订单地址、交通情况、配送员位置等数据，智能路由规划可以实现对配送路线的智能规划和优化，从而有效地减少配送成本、提高配送效率和服务水平。智能路由规划可以利用智能算法实现最优路径的选择。基于人工智能技术，智能算法可以综合考虑订单地址、交通情况、配送员位置等多种因素，对配送路线进行智能化的规划和优化。例如，可以利用深度学习算法对历史订单数据进行分析和挖掘，从而预测未来配送需求和趋势，为配送员提供更加智能和高效的路线规划。通过选择最优路径，可以减少配送距离和时间，降低配送成本，提高配送效率和客户满意度。智能路由规划可以实现实时动态调整和优化。随着订单量和交通情况的变化，配送路线可能需要不断调整和优化。基于人工智能技术，智能路由规划系统可以实时监测订单状态、交通情况和配送员位置等信息，及时进行路线调整和优化。例如，可以利用强化学习算法对配送过程进行实时监控和分析，根据实时数据调整配送路线和调度配送员，以应对突发情况和优化配送效率。

通过实时动态调整和优化，可以提高配送的灵活性和适应性，更好地满足客户的需求和期望。智能路由规划可以实现配送员工作效率的提升。通过智能算法的帮助，配送员可以更加高效地完成配送任务，减少配送时间和劳动强度，提高工作效率和工作满意度。例如，智能路由规划系统可以根据配送员的实时位置和工作状态，智能分配订单和优化配送路线，避免配送员之间的重复工作和交叉路线，提高配送员的工作效率和收入水平。通过提升配送员的工作效率，可以进一步提升配送服务的质量和客户满意度，增强电子商务企业的竞争力和市场地位。

3. 智能车辆调度

通过实时监控车辆位置和交通情况，智能车辆调度可以实现对配送车辆的智能调度和管理，从而提高配送效率、准确性和客户满意度。智能车辆调度可以利用人工智能算法实现车辆的动态调度。基于人工智能技术，智能算法可以分析订单量、交通情况、配送员位置等多种因素，智能地调整车辆的派送顺序和路线，以实现最优的配送方案。例如，可以利用深度学习算法对历史订单数据进行分析和挖掘，从而预测未来的配送需求和趋势，为车辆调度提供更加准确和智能的决策支持。通过动态调度，可以避免车辆之间的重复工作和交叉路线，优化配送路径，提高配送效率和服务质量。智能车辆调度可以实现实时监控和调整。随着订单量和交通情况的变化，车辆调度可能需要实时进行调整和优化。

基于人工智能技术，智能车辆调度系统可以实时监控车辆位置、订单状态和交通情况等信息，及时调整车辆的派送顺序和路线，以应对突发情况和优化配送效率。例如，可以利用强化学习算法对配送过程进行实时监控和分析，根据实时数据调整车辆调度方案，使其更加适应当前的配送需求和交通状况。通过实时监控和调整，可以提高车辆调度的灵活性和适应性，更好地满足客户的需求和期望。智能车辆调度可以提高车辆利用率和资源利用效率。通过智能算法的帮助，车辆调度系统可以根据订单量和配送需求，合理分配车辆资源，避免车辆的空驶和闲置，提高车辆的利用率和资源利用效率。例如，可以利用机器学习算法对车辆调度过程进行优化，根据订单量和配送需求预测车辆的使用情况，合理安排车辆的调度计划，使其更加高效和经济。通过提高车辆利用率和资源利用效率，可以降低配送成本，提高配送效率，从而增强电子商务企业的竞争力和市场地位。

第三节　电子商务推荐系统在商业应用中的价值与影响

一、电子商务推荐系统在商业应用中的价值

（一）降低营销成本

电子商务推荐系统在商业应用中的价值不言而喻。随着互联网的普及和电子商务的蓬勃发展，个性化推荐系统已经成为许多商家不可或缺的利器。通过这些系统，商家能够更加精准地向用户推荐商品，从而提高销售额、降低营销成本，并增强与用户的互动体验。

个性化推荐系统能够帮助商家降低营销成本。传统的广告投放往往是盲目的，需要投入大量的资源和资金，但效果并不一定理想。相比之下，个性化推荐系统通过分析用户的行为、偏好和历史购买记录等数据，能够更加精准地预测用户的需求，从而

避免了对所有用户进行广告投放。这样一来，商家可以将有限的营销资源集中投放在那些真正感兴趣的用户身上，提高了营销效率，同时也降低了整体的营销成本。

个性化推荐系统能够提升用户的购物体验，从而增强用户的满意度和忠诚度。在传统的购物模式下，用户往往需要花费大量的时间和精力去寻找自己感兴趣的商品，而个性化推荐系统则能够帮助用户快速找到符合其需求的商品，节省了用户的时间和精力。而且，随着系统不断地学习和优化，推荐的准确性和个性化程度也会不断提高，进一步提升了用户的购物体验。这样一来，用户更有可能重复购买，增加了商家的销售额，同时也提升了品牌的口碑和竞争力。

个性化推荐系统还能够帮助商家发现潜在的商机和市场趋势。通过分析大量的用户数据，系统能够发现用户的潜在需求和购买意向，从而为商家提供了更多的销售机会。同时，系统还能够分析用户的行为模式和偏好，帮助商家发现市场的变化和趋势，及时调整自己的营销策略和产品组合，保持竞争优势。

（二）数据积累和分析

数据积累和分析通过收集和分析用户的行为数据和偏好信息，为商家提供了宝贵的用户洞察，从而能够更好地理解用户需求和行为习惯，为商家的产品开发、营销策略等提供有力支持和参考。个性化推荐系统通过积累和分析大量的用户数据，能够帮助商家更全面、深入地了解用户需求。

通过跟踪用户在平台上的行为，例如浏览历史、搜索记录、点击行为、购买记录等，系统可以分析出用户的兴趣偏好、购买意向、喜好品类等信息。这些数据不仅可以帮助商家了解用户当前的需求，还能够帮助商家发现用户的潜在需求和未来的购买意向，从而为产品开发和市场定位提供参考依据。个性化推荐系统通过数据分析，可以帮助商家更精准地进行目标用户定位。

通过对用户数据的分析，系统可以识别出不同用户群体之间的差异和特点，进而将用户划分为不同的细分市场或人群群体。这样一来，商家可以针对不同的用户群体采取差异化的营销策略和推广活动，提高营销的精准度和有效性，从而最大程度地提升销售额和用户满意度。

个性化推荐系统还可以通过数据分析为商家提供竞争情报和市场趋势分析。通过对竞争对手的数据进行监测和分析，系统可以帮助商家了解竞争对手的产品特点、价格策略、营销活动等信息，从而及时调整自己的策略，保持竞争优势。同时，系统还可以分析市场的变化和趋势，帮助商家预测市场走向，及时调整产品组合和营销策略，抢占市场先机。

个性化推荐系统还可以通过数据分析为商家提供个性化营销服务。通过深度挖掘用户数据，系统可以为商家提供个性化的营销建议和推荐方案，帮助商家更好地制定营销策略、优化广告投放和促销活动，从而提高营销效率和效果，降低营销成本。

二、电子商务推荐系统在商业应用中的影响

（一）优化库存管理和供应链

通过根据用户需求精准预测商品需求，推荐系统可以帮助商家优化库存管理和供应链，从而减少库存积压和滞销现象，降低运营成本，提高整体运营效率。个性化推荐系统通过分析用户行为数据和购买偏好，能够精准预测商品的需求量和销售趋势。商家可以根据系统提供的预测结果，灵活调整库存管理策略，避免因为库存积压而导致的资金闲置和损失。例如，当系统预测到某种商品将会有较大的需求量时，商家可以提前增加库存，以满足用户需求，避免因为缺货而导致的销售损失；而当系统预测到某种商品需求量较小或销售趋势不佳时，商家则可以减少库存或采取促销活动等措施，及时清理库存，避免滞销现象的发生。个性化推荐系统还可以帮助商家优化供应链管理。

通过分析用户行为数据和购买偏好，系统可以提前预测到用户可能会购买的商品类型和数量，从而为供应链管理提供参考依据。商家可以根据系统提供的需求预测结果，及时调整供应链的生产计划和采购计划，确保能够及时满足用户的需求，同时避免因为供应链断供而导致的销售损失。此外，个性化推荐系统还可以帮助商家识别出热销商品和畅销品类，为供应链管理提供重点关注和优先支持，进一步提高供应链的效率和灵活性。个性化推荐系统还可以通过促销活动和精准营销来调节库存水平和促进销售。系统可以根据用户的购买历史和偏好，为用户推荐个性化的促销活动和优惠券，促使用户增加购买意愿，提高销售额。同时，商家还可以利用系统提供的用户洞察，定向推送促销信息，引导用户购买滞销商品或库存积压较大的商品，帮助商家及时清理库存，减少滞销现象的发生。

（二）促进品牌营销和推广

通过为商家提供个性化的产品推广渠道，推荐系统能够帮助商家更精准地进行品牌营销和推广，从而提升品牌曝光度和影响力。个性化推荐系统能够根据用户的行为数据和购买偏好，为商家提供个性化的产品推荐和广告投放服务。通过分析用户的浏览历史、搜索记录、点击行为等信息，系统可以准确地了解用户的兴趣和偏好，从而为用户推荐符合其需求的产品和服务。商家可以利用推荐系统提供的个性化推广渠道，将自己的产品和品牌信息准确地传达给目标用户，提高广告的点击率和转化率，从而增加品牌曝光度和销售额。个性化推荐系统还可以帮助商家进行精准的目标用户定位和广告投放。通过分析用户的行为数据和购买偏好，系统可以将用户划分为不同的细分市场或人群群体，从而帮助商家更准确地识别目标用户，并为其提供个性化的广告和推广服务。商家可以根据系统提供的用户洞察，制定针对性的营销策略和广告内容，将广告投放到最具有潜在购买力和转化率的用户群体中，提高广告的效果和ROI（投资回报率）。

个性化推荐系统还可以通过精准的营销建议和推荐方案，帮助商家提升品牌形象和用户体验。通过分析用户的行为数据和购买偏好，系统可以为商家提供个性化的营销建议和推荐方案，例如推荐用户可能感兴趣的产品、定制个性化的促销活动等。商家可以利用这些推荐方案，为用户提供更加个性化和优质的购物体验，提升用户对品牌的好感度和忠诚度，从而增强品牌的影响力和竞争优势。个性化推荐系统还可以通过用户 UGC（用户生成内容）和社交分享等方式，帮助商家扩大品牌的传播范围和影响力。通过向用户推荐符合其兴趣和偏好的产品和内容，系统可以激发用户的购买欲望和分享欲望，促使用户将产品和品牌信息分享给自己的社交圈子和朋友，从而扩大品牌的传播范围和影响力，形成良性的口碑传播效应。

（三）推动产品创新和服务升级

通过深入分析用户行为和偏好，推荐系统为商家提供了宝贵的市场反馈和数据洞察，为产品创新和服务升级提供了重要参考，助力企业保持竞争力和不断进步。推荐系统通过跟踪用户的浏览历史、购买行为和搜索记录等数据，能够深入了解用户对产品和服务的需求及偏好。商家可以利用这些数据，分析用户的消费习惯、喜好趋势以及对产品功能和性能的偏好，从而识别出潜在的市场需求和用户痛点。这些数据反馈为企业提供了宝贵的市场洞察，为产品创新和服务升级提供了方向和动力。

推荐系统还可以帮助商家进行产品定制和个性化服务。通过分析用户的行为数据和偏好信息，系统可以为用户推荐个性化的产品和服务，满足用户个性化的需求和偏好。商家可以根据系统提供的个性化推荐结果，定制符合用户需求的产品和服务，提高用户的满意度和忠诚度。同时，商家还可以利用推荐系统提供的个性化服务，为用户提供更加精准和优质的购物体验，不断提升用户的消费体验和品牌认知度。

推荐系统还可以通过产品关联和交叉销售等方式，促进产品创新和服务升级。通过分析用户的购买行为和偏好，系统可以识别出产品之间的关联性和相似性，为商家提供交叉销售和捆绑销售的推荐策略。商家可以利用这些推荐策略，推动相关产品的销售和推广，同时也能够了解用户对不同产品的反馈和评价，为产品改进和升级提供参考意见。推荐系统还可以通过用户反馈和评价等方式，帮助商家改进产品和服务。通过分析用户的评价和反馈，系统可以了解用户对产品和服务的满意度和不满意度，发现产品存在的问题和改进的空间。商家可以根据用户的反馈意见，及时调整产品和服务，满足用户的需求和期待，提高产品的品质和竞争力。

（四）丰富数据资产和商业洞察

通过收集、分析和应用用户行为数据，推荐系统积累了丰富的用户数据资产，为商家提供了深入洞察用户需求和行为习惯的机会，为商家的业务决策提供了可靠的数据支持。推荐系统通过跟踪用户的浏览历史、搜索记录、点击行为、购买行为等数据，积累了大量的用户行为数据资产。这些数据资产包含了用户的偏好、兴趣、购买习惯、消费能力等多方面信息，为商家提供了全面而精准的用户洞察。商家可以利用这些数据资产，深入了解用户的行为特征和消费心理，发现用户的隐藏需求和购买潜力，从而制定针对性的营销策略和产品策略，提高销售额和用户满意度。

推荐系统通过分析用户行为数据，为商家提供了深入的商业洞察和市场分析。通过对用户行为数据的分析，系统可以识别出用户的偏好趋势、产品关联性、销售热点等信息，为商家提供了深入了解用户需求和市场趋势的机会。商家可以利用这些商业洞察，把握市场动态，发现市场机会，调整产品组合和营销策略，提高市场竞争力和抗风险能力。推荐系统还可以通过数据挖掘和机器学习等技术手段，发现用户之间的隐性联系和群体规律，为商家提供更深层次的商业洞察和用户洞察。通过分析用户行为数据和社交关系，系统可以发现用户之间的共同兴趣、购买习惯等，为商家提供更加准确的用户分析和定位。商家可以利用这些商业洞察，精准锁定目标用户，提高营销的精准度和效果，最大程度地提升销售额和市场份额。推荐系统还可以通过数据分析和预测模型，为商家提供未来市场走向和趋势的预测，为商家的战略规划和业务决策提供数据支持。通过分析用户行为数据和市场趋势，系统可以预测未来用户需求的变化和产品热点的转移，为商家提前做好市场调整和产品准备，降低市场风险，提高市场竞争力。

第四节　电子商务推荐系统未来发展方向的思考与建议

一、电子商务推荐系统未来发展方向的思考

（一）动态推荐

未来的推荐系统发展可能会更加注重实时性和动态性，以满足用户需求的即时性和个性化需求。随着技术的进步和数据处理能力的提升，推荐系统将更加强调对用户行为的实时监测和对推荐模型的动态更新，从而实现更加及时、准确和个性化的推荐服务。未来的推荐系统可能会更加注重实时监测用户行为。传统的推荐系统主要是基于历史数据进行推荐，而未来的推荐系统将更加注重对用户行为的实时监测和分析。通过实时监测用户的浏览、搜索、点击、购买等行为，系统可以及时了解用户的兴趣和偏好变化，从而实现更加准确和个性化的推荐。例如，当用户正在浏览某个商品页面时，系统可以立即根据用户的行为特征和偏好，向用户推荐与该商品相关的其他商品或优惠信息，提升用户的购物体验和满意度。未来的推荐系统可能会更加注重对推荐模型的动态更新。

随着用户行为和市场环境的不断变化，推荐模型也需要不断地进行优化和调整，以保持推荐的准确性和实用性。未来的推荐系统可能会采用增量学习和在线学习等技术，实现对推荐模型的实时更新和动态调整。通过实时收集用户行为数据和反馈信息，

系统可以及时更新推荐模型，反映用户的最新兴趣和偏好，从而实现更加个性化和精准的推荐。未来的推荐系统可能会更加注重多样性和个性化。传统的推荐系统往往倾向于推荐用户已经喜欢过的商品或内容，而未来的推荐系统可能会更加注重推荐用户感兴趣但尚未发现的新内容。通过引入多样性推荐和探索性推荐等策略，系统可以向用户推荐更加丰富和多样的内容，满足用户的多样化需求，提升用户的探索和发现体验。未来的推荐系统可能会更加注重跨平台和跨领域的推荐服务。随着互联网和移动互联网的融合，用户在不同的平台和设备上进行信息获取和消费已成为常态。未来的推荐系统可能会通过跨平台和跨领域的推荐服务，实现对用户行为的全面监测和个性化推荐，无论用户身处何种环境和设备，都能够享受到个性化的推荐服务。

（二）增强式推荐系统

未来的推荐系统发展趋势可能包括整合增强现实（AR）和虚拟现实（VR）等技术，为用户提供更为沉浸式的购物体验，从而增强用户对推荐结果的感知和理解。这种整合可以带来更加身临其境的购物体验，进一步提升用户参与度和购物满意度，从而促进电子商务行业的发展。增强式推荐系统将利用增强现实（AR）技术为用户提供更丰富的购物体验。通过 AR 技术，用户可以将虚拟的商品直观地呈现在现实世界中，例如通过智能手机或 AR 眼镜等设备，用户可以在家中或任何地方观看商品的虚拟展示和试穿效果。推荐系统可以结合用户的购物历史和偏好，为用户推荐适合的虚拟商品，并将其展示在用户的现实环境中，帮助用户更加直观地了解商品的外观、尺寸和效果，提高购物的参与度和满意度。增强式推荐系统还可以利用虚拟现实（VR）技术为用户提供更沉浸式的购物体验。通过 VR 技术，用户可以进入虚拟的购物场景，与商品进行互动和体验，例如在虚拟商店中浏览商品、试穿衣服、体验家具摆放等。

推荐系统可以根据用户的偏好和兴趣，为用户推荐适合的虚拟购物场景，并根据用户的反馈和行为进行动态调整，提供更加个性化和符合用户期望的购物体验。增强式推荐系统还可以通过 AR 和 VR 技术提供更加个性化的推荐服务。通过 AR 技术，系统可以结合用户的实际环境和行为特征，为用户推荐符合其需求和场景的商品，例如根据用户的家居风格和空间大小，为用户推荐适合的家具和装饰品。通过 VR 技术，系统可以根据用户的兴趣和偏好，为用户定制个性化的虚拟购物场景，例如根据用户的爱好和活动习惯，为用户创建适合的虚拟户外运动场景。增强式推荐系统还可以通过 AR 和 VR 技术提供更加交互式和社交化的购物体验。通过 AR 技术，用户可以与商品进行互动和分享，例如将试穿效果拍照分享到社交媒体上，邀请朋友进行评价和建议。通过 VR 技术，用户可以与其他用户进行虚拟购物场景中的交流和互动，例如在虚拟商店中与朋友一起浏览商品、试穿衣服、交流购物心得等，提升购物的社交性和趣味性。

二、电子商务推荐系统未来发展方向的建议

（一）深度学习

未来的电子商务推荐系统发展方向可能包括将深度学习与增强学习相结合，以实现更智能、更灵活的推荐系统。深度学习技术可以用于提取用户特征和商品特征，而增强学习算法则可以实现推荐系统的实时优化和决策，从而提高系统的个性化程度和效果。深度学习技术在推荐系统中的应用可以帮助系统更准确地捕捉用户和商品的特征。深度学习模型如卷积神经网络（CNN）和循环神经网络（RNN）等可以处理复杂的非线性关系，并从海量数据中提取用户和商品的高阶特征。通过分析用户的历史行为数据和商品的属性信息，深度学习模型可以学习到更丰富、更准确的用户和商品表示，为推荐系统提供更为精准的特征表达。增强学习算法可以用于实现推荐系统的实时优化和决策。增强学习是一种通过与环境的交互来学习最优决策策略的方法，它可以在不断的试错中逐步优化系统的行为。

（二）增强学习

在推荐系统中，增强学习可以用于动态调整推荐策略，根据用户的反馈和行为实时优化推荐结果。例如，系统可以通过增强学习算法来平衡推荐的多样性和准确性，根据用户的偏好和行为调整推荐的权重和排序，提高系统的个性化程度和用户满意度。将深度学习和增强学习相结合还可以实现端到端的推荐系统优化。深度学习模型可以作为推荐系统的特征提取器，将用户的历史行为数据和商品的属性信息转化为高阶特征表示，而增强学习算法可以作为推荐系统的优化器，根据用户的反馈和行为动态调整推荐策略和参数。通过端到端的优化，推荐系统可以实现更为一体化和自动化的推荐过程，提高系统的整体性能和效率。深度学习和增强学习的结合还可以实现更

灵活的推荐策略和个性化服务。深度学习模型可以学习到用户和商品的复杂特征表示，为推荐系统提供更为丰富的信息基础，而增强学习算法可以根据用户的反馈和行为动态调整推荐策略，实现个性化的推荐服务。例如，系统可以根据用户的实时行为和环境信息，动态调整推荐的内容和形式，为用户提供更为个性化和贴心的购物体验。

本章小结

第十章聚焦于未来电子商务推荐系统的发展趋势与展望。第一节探讨了电子商务推荐系统的发展趋势预测，从智能化、个性化、实时化等方面分析了未来的发展方向。在第二节中，我们讨论了基于人工智能的电子商务创新应用前景，强调了人工智能在电子商务领域的潜在作用和影响。第三节着重分析了电子商务推荐系统在商业应用中的价值与影响，包括提升用户体验、增加销售额等方面的作用。在第四节中，我们提出了电子商务推荐系统未来发展方向的思考与建议，包括技术创新、数据安全等方面的考量。通过这一章的总结，读者对未来电子商务推荐系统的发展趋势与展望有了全面的了解，为未来的研究和实践提供了指导和启示。

参考文献

［1］喻继军，熊明华．电子商务推荐系统公平性研究进展［J］．现代信息科技，2023，7（14）：115-124.

［2］周艳榕．基于个性化特征的电子商务智能推荐系统［J］．现代电子技术，2020，43（19）：155-158.

［3］柳菁．基于用户体验的电子商务智能推荐系统研究［J］．山西财政税务专科学校学报，2020，22（05）：58-60.

［4］郭琪，潘旭伟．电子商务中的个性化推荐研究［J］．电子商务，2020，（07）：50-51.

［5］张峰．混合推荐系统在电子商务中的应用研究［D］．景德镇陶瓷大学，2020.

［6］邓佳燕，欧阳红巍．电子商务中推荐系统的研究应用［J］．大众投资指南，2019，（20）：70-72.

［7］王渊．浅谈电子商务平台中的推荐系统［J］．信息通信，2019，（07）：16-17.

［8］孙克，鲁泽霖．人工智能在电子商务中的应用发展趋势研究［J］．贵州社会科学，2019，（09）：136-143.

［9］唐义杰．人工智能技术在电子商务中的应用概述［J］．现代商业，2023，（10）：35-38.

［10］石家钊．人工智能技术对传统电子商务的挑战及其在电子商务中的应用［J］．营销界，2023，（22）：41-43.

［11］汪琪，王召义．电子商务推荐系统应用与发展探析［J］．河西学院学报，2017，33（05）：41-45.

［12］陈慧敏，刘知远，孙茂松．大语言模型时代的社会机遇与挑战［J/OL］．计算机研究与发展，1-13［2024-04-10］.

［13］郭鹏睿，文庭孝．大语言模型对信息检索系统与用户检索行为影响研究［J］．

农业图书情报学报，2023，35（11）：13-22.
［14］王皓然，严彬元，周琳妍．大数据流式技术在用户行为数据的监控分析中的应用［J］．电子技术与软件工程，2019，（08）：158.
［15］吴书，刘强，王亮．情境大数据建模及其在用户行为预测中的应用［J］．大数据，2016，2（06）：110-117.
［16］卢兆麟，宋新衡，金昱成．AIGC 技术趋势下智能设计的现状与发展［J］．包装工程，2023，44（24）：18-33+13.
［17］贺异欣，张新长，吴福成，等．实景三维下的 AIGC 变形监测算法分析［J］．测绘科学，2023，48（11）：211-217.
［18］杨善林，李霄剑，张强，等．AIGC 的科学基础［J］．工程管理科技前沿，2023，42（06）：1-14.
［19］邓胜利，汪璠．AIGC 治理的研究进展与发展趋势［J］．数字图书馆论坛，2023，19（11）：20-28.
［20］罗文，王厚峰．大语言模型评测综述［J］．中文信息学报，2024，38（01）：1-23.
［21］赵月，何锦雯，朱申辰，等．大语言模型安全现状与挑战［J］．计算机科学，2024，51（01）：68-71.